冠 かんむり

部首	名称	意味	例
亠	なべぶた	(亠の形)	享 亡
人	ひとやね	人の動作・状態	企 介
冖	わかんむり	覆われたもの	冥 冗
宀	うかんむり	家屋・屋根	寡 寄
⺌	しょう	小さいこと	尚 当
彑	けいがしら	豚・いのしし	彙
⺍	つかんむり	(ツの形)	厳 営
艹	くさかんむり	草花の種類	葛 菌
爫	つめかんむり	手の動作	爵
耂	おいかんむり	老人	者 考
癶	はつがしら	足の動作	登 発
穴	あなかんむり	穴の種類・形状	窮 突
罒	あみがしら	網の種類・状態	罷 羅
竹	たけかんむり	竹の形状・製品	範 策
虍	とらがしら	虎の性質・状態	虚 虐
覀	おおいかんむり	伏せる・覆う	覇 覆
雨	あめかんむり	降雨	需 露
髟	かみがしら	毛髪・ひげ	髪

脚 あし

部首	名称	意味	例
八	は	分ける・開く	具 典
夊	すいにょう	足の動作	夏 変
廾	こまぬき	両手の動作	弄 弁
⺗	したごころ	心の作用・状態	慕 恭
灬	れんが	火の性質・作用	烈 焦
氺	したみず	水・河川・液体	泰
舛	まいあし	両足の動作	舞

垂

部首	名称	意味	例
厂	[illegible]	[illegible]	[illegible]
[illegible]	[illegible]	[illegible]	[illegible]
[illegible]	[illegible]	[illegible]	廃 [illegible]
戸	[illegible]	扉[illegible]	房 扇
疒	やまいだれ	病気・傷害	療 疲

繞 にょう

部首	名称	意味	例
廴	えんにょう	道・行く・進む	建 延
辶	しんにょう	道を歩く動作	避 迎
辶	しんにょう	道を歩く動作	遜 遡
走	そうにょう	走る動作	越 赴
麦	ばくにょう	麦の種類・食品	麺
鬼	きにょう	霊魂・精霊	魅

構 かまえ

部首	名称	意味	例
冂	どうがまえ	(冂の形)	冊 円
勹	つつみがまえ	包みこむ	勾 匂
匚	はこがまえ	箱	匠
匸	かくしがまえ	隠す・しまう	匹 匿
囗	くにがまえ	囲む・巡らす	団 囚
弋	しきがまえ	くい	弐 式
气	きがまえ	気体の状態	気
行	ぎょうがまえ	道・道を歩く	衝 衡
門	もんがまえ	出入り口・囲い	閑 閉

その他

部首	名称	意味	例
一	いち	(一の形)	与 丁
丨	ぼう	縦に貫く	串 中
丶	てん	小さなもの	丹 丸
丿	の	垂れているさま	乏 久
乙	おつ	曲がったさま	乾 九
亅	はねぼう	(亅の形)	了 争
二	に	重ねたさま	互 井
人	ひと	人・人の動作	以 人
入	いる	(入の形)	内 全
儿	ひとあし	人	免 克
八	はち	分ける・開く	公 八
冫	にすい	凍る・寒い	准 凝
几	つくえ	台・寄りかかる	処 凡
凵	うけばこ	容器・くぼみ	凹 出
刀	かたな	刀の種類・働き	分 刃
力	ちから	力を入れる動作	励 勢
匕	ひ	さじ	化 北
十	じゅう	数の十	協 卓
卜	ぼく	占い	占
卩	わりふ	ひざまずく動作	却 即
㔾	わりふ	ひざまずく動作	危 巻

◀後見返しに続く

本書は、**漢字と漢字自体が持つ「意味」とを関連づけて学ぶ**ことにより、単なる丸暗記ではない、**着実な漢字力の定着**をねらいとして編集した問題集です。

本書の構成

第Ⅰ章　漢字学習編

◇大学入試で出題された漢字熟語の**データベース**を元に、上位一四〇〇語の熟語を構成する漢字を抽出し、そのうち漢字能力検定試験の**6・7級相当から2級相当(高校卒業程度)までに該当する漢字八四二字**を「漢字表」の見出し漢字として取り上げました。

◇見出し漢字は、漢字能力検定試験の級別配当を目安にして難易度順に五段階に分類し、画数順に配列しました。ステップ①から順番にクリアしていくことで、**達成感を持って学習できる**ようにしました。

◇見開き2ページで一回分とし、**「漢字表」**と、漢字の意味ごとに用例を示した**「書き取り問題」**を用意しました。**「書き取り問題」**は、「一つの意味に対して一用例」を基本としていますが、それだけではすべての音読みがカバーできない場合や、一つの意味に対して頻出熟語が多くある場合などは、用例を増やしています。同じ漢字を繰り返し書くことで、**見出し漢字の主要用例をまとめて覚える**ことができます。また、特に重要な用例には**マーク**をつけています。

◇すべての問題について**「正解」**を下欄に示し、その場で確認できるようにしました。

第Ⅱ章　漢字応用編

◇「対義語」「類義語」「同音異義語」など、**漢字の総合的な力を養成する**ための問題を用意しました。第Ⅰ章、第Ⅱ章で約三〇〇〇語を扱っています。

第Ⅲ章　語彙力養成編

◇高校生が身につけておくべき語彙(四字熟語・慣用表現など)に加えて、現代文を読解するうえで必要となる重要語彙も取り上げました。

目次

第Ⅰ章　漢字学習編の使い方

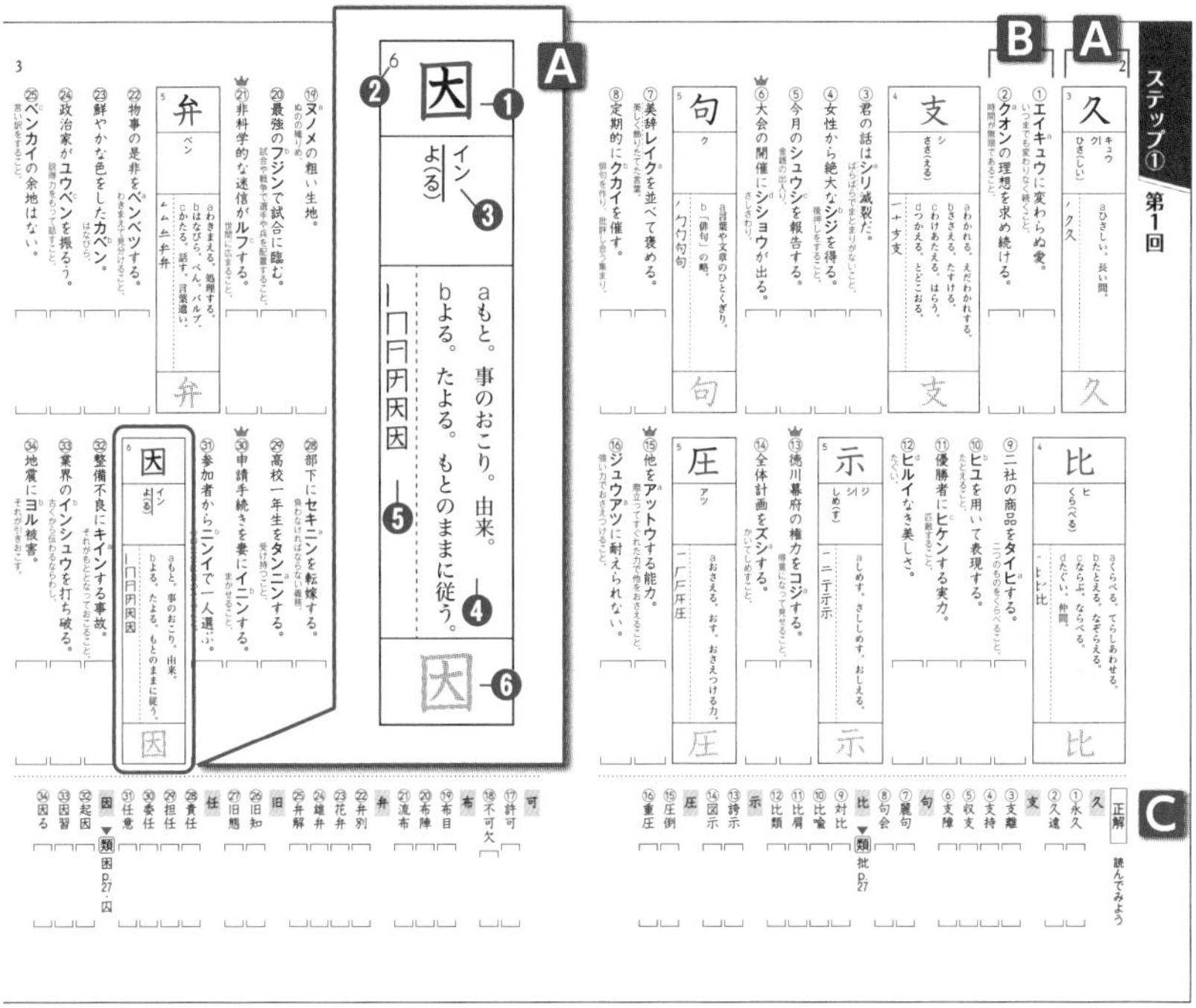

A 漢字表　見出し漢字に関する知識を確認

・漢字表の見方は以下のとおりです。※部首と筆順は漢検の基準に拠る。

❶**見出し漢字**…色部分は**部首**。（　）内は許容字体。　❷**総画数**

❸**音訓**…カタカナは音、ひらがなは訓。――は中学新出音訓、━━は高校新出音訓。

❹**漢字が持つ意味**…『漢検　漢字辞典』をテキストにして、そこに掲載されている意味のうち、日本語の熟語になるものをすべて載せています。

❺**筆順**　❻**なぞり書き**…字形や筆順に注意して書いてみましょう。

B 書き取り問題　例文の中での熟語の使われ方を確認

・漢字が持つ意味ごとに用例を示すことで、意味から漢字を学べるように配慮しました。用例の右側のa、b…は、漢字表の意味（❹）と対応しています。

・各用例は、入試での出題頻度が高い熟語から優先して選ぶようにしました。特に、入試出題上位四〇〇語の最頻出語には♕、四〇一から八〇〇語の最重要語には♛のマークをつけていますので、これらの熟語は確実に書けるようにしておきましょう。

・すべての熟語に意味を示し、慣用表現・四字熟語などについては、該当部分に┈┈を引いてその意味を示しています。

・訓読みの問題は、送り仮名を含めて書いてみましょう。

C 正解　答え合わせと語彙力強化

・正解の下にも解答欄を設け、正解から書き取り問題を逆に見ることで、読みの確認もできるようにしました。

・類似字や異字同訓といった、留意すべき他の漢字があるものについては、見出し漢字の下に▼で示しました。類＝類似字　訓＝異字同訓

久（3）
キュウ　ク　ひさ(しい)

a ひさしい。長い間。

ノク久

① エイキュウ[a]に変わらぬ愛。
　a いつまでも変わりなく続くこと。

② クオン[a]の理想を求め続ける。
　a 時間が無限であること。

支（4）
シ　ささ(える)

a わかれる。えだわかれする。
b ささえる。たすける。
c わけあたえる。はらう。
d つかえる。とどこおる。

一十方支

③ 君の話はシリ[a]滅裂だ。
　a ばらばらでまとまりがないこと。

④ 女性から絶大なシジ[b]を得る。
　b 後押しをすること。

⑤ 今月のシュウシ[c]を報告する。
　c 金銭の出入り。

⑥ 大会の開催にシショウ[d]が出る。
　d さしさわり。

句（5）
ク

a 言葉や文章のひとくぎり。
b「俳句」の略。

ノ勹勺句句

⑦ 美辞レイク[a]を並べて褒める。
　a 美しく飾りたてた言葉。

⑧ 定期的にクカイ[b]を催す。
　b 俳句を作り、批評し合う集まり。

比（4）
ヒ　くら(べる)

a くらべる。てらしあわせる。
b たとえる。なぞらえる。
c ならぶ。ならべる。
d たぐい。仲間。

一ヒ比比

⑨ 二社の商品をタイヒ[a]する。
　a 二つのものをくらべること。

⑩ ヒユ[b]を用いて表現する。
　b たとえること。

⑪ 優勝者にヒケン[c]する実力。
　c 匹敵すること。

⑫ ヒルイ[d]なき美しさ。
　d たぐい。

示（5）
ジ　シ　しめ(す)

a しめす。さししめす。おしえる。

一二亍亓示

⑬ 徳川幕府の権力をコジ[a]する。
　a 得意になって見せること。

⑭ 全体計画をズシ[a]する。
　a かいてしめすこと。

圧（5）
アツ

a おさえる。おす。おさえつける力。

一厂圧圧圧

⑮ 他をアットウ[a]する能力。
　a 際立ってすぐれた力で他をおさえること。

⑯ ジュウアツ[a]に耐えられない。
　a 強い力でおさえつけること。

正解

久　①永久　②久遠
支　③支離　④支持　⑤収支　⑥支障
句　⑦麗句　⑧句会
比　⑨対比　⑩比喩　⑪比肩　⑫比類
▼類 批 p.27
示　⑬誇示　⑭図示
圧　⑮圧倒　⑯重圧

読んでみよう

可 5
カ
a よい。よろしい。ゆるす。
b できる。
一 𠃌 𠮛 𠮙 可

⑰ 資料の閲覧を**キョカ**[a]する。
願いをゆるすこと。

⑱ 仕事に**フカケツ**[b]な知識。
なくてはならないこと。

布 5
フ
ぬの
a ぬの。織物。
b しく。ひろげる。
c 広く行きわたらせる。
ノ ナ 𠂇 右 布

⑲ **ヌノメ**[a]の粗い生地。
ぬのの織りめ。

⑳ 最強の**フジン**[b]で試合に臨む。
試合や戦争で選手や兵を配置すること。

㉑ 非科学的な迷信が**ルフ**[c]する。
世間に広まること。

弁 5
ベン
a わきまえる。処理する。
b はなびら。べん。バルブ。
c かたる。話す。言葉遣い。
𠃋 ム 厶 弁 弁

㉒ 物事の是非を**ベンベツ**[a]する。
わきまえて見分けること。

㉓ 鮮やかな色をした**カベン**[b]。
はなびら。

㉔ 政治家が**ユウベン**[c]を振るう。
説得力をもって話すこと。

㉕ **ベンカイ**[c]の余地はない。
言い訳をすること。

旧 5
キュウ
a ふるい。以前の。もとの。
b むかし。過去。
丨 ‖ 𠂆 旧 旧

㉖ 彼とは**キュウチ**[a]の仲だ。
古くからのしり合い。

㉗ **キュウタイ**[b]依然とした生活。
昔のままで変化も進歩もないさま。

任 6
ニン
まか(せる・す)
a 仕事。役目。役目につく。
b まかせる。思うままにする。
ノ 亻 仁 仁 任 任

㉘ 部下に**セキニン**[a]を転嫁する。
負わなければならない義務。

㉙ 高校一年生を**タンニン**[a]する。
受け持つこと。

㉚ 申請手続きを妻に**イニン**[b]する。
まかせること。

㉛ 参加者から**ニンイ**[b]で一人選ぶ。
心のままにまかせること。

因 6
イン
よ(る)
a もと。事のおこり。由来。
b よる。たよる。もとのままに従う。
丨 冂 冂 闩 因 因

㉜ 整備不良に**キイン**[a]する事故。
それがもととなっておこること。

㉝ 業界の**インシュウ**[b]を打ち破る。
古くから伝わるならわし。

㉞ 地震に**ヨル**[b]被害。
それが引きおこす。

可 ⑰ 許可 ⑱ 不可欠

布 ⑲ 布目 ⑳ 布陣 ㉑ 流布

弁 ㉒ 弁別 ㉓ 花弁 ㉔ 雄弁 ㉕ 弁解

旧 ㉖ 旧知 ㉗ 旧態

任 ㉘ 責任 ㉙ 担任 ㉚ 委任 ㉛ 任意

因 ㉜ 起因 ㉝ 因習 ㉞ 因る

▼類 困 p.27・囚

在 (6)	
読み	ザイ / あ(る)
意味	a ある。いる。物がそこにある。 b いなか。むら。
筆順	一 ナ 才 冇 在 在

①多くの問題がカイザイ[a]する。
間に挟まってあること。

②海外に一週間タイザイ[a]する。
ある期間とどまること。

③ザイゴウ[b]の農家で育つ。
都会から隔たった地方。

団 (6)	
読み	ダン / トン
意味	a まるい。まるめる。まるいもの。 b 集まり。集まる。かたまり。
筆順	丨 冂 冃 団 団 団

④花よりダンゴ[a]。
風流より実利を選ぶこと。

⑤フトン[a]を掛けて寝る。
綿などを入れ布地で縫いくるんだ寝具。

⑥仲間とダンケツ[b]して戦う。
多くの人が一つにまとまること。

応 (7)	
読み	オウ / こた(える)
意味	a こたえる。うけこたえる。 b 状況に合った動きをする。 c ふさわしい。
筆順	丶 亠 广 広 応 応 応

⑦世論の高まりにコオウ[a]する。
互いにこたえて行うこと。

⑧新しい職場にジュンノウ[b]する。
環境の変化に合わせること。

⑨実績にソウオウ[c]した評価。
つり合いがとれてふさわしいこと。

余 (7)	
読み	ヨ / あま(る・す)
意味	a あまる。あまり。のこり。 b ほか。それ以外の。
筆順	ノ 人 亼 亼 今 余 余

⑩犯人に同情のヨチ[a]はない。
物事を行うゆとり。

⑪弁当を二人分ヨケイ[a]に作る。
必要な数より多くあること。

⑫撤退をヨギ[b]なくされる。
ほかに取るべき方法がない。

快 (7)	
読み	カイ / こころよ(い)
意味	a こころよい。気持ちがよい。 b 病気が治る。
筆順	丶 丶 忄 忄 快 快 快

⑬カイカツ[a]に振る舞っている。
明るく元気のよいさま。

⑭人類初のカイキョ[a]だ。
胸がすくほどすばらしい行為。

⑮病状がカイホウ[b]に向かう。
だんだん治ってくること。

均 (7)	
読み	キン
意味	a ひとしい。ひとしくする。ならす。 b ととのえる。つり合っている。
筆順	一 十 土 圴 均 均 均

⑯利益をキントウ[a]に分配する。
差がなくひとしいこと。

⑰ヘイキン[a]を上回る速さ。
いくつかの数をならした値。

⑱キンセイ[b]のとれた体を作る。
つり合いが取れてととのっていること。

正解

在 ①介在 ②滞在 ③在郷
▼訓 有《あ》る

団 ④団子 ⑤布団 ⑥団結

応 ⑦呼応 ⑧順応 ⑨相応
▼訓 答《こた》える

余 ⑩余地 ⑪余計 ⑫余儀

快 ⑬快活 ⑭快挙 ⑮快方

均 ⑯均等 ⑰平均 ⑱均整

読んでみよう

判
7
ハン
バン

a 区別する。見分ける。
b わかる。はっきりさせる。
c さばく。さばき。
d はん。はんこ。

丶 丷 兰 半 半 判

⑲あの店は**ヒョウバン**[a]がいい。（世間の人のジャッジ。）

⑳原因が**ハンゼン**[b]としない。（はっきりわかること。）

㉑民事**サイバン**[c]の流れを知る。（法律に基づいてさばくこと。）

㉒署名して**インバン**[d]を押す。（はんこ。）

似
7
ジ
に(る)

a にる。にている。にせる。まねる。

ノ イ 亻 亻 亻 似 似

㉓不自由さの**ギジ**[a]体験をする。（本物によくにていること。）

㉔犯行手口が**ルイジ**[a]している。（互いに共通点があること。）

技
7
ギ
わざ

a わざ。手並み。腕前。

一 十 扌 扌 扌 抄 技

㉕細部にまで**ギコウ**[a]を凝らす。（テクニック。）

㉖師匠のもとで**ワザ**[a]を磨く。（腕前。）

状
7
ジョウ

a かたち。すがた。
b ようす。ありさま。
c かきつけ。手紙。

丨 丬 丬 丬 丬 状 状

㉗河川が**センジョウ**[a]地を作った。（おうぎを開いたかたち。）

㉘**ジョウキョウ**[b]を把握する。（そのときどきの様子。）

㉙贈り物の**レイジョウ**[c]を出す。（おれいの手紙。）

序
7
ジョ

a 並び方。順番。ついで。
b いとぐち。はじめの部分。
c はしがき。まえがき。

丶 亠 广 户 庀 庁 序

㉚年功**ジョレツ**[a]の給与制度。（年齢・年数によって決まる順番。）

㉛不幸への**ジョキョク**[b]。（物事の前触れのたとえ。）

㉜文集の**ジョブン**[c]を書く。（はしがき。）

志
7
シ
こころざ(す)
こころざし

a こころざす。心のめざすところ。
b 思いやる気持ち。

一 十 士 士 志 志 志

㉝上昇**シコウ**[a]の強い人が多い。（めざしていること。）

㉞青雲の**ココロザシ**[a]を抱く。（手柄を立て、立身出世しようと望む心。）

㉟封筒に**スンシ**[b]と書く。（心ばかりの贈り物。）

判 ▼類 伴 p.86
⑲評判 ⑳判然 ㉑裁判 ㉒印判

似
㉓疑似（擬似） ㉔類似

技 ▼訓 業《わざ》
㉕技巧 ㉖技

状
㉗扇状 ㉘状況 ㉙礼状

序
㉚序列 ㉛序曲 ㉜序文

志
㉝志向 ㉞志 ㉟寸志

7	防
ボウ ふせ(ぐ)	aふせぐ。そなえる。まもる。
筆順	７ ３ 阝 阝' 阝' 防 防

①正当**ボウエイ**[a]が認められた。（ふせぎまもること。）

②**ボウハン**[a]ベルを鳴らす。（はんざいの発生をふせぐこと。）

8	制
セイ	aおさえる。やめさせる。おさめる。 bとりきめる。おきて。しくみ。 cつくる。したてる。つくりあげる。
筆順	ノ ⺈ 仁 仁 告 告 制 制

③血圧の上昇を**ヨクセイ**[a]する。（おさえとどめること。）

④交通量を**キセイ**[a]する。（決まりに沿っておさえること。）

⑤**セイゲン**[a]速度を守って走る。（ある範囲から出ないようにおさえること。）

⑥社会保障**セイド**[b]を見直す。（定められているきまり。）

⑦卒業**セイサク**[c]展を開く。（芸術作品をつくること。）

8	効
コウ き(く)	aきく。ききめがある。
筆順	丶 亠 ナ 六 ゔ 交 効 効

⑧薬の**コウカ**[a]が現れる。（望ましいききめ。）

⑨夏休みを**ユウコウ**[a]に使う。（ききめのあること。）

8	性
セイ ショウ	aさが。うまれつき。たち。 bもちまえ。物事の本質。傾向。 c男女・雌雄の別。
筆順	丶 丶 忄 忄 忄 忙 性 性

⑩**セイキュウ**[a]に結論を出す。（気が短くせっかちなさま。）

⑪**キショウ**[a]が激しい小型犬。（生まれつきの性質。）

⑫銅の**ゾクセイ**[b]を説明する。（そのものに備わっている特徴。）

⑬今度の車は**セイノウ**[b]がいい。（仕事をなしうる力。）

⑭**イセイ**[c]の目を意識する。（男が女を、女が男をさしていう語。）

8	易
エキ イ やさ(しい)	aかえる。かわる。とりかえる。 bやさしい。てがる。やすらか。 cうらない。
筆順	丨 ⼌ 日 日 旦 号 易 易

⑮諸外国と**コウエキ**[a]する。（互いに物品の売買をすること。）

⑯**ボウエキ**[a]摩擦が起こる。（国際間で行う輸出入の取引。）

⑰**アンイ**[b]な方法を選択する。（わけなくできるさま。）

⑱**カンイ**[b]な手続きで加入できる。（てがるなさま。）

⑲**ヤサシイ**[b]問題から解く。（かんたんである。）

⑳**エキシャ**[c]の身の上知らず。（自分のことは判断ができないさま。）

正解

読んでみよう

防 ▼類 妨 p.87・紡 p.124
①防衛 ②防犯

制 ▼類 製 p.22
③抑制 ④規制 ⑤制限 ⑥制度 ⑦制作

効 ▼訓 利《き》く
⑧効果 ⑨有効

性 ▼類 牲 p.113・姓
⑩性急 ⑪気性 ⑫属性 ⑬性能 ⑭異性

易 ▼訓 優《やさ》しい p.45
⑮交易 ⑯貿易 ⑰安易 ⑱簡易 ⑲易しい

承 8
ショウ
うけたまわ(る)
a うける。前のものをうけつぐ。
b うけたまわる。ひきうける。
フ了孑手手承承承

㉑ 著作権を**ケイショウ**[a]する。
地位や財産をうけつぐこと。

㉒ 郷土芸能を**デンショウ**[a]する。
後世へつたえること。

㉓ 今度やったら**ショウチ**[b]しない。
許すこと。

㉔ ご注文を**ウケタマワリ**[b]ました。
「ひきうける」の謙譲語。

非 8
ヒ
a 正しくない。わるい。あやまち。
b そしる。よくないとする。
c あらず。…でない。
丿ナヲヲ非非非非

㉕ 物事の**ゼヒ**[a]をわきまえる。
よしあし。

㉖ 不適切な対応を**ヒナン**[b]される。
欠点などをとがめること。

㉗ **ヒジョウ**[c]事態を乗り越える。
普通でない状態であること。

述 8
ジュツ
の(べる)
a のべる。言う。考えをのべる。
一十才木朮朮述述

㉘ 過去の苦労を**ジュッカイ**[a]する。
思いをのべること。

㉙ 弁護人の冒頭**チンジュツ**[a]。
考えをのべること。

価 8
カ
あたい
a ねだん。あたい。
b ねうち。
ノイ仁仁侕価価価

㉚ 人気商品の**レンカ**[a]版を買う。
安いねだん。

㉛ 商品の**アタイ**[a]を高めにする。
ねだん。

㉜ 論文が高く**ヒョウカ**[b]される。
ねうちを見定めること。

往 8
オウ
a ゆく。いく。すすむ。
b むかし。いにしえ。以前に。かつて。
ノ彳彳彳往往往往

㉝ 通学に**オウフク**[a]二時間かかる。
いきとかえり。

㉞ 車の**オウライ**[a]が激しい。
いったりきたりすること。

㉟ **キオウ**[b]症を医師に知らせる。
過去の物事。

居 8
キョ
い(る)
a 住む。住む所。
b いる。おる。すわる。
フコ尸尸尸居居居

㊱ 家督を譲って**インキョ**[a]する。
仕事を退いて気ままに暮らすこと。

㊲ 市役所に**テンキョ**[a]届を出す。
引っ越すこと。

㊳ 都合が悪いので**イルス**[b]を使う。
不在をよそおうこと。

---

⑳ 易者
承
㉑ 継承
㉒ 伝承
㉓ 承知
㉔ 承り
非
㉕ 是非
㉖ 非難
㉗ 非常
述
㉘ 述懐
㉙ 陳述
価
▼訓 値《あたい》 p.35
㉚ 廉価
㉛ 価
㉜ 評価
往
㉝ 往復
㉞ 往来
㉟ 既往
居
㊱ 隠居
㊲ 転居
㊳ 居留守

8 招	
ショウ まね(く)	
aまねく。手まねきする。よびよせる。	一 十 扌 扌 扨 扨 招 招

①新居に友人をショウタイ[a]する。 まねいてもてなすこと。

②五輪ショウチ[a]を目ざす。 まねきよせること。

9 退	
タイ しりぞ(く・ける)	
aしりぞける。追いはらう。 bしりぞく。やめる。身をひく。 cおとろえる。すたれる。	フ ヨ ヨ 艮 艮 艮 退 退 退

③鬼をタイジ[a]した伝説が残る。 悪いものをうち滅ぼすこと。

④現役をインタイ[b]する。 役職や地位から去ること。

⑤国内の産業がスイタイ[c]する。 おとろえ弱ること。

⑥タイクツ[c]しのぎに本を読む。 することがなく時間をもてあますこと。

9 限	
ゲン かぎ(る)	
aかぎる。くぎる。しきりをする。 bかぎり。くぎり。さかいめ。	フ 了 阝 阝 阝 阝 阳 限 限

⑦応募資格をゲンテイ[a]する。 範囲や数量をかぎること。

⑧能力のゲンカイ[b]に挑戦する。 これ以上はないぎりぎりの範囲。

⑨本来のケンゲン[b]を越えた行為。 その立場の者が持つ力の範囲。

9 保	
ホ たも(つ)	
aたもつ。もつ。もちつづける。 bやすんじる。やしなう。 cうけあう。ひきうける。	ノ イ 亻 们 仴 但 保 保 保

⑩処分をリュウホ[a]する。 すぐその場で行わないこと。

⑪適切な環境でホイク[b]する。 はぐくみそだてること。

⑫人権をホショウ[c]する。 責任をもって守ること。

⑬ホショウ[c]の期限が切れる。 損害の責任をひきうけること。

9 故	
コ ゆえ	
aふるい。むかしの。 bもともと。もとから知っている。 cできごと。わざわい。 dことさらに。わざわざ。 e死ぬ。死んだ。	一 十 十 古 古 古 古 故 故

⑭寺のコジ[a]来歴を調べる。 むかしから伝えられていることがら。

⑮コキョウ[b]の味が忘れられない。 ふるさと。

⑯近所に一人のエンコ[b]もいない。 血縁や親戚などによるつながり。

⑰山道で車がコショウ[c]する。 正常に動かなくなること。

⑱自転車をコイ[d]にぶつける。 わざとすること。

⑲コジン[e]をしのぶ。 亡くなったひと。

正解

招 ①招待 ②招致
退 ③退治 ④引退 ⑤衰退 ⑥退屈
限 ⑦限定 ⑧限界 ⑨権限
保 ⑩留保 ⑪保育 ⑫保障 ⑬保証
故 ⑭故事 ⑮故郷 ⑯縁故 ⑰故障 ⑱故意 ⑲故人

読んでみよう

▼類 紹 p.64・召

査 9
サ
a しらべる。考える。
一 十 才 木 木 杏 杏 杳 査
査

⑳ 職業適性**ケンサ**[a]を受ける。
基準をもとに注意深くしらべること。

㉑ 書類**シンサ**[a]を通過する。
詳しくしらべて優劣を決めること。

厚 9
コウ
あつ(い)
a あつい。あつみがある。
b あつくする。ゆたかにする。
c あつかましい。
一 厂 厂 戸 戸 戸 厚 厚 厚
厚

㉒ **オンコウ**[a]な人柄が魅力だ。
穏やかで情け深いさま。

㉓ **アツゲショウ**[a]をしている。
濃いけしょう。

㉔ 福利**コウセイ**[b]が充実した会社。
暮らしをゆたかなものにすること。

㉕ **コウガン**[c]無恥な行動をとる。
ずうずうしくて恥知らずなこと。

政 9
セイ
ショウ
まつりごと
a 世の中をおさめること。
b 物事をおさめること。
一 丁 下 正 正 正 正 政 政
政

㉖ **イセイ**[a]者の心得を説く。
せいじを行う人。

㉗ 国の**マツリゴト**[a]を行う。
せいじ。

㉘ **カセイ**[b]婦を雇う。
かじを手伝うために雇われる人。

迷 9
メイ
まよ(う)
a まよう。まどう。道がわからない。
b こまる。明らかでない。
丶 丷 丷 半 半 米 米 迷 迷
迷

㉙ 子供を抱えて路頭に**マヨウ**[a]。
生活手段を失い困る。

㉚ 人気が**テイメイ**[b]する。
よくない状態から抜け出せないこと。

㉛ 猫に関する**メイシン**[b]が多い。
科学的根拠のない言い伝え。

独 9
ドク
ひと(り)
a ひとり。ひとつ。相手がいない。
b ひとりよがり。自分だけ。
ノ 犭 犭 犭 犭 犭 独 独 独
独

㉜ 彼の晩年は**コドク**[a]だった。
ひとりぼっちであること。

㉝ **ドクソウ**[a]的な構図で描く。
自分ひとりの発想でつくり出すこと。

㉞ **ドクゼン**[b]に陥る。
ひとりよがり。

祖 9
ソ
a 血筋・家系のもと。
b 親の親。
c もと。はじめ。物事を始めた人。
丶 ラ ネ ネ 礻 礻 祖 祖 祖
祖

㉟ 人類の**ソセン**[a]について学ぶ。
一族のもと。

㊱ **ソフ**[b]から戦争の話を聞く。
おじいさん。

㊲ 洋食屋の**ガンソ**[c]と言われる店。
最初に始めた人。

査 ⑳ 検査 ㉑ 審査

厚 ▼訓 暑《あつ》い・熱《あつ》い
㉒ 温厚 ㉓ 厚化粧 ㉔ 厚生 ㉕ 厚顔

政 ㉖ 為政 ㉗ 政 ㉘ 家政

迷 ㉙ 迷う ㉚ 低迷 ㉛ 迷信

独 ㉜ 孤独 ㉝ 独創 ㉞ 独善

祖 ▼類 阻 p.88・粗 p.97・租・狙
㉟ 祖先 ㊱ 祖父 ㊲ 元祖

則（9）
ソク
a きまり。おきて。手本とする。
筆順：丨 冂 冃 目 目 貝 貝 則 則

👑①**キソク**[a]正しい生活を送る。（標準となるきまり。）

②商売の**テッソク**[a]を学ぶ。（変えることのできないおきて。）

修（10）
シュウ
シュ
おさ（める・まる）
a おさめる。まなぶ。
b なおす。つくろう。
c かざる。
d 物をまとめる。
筆順：ノ イ 亻 仆 伦 伦 修 修 修 修

③寺で僧侶が**シュギョウ**[a]する。（仏道に励むこと。）

④予算案を**シュウセイ**[b]する。（不適切なところをなおすこと。）

⑤名詞を**シュウショク**[c]する。（美しくかざること。）

⑥大学教授**カンシュウ**[d]の本。（編集などを取り締まること。）

造（10）
ゾウ
つく（る）
a つくる。生みだす。こしらえる。
b いたる。きわめる。
筆順：ノ ト 屮 生 牛 告 告 告 浩 造

⑦多様な文化を**ソウゾウ**[a]する。（新しいものをつくること。）

⑧古典芸能に**ゾウケイ**[b]が深い。（学問・芸術などの深い知識。）

格（10）
カク
コウ
a おきて。きまり。のり。
b おもむき。ようす。ねうち。身分。
c 方形に組み合わせたもの。
d うつ。たたく。
筆順：一 十 オ 木 木' 杪 枚 柊 格 格

⑨**カクシキ**[a]と伝統を重んじる。（階層に応じたきまり。）

👑⑩**ゲンカク**[b]なしつけを受ける。（不正や怠慢を許さないようす。）

⑪窓に**コウシ**[c]を取り付ける。（細い材を方形に組んだ建具。）

⑫慣れない家事と**カクトウ**[d]する。（物事に懸命に取り組むこと。）

容（10）
ヨウ
a 中にいれる。おさめる。
b なかみ。
c ききいれる。ゆるす。
d すがた。かたち。ようす。
e たやすい。
筆順：丶 丷 宀 宀 宂 宊 宊 容 容 容

⑬西洋文明を**ジュヨウ**[a]する。（うけいれて取り込むこと。）

⑭荷物に**ナイヨウ**[b]を表示する。（なかみ。）

⑮多少の違いは**キョヨウ**[c]する。（大目に見てゆるすこと。）

⑯駅前が大きく**ヘンヨウ**[d]する。（見た目がかわること。）

👑⑰初心者にも**ヨウイ**[e]にできる。（簡単であるさま。）

正解

読んでみよう

則 ①規則 ②鉄則
▼類 測 p.16・側

修 ③修行 ④修正 ⑤修飾 ⑥監修
▼訓 収《おさ》める p.26・納《おさ》める p.33・治《おさ》める

造 ⑦創造 ⑧造詣
▼訓 創《つく》る p.39

格 ⑨格式 ⑩厳格 ⑪格子 ⑫格闘

容 ⑬受容 ⑭内容 ⑮許容 ⑯変容 ⑰容易

漢字学習編　漢字応用編　語彙力養成編

素（10）

ス　ソ

a ありのまま。飾り気がない。
b もと。はじめ。もとになるもの。
c もとより。つねづね。ふだん。

⑱ カンソ[a]な服装でかける。（飾り気がないこと。）
⑲ スナオ[a]に返事をする子供。（穏やかでひねくれていないさま。）
⑳ ソザイ[b]にこだわる洋菓子店。（もとになるもの。）
㉑ 探偵がソコウ[c]を調査する。（ふだんのおこない。）

破（10）

ハ　やぶ(る・れる)

a やぶる。こわす。こわれる。
b まかす。打ち負かす。
c やり抜く。しとげる。

㉒ 環境ハカイ[a]の原因を探る。（こわすこと。）
㉓ 一目で彼の嘘《うそ》をカンパ[b]した。（真相を見やぶること。）
㉔ 東海道をトウハ[c]するのが夢だ。（歩き通すこと。）

恩（10）

オン

a めぐみ。いつくしみ。

㉕ オンシャ[a]が行われる。（刑罰の内容を変更させること。）
㉖ 彼は命のオンジン[a]だ。（助けてくれたひと。）

能（10）

ノウ

a あたう。よくする。よくできる。
b はたらき。わざ。ききめ。
c のう。「能楽」のこと。

㉗ スポーツバンノウ[a]な生徒。（何でもできること。）
㉘ センサーが正しくキノウ[b]する。（はたらきを発揮する。）
㉙ ノウメン[c]のような顔。（無表情であるさま。）

師（10）

シ

a 教え導く人。手本となる人。
b 専門的な技術をもった人。
c 軍隊。いくさ。

㉚ シショウ[a]の教えを守る。（学問や芸術などを教える人。）
㉛ 病院でイシ[b]として働く。（疾病の診察や治療をする人。）
㉜ 第二シダン[c]に配属される。（陸軍の軍隊の一つ。）

規（11）

キ

a のり。きまり。手本。ただす。
b 円や線などを描く道具。

㉝ 事業のキボ[a]を拡大する。（スケール。）
㉞ 業務に関するキテイ[a]。（きまり。）
㉟ 三角ジョウギ[b]の使い方。（線や角などを描くときに使う用具。）

素　⑱ 簡素　⑲ 素直　⑳ 素材　㉑ 素行

破　▼訓　敗《やぶ》れる　㉒ 破壊　㉓ 看破　㉔ 踏破

恩　㉕ 恩赦　㉖ 恩人

能　▼類　態 p.20・熊　㉗ 万能　㉘ 機能　㉙ 能面

師　▼類　帥　㉚ 師匠　㉛ 医師　㉜ 師団

規　㉝ 規模　㉞ 規定　㉟ 定規

断（11画）

ダン／た(つ)／ことわ(る)

a たつ。たちきる。たえる。
b きめる。さだめる。さばく。
c 思いきって。きっと。かならず。
d ことわる。わけを述べる。

① ダンペン[a]的な記憶しかない。（あるまとまったものの切れ端。）

② 甘えを許さぬよう退路をタツ[a]。（さえぎる。）

③ 物事の是非をハンダン[b]する。（考えをきめること。）

④ 我らはダンコ[c]反対する。（きっぱりとしているさま。）

⑤ ムダン[d]で欠席する。（何もことわらないこと。）

経（11画）

ケイ／キョウ／へ(る)

a たていと。上下・南北の方向。
b へる。たつ。道筋をたどる。
c おさめる。いとなむ。
d 不変の道理を説いた書物。

⑥ 事件のケイイ[a]をたどる。（いきさつ。）

⑦ 大阪ケイユ[b]で奈良に行く。（ある地点をへること。）

⑧ 中小企業をケイエイ[c]する。（事業を管理・遂行すること。）

⑨ 境内にドキョウ[d]の声が響く。（きょうをよむこと。）

情（11画）

ジョウ／セイ／なさ(け)

a こころ。きもち。なさけ。
b ありさま。ようす。
c おもむき。あじわい。

⑩ 豊かなジョウソウ[a]を育てる。（芸術などに対するこころのはたらき。）

⑪ カンジョウ[a]の起伏が激しい。（物事にかんじて起こるきもち。）

⑫ 選挙のジョウセイ[b]を探る。（その時々のようす。）

⑬ フゼイ[c]のある庭を眺める。（あじわいのあるかんじ。）

基（11画）

キ／もと／もとい

a もとづく。もとい。よりどころ。

⑭ 日本のキカン[a]産業。（中心となるもの。）

⑮ 国のモトイ[a]を築いた人物。（土台。）

常（11画）

ジョウ／つね／とこ

a つね。いつまでも変わらない。
b ふつう。ありきたり。なみ。

⑯ 温度をコウジョウ[a]に保つ。（一定で変わらないこと。）

⑰ トコナツ[a]の国へ行きたい。（一年中なつのようであること。）

⑱ 今年はイジョウ[b]に雨が多い。（ふつうと違っていること。）

正解

読んでみよう

断 ▼訓 絶《た》つ p.15・裁《た》つ p.39

① 断片 ② 断つ ③ 判断 ④ 断固 ⑤ 無断

経 ▼類 軽・径

⑥ 経緯 ⑦ 経由 ⑧ 経営 ⑨ 読経

情 ▼類 精 p.19・請 p.109

⑩ 情操 ⑪ 感情 ⑫ 情勢 ⑬ 風情

基 ▼訓 元《もと》・下《もと》・本《もと》

⑭ 基幹 ⑮ 基

常

⑯ 恒常 ⑰ 常夏 ⑱ 異常

11 **率**
ソツ
リツ
ひき(いる)
a ひきいる。引きつれる。みちびく。
b にわか。だしぬけに。
c ありのまま。自然の。すなお。
d 割合。程度。
丶 亠 ナ 玄 玄 㳌 㳌 㳌 㴅 率
率

⑲ **ソッセン**[a]して庭掃除をする。
自分からさきに立って行動すること。

⑳ **ケイソツ**[b]な行動をとる。
かるはずみなさま。

㉑ **ソッチョク**[c]に心情を述べる。
隠すところがないさま。

㉒ 単語を**コウリツ**[d]よく覚える。
仕事のはかどり具合。

11 **採**
サイ
と(る)
a とる。集める。えらびとる。
一 十 扌 扌 扌 扌 扌 扌 採 採
採

㉓ 緊急動議を**サイタク**[a]する。
えらんでとりあげること。

㉔ 山できのこを**トル**[a]。
集める。

11 **貧**
ヒン
ビン
まず(しい)
a まずしい。みすぼらしい。
b たりない。少ない。
丿 八 分 分 分 貧 貧 貧 貧 貧 貧
貧

㉕ **ビンボウ**[a]暮らしが長い。
生活が苦しいこと。

㉖ **ヒンケツ**[b]で倒れる。
血液中の赤血球や血色素が減少すること。

11 **移**
イ
うつ(る・す)
a うつる。うつす。
一 二 千 禾 禾 禾 秒 秒 移 移 移
移

㉗ 事件の**スイイ**[a]を見守る。
うつりかわり。

㉘ 庭に桜の木を**イショク**[a]する。
うつしかえること。

㉙ 新体制に**イコウ**[a]する。
うつっていくこと。

11 **険**
ケン
けわ(しい)
a けわしい。あやうい。あぶない。
b とげとげしい。はらぐろい。
フ ３ 阝 阝 阶 阶 险 险 险 険 険
険

㉚ **ケンアク**[a]なムードになる。
情勢がけわしく先行きがあぶないこと。

㉛ 生命**ホケン**[a]に加入する。
事故による損害を補償する制度。

㉜ **インケン**[b]な妨害が続く。
内に悪意を隠しているさま。

11 **現**
ゲン
あらわ(れる・す)
a あらわれる。あらわす。
b 実際の。いまの。
一 T 干 王 玑 玑 珋 玥 玥 現 現
現

㉝ 自然**ゲンショウ**[a]に注目する。
人が知覚することができる物事。

㉞ 師の教えを**タイゲン**[a]する。
具体的な形であらわすこと。

㉟ **ゲンザイ**[b]住んでいる場所。
いま。

率 ▼ **類** 卒
⑲ 率先
⑳ 軽率
㉑ 率直
㉒ 効率

採 ▼ **訓** 捕《と》る p.60・執《と》る p.61・撮《と》る p.110
㉓ 採択
㉔ 採る

貧 ▼ **類** 貪 p.131
㉕ 貧乏
㉖ 貧血

移
㉗ 推移
㉘ 移植
㉙ 移行

険 ▼ **類** 検 p.15・剣 p.62・倹 p.96
㉚ 険悪
㉛ 保険
㉜ 陰険

現 ▼ **訓** 著《あらわ》す p.37・表《あらわ》す
㉝ 現象
㉞ 体現
㉟ 現在

略（11）

リャク

a はかる。はかりごと。たくらみ。
b うばいとる。かすめとる。
c はぶく。あらまし。

①巧みにサクリャク[a]を巡らす。（はかりごと。）
②他国へのシンリャク[b]を企てる。（領土などをうばうこと。）
③説明をショウリャク[c]する。（はぶくこと。）

張（11）

チョウ
は(る)

a はる。ひっぱる。はりわたす。
b ひろげる。大きくする。
c 言いはる。

④初舞台にキンチョウ[a]する。（はりつめていること。）
⑤経験をコチョウ[b]して書く。（大げさに表すこと。）
⑥自説をシュチョウ[c]する。（言いはること。）

接（11）

セツ
つ(ぐ)

a つぐ。つなぐ。
b ちかづく。ちかよる。
c 会う。まじわる。もてなす。

⑦列車のセツゾク[a]が悪い。（つながり具合。）
⑧車どうしのセッショク[b]事故。（ちかづいてふれること。）
⑨料亭でセッタイ[c]をする。（客をもてなすこと。）

寄（11）

キ
よ(る・せる)

a よる。たちよる。
b 身をよせる。たよる。
c あずける。おくる。

⑩大型船が長崎にキコウ[a]する。（みなとにたちよること。）
⑪叔父の家にキシュク[b]する。（身をよせること。）
⑫芸能界にキセイ[b]する。（他をたよりいきていくこと。）
⑬経済の発展にキヨ[c]する。（力を尽くすこと。）
⑭お年玉をキフ[c]する。（金品をおくること。）

混（11）

コン
ま(じる・ざる・ぜる)
こ(む)

a まじりあって区別がつかない。

⑮公私コンドウ[a]をしない。（区別をはっきりさせないこと。）
⑯コンザツ[a]するセール会場。（人が多く、こみあっているさま。）

許（11）

キョ
ゆる(す)

a ゆるす。ききいれる。みとめる。

⑰教員メンキョ[a]を取得する。（官が特定の人にゆるすこと。）
⑱トッキョの申請にかかる費用。（新規の発明を独占できる権利。）

正解

読んでみよう

略 ①策略 ②侵略 ③省略
張 ④緊張 ⑤誇張 ⑥主張 ▼訓 貼《は》る
接 ⑦接続 ⑧接触 ⑨接待 ▼訓 継《つ》ぐ p.70・次《つ》ぐ
寄 ⑩寄港 ⑪寄宿 ⑫寄生 ⑬寄与 ⑭寄付
混 ⑮混同 ⑯混雑 ▼訓 交《ま》じる
許 ⑰免許 ⑱特許

責 (11)

セキ
せ(める)

a せめる。とがめる。
b せめ。なすべき仕事。

一 十 キ 圭 丰 青 青 青 青 責 責

責

⑲ ジセキ[a]の念に駆られる。
じぶんで過ちをせめること。

⑳ 返済のセキム[b]を負う。
果たすべき事柄。

設 (11)

セツ
もう(ける)

a もうける。そなえつける。

、 亠 亖 言 言 言 訁 訊 設 設

設

㉑ 公共シセツ[a]を管理する。
ある目的のための建物。

㉒ 最新のセツビ[a]を整える。
そなえつけた物。

過 (12)

カ
す(ぎる・ごす)
あやま(つ・ち)

a とおりすぎる。時がすぎる。
b 度がすぎる。はなはだしい。
c しくじる。あやまち。つみ。

丨 冂 冂 冊 冎 冎 冎 咼 咼 咼 渦 過

過

㉓ 術後のケイカ[a]は良好だ。
移り変わっていくこと。

㉔ チョウカ[a]料金を払う。
決められた枠をこえること。

㉕ カソ[b]の村に移り住む。
人口が少なすぎること。

㉖ カシツ[c]の有無を判断する。
不注意によるあやまち。

㉗ 単なるアヤマチ[c]だ。
やりそこない。

絶 (12)

ゼツ
た(える・やす・つ)

a たつ。うちきる。たえる。とぎれる。
b ことわる。こばむ。
c へだたる。遠くはなれる。
d このうえない。きわめて。

く 幺 幺 糸 糸 糸 紀 紀 絡 絡 絶 絶

絶

㉘ 抗争で一家がダンゼツ[a]する。
流れがたちきれること。

㉙ 国連の要求をキョゼツ[b]する。
こばむこと。

㉚ 俗世からカクゼツ[c]された場所。
他とへだてられること。

㉛ 病気とのソウゼツ[d]な闘い。
きわめて勇ましく激しいこと。

証 (12)

ショウ

a あかす。あかしをたてる。あかし。

、 亠 亖 言 言 言 言 訂 訂 訂 証 証

証

㉜ 品質の良さをショウメイ[a]する。
判断が正しいことをあきらかにすること。

㉝ 裁判でのギショウ[a]を禁じる。
事実ではないことを故意に言うこと。

検 (12)

ケン

a しらべる。あらためる。

一 十 オ 木 木 朴 朴 朴 枱 柃 検 検

検

㉞ 資料をケンサク[a]する。
必要な事柄を探し出すこと。

㉟ 現場ケンショウ[a]に立ち会う。
しらべて明らかにすること。

責 ⑲ 自責 ⑳ 責務 ▼訓 攻《せ》める p.51

設 ㉑ 施設 ㉒ 設備

過 ㉓ 経過 ㉔ 超過 ㉕ 過疎 ㉖ 過失 ㉗ 過ち ▼訓 謝《あやま》る

絶 ㉘ 断絶 ㉙ 拒絶 ㉚ 隔絶 ㉛ 壮絶 ▼訓 断《た》つ p.12・裁《た》つ p.39

証 ㉜ 証明 ㉝ 偽証

検 ▼類 険 p.13・剣 p.62・倹 p.96 ㉞ 検索 ㉟ 検証

提（12）
テイ　さ(げる)
a さげる。手にさげて持つ。
b さしだす。かかげる。
c 手をつなぐ。助けあう。

①かばんを肩から**サゲル**[a]。（つるして持つ。）
②医師が**テイショウ**[b]する健康法。（主張を示して呼びかけること。）
③結婚を**ゼンテイ**[b]につき合う。（まえおきとしての条件。）
④他社と業務**テイケイ**[c]する。（共同で行うこと。）

復（12）
フク
a かえる。行った道をかえる。
b かえす。もとにもどる。
c くりかえす。ふたたびする。

⑤**フクロ**[a]は長い上り坂だ。（かえり道。）
⑥災害から**フッコウ**[b]した街。（ふたたび盛んになること。）
⑦計算練習を**ハンプク**[c]して行う。（何度もくりかえすこと。）

備（12）
ビ　そな(える・わる)
a そなえる。用意する。そなえ。
b そなわる。そろっている。

⑧車両の**セイビ**[a]を怠らない。（ととのえること。）
⑨才色**ケンビ**[b]の生徒会長。（才能があり美しい女性。）

測（12）
ソク　はか(る)
a 長さ・広さ・深さをはかる。
b おしはかる。思いはかる。

⑩天体**カンソク**[a]が趣味だ。（天候や自然現象を見てはかること。）
⑪事故の原因を**スイソク**[b]する。（ある事柄からおしはかること。）

統（12）
トウ　す(べる)
a すべる。おさめる。まとめる。
b すじ。つながり。

⑫内部**トウセイ**[a]のとれた組織。（一つにまとめおさめること。）
⑬国を**トウチ**[a]する機関。（まとめおさめること。）
⑭天下を**スベル**[a]野望を抱く。（おさめる。）
⑮日本語と同じ**ケイトウ**[b]の言語。（つながり。）

報（12）
ホウ　むく(いる)
a むくいる。こたえる。むくい。
b しらせる。しらせ。

⑯「**カホウ**[a]は寝て待て」が信条だ。（幸運の訪れは運によるから焦らずに時機を待て。）
⑰先生の恩に**ムクイル**[a]。（人から受けた事柄にこたえる。）
⑱新聞の一面で**ホウドウ**[b]する。（広く一般にしらせること。）

正解　読んでみよう

提　①提げる　②提唱　③前提　④提携　▼類 堤 p.69
復　⑤復路　⑥復興　⑦反復　▼類 複 p.21・覆 p.115
備　⑧整備　⑨兼備　▼訓 供《そな》える p.29
測　⑩観測　⑪推測　▼訓 謀《はか》る p.112・図《はか》る・諮《はか》る p.113・量《はか》る・計《はか》る
統　⑫統制　⑬統治　⑭統べる　⑮系統
報　⑯果報　⑰報いる

程 (12)

テイ
ほど

a ほど。ほどあい。具合。
b きまり。規則。
c みちのり。みちすじ。

ノ 二 千 禾 禾 和 和 和 和 程 程 程

⑲ 傷のテイド[a]を確認する。（他と比べたときのどあい。）

⑳ 三十分ホド[a]仮眠する。（時間的などあい。）

㉑ 博士カテイ[b]に進みたい。（一定期間に行わせる学習の内容や順序。）

㉒ 進化のカテイ[c]を解明する。（一連のみちすじ。）

属 (12)

ゾク

a つく。つきしたがう。
b なかま。たぐい。同類。

一 コ 尸 尸 尸 尸 尸 尸 属 属 属 属

㉓ 会社へのキゾク[a]意識が高い。（つきしたがうこと。）

㉔ 大国にジュウゾク[a]する小国。（力のあるものにしたがうこと。）

㉕ キンゾク[b]探知機を使う。（かなもの。）

営 (12)

エイ
いとな(む)

a いとなむ。はかる。仕事をする。
b つくる。こしらえる。

丶 丷 ⺍ ⺍ 𰀁 ⺍ 営 営 営 営 営 営

㉖ 年内は休まずエイギョウ[a]する。（仕事をすること。）

㉗ 親鳥がエイソウ[b]に励む。（すをつくること。）

評 (12)

ヒョウ

a 物事のよしあしを判断する。

丶 亠 言 言 言 言 言 言 訂 訂 評 評

㉘ コクヒョウ[a]された映画。（手厳しくひひょうすること。）

㉙ 世間のコウヒョウ[a]を博する。（受けがよいこと。）

減 (12)

ゲン
へ(る・らす)

a へる。へらす。少なくする。

丶 冫 氵 氵 汀 汇 沪 沪 洉 減 減 減

㉚ 無駄な経費をサクゲン[a]する。（けずってへらすこと。）

㉛ 揚げ物は火カゲン[a]が難しい。（調節。）

解 (13)

カイ
ゲ
と(く・かす・ける)

a わける。ばらばらにする。
b ほどく。ときはなす。なくす。
c さとる。わかる。ときあかす。

ノ ク 个 角 角 角 角 角 角' 角" 解 解 解

㉜ 現地カイサン[a]を希望する。（わかれちること。）

㉝ 受験からカイホウ[b]される。（束縛を取り除くこと。）

㉞ ゲネツ[b]剤を飲む。（ねつを下げること。）

㉟ 著作者のリョウカイ[c]を得る。（事情を納得すること。）

㊱ 争いを円満にカイケツ[c]する。（うまく処理すること。）

---

⑱ 報道

程 ⑲ 程度　⑳ 程　㉑ 課程　㉒ 過程

属 ▼ 類 嘱 p.110　㉓ 帰属　㉔ 従属　㉕ 金属

営 ㉖ 営業　㉗ 営巣

評 ㉘ 酷評　㉙ 好評

減 ㉚ 削減　㉛ 加減

解 ▼ 訓 溶《と》く　㉜ 解散　㉝ 解放　㉞ 解熱　㉟ 了解　㊱ 解決

貸（12画）

タイ
か(す)

a かす。金品をかす。かし。

ノ イ 仁 代 代 代 … 貸 貸

①社員に携帯電話をタイヨ[a]する。（かしあたえること。）

②駐車場のチンタイ[a]契約を結ぶ。（料金を取ってかすこと。）

義（13画）

ギ

a 人としてふみ行うべき道。
b わけ。意味。
c 実物の代わりになる物。

… 羊 羊 差 義 義 義

③ギリ[a]と人情の板挟みになる。（人間関係における体面。）

④太陽系惑星の新しいテイギ[b]。（意味・内容を明確にさだめること。）

⑤ギソク[c]をつけて走る。（人工のあし。）

勢（13画）

セイ
いきお(い)

a いきおい。さかんな力。
b ようす。ありさま。
c むれ。人の集まり。

一 十 土 … 埶 埶 勢 勢

⑥イセイ[a]のよい声が響く。（活気のあるさま。）

⑦キョセイ[a]を張って生きる。（空いばりをする。）

⑧一気にケイセイ[b]が逆転する。（そのときどきの状態や関係。）

⑨オオゼイ[c]の人が集まる。（たくさんの人。）

準（13画）

ジュン

a めやす。のり。法則。
b なぞらえる。よりどころにする。
c そなえる。

丶 氵 氵 … 淮 淮 準 準

⑩採点キジュン[a]を公開する。（土台となるよりどころ。）

⑪教科書ジュンキョ[b]の問題集。（よりどころとして従うこと。）

⑫体育祭のジュンビ[c]が整う。（前もって用意すること。）

資（13画）

シ

a もと。もとで。もととなる材料。
b たち。生まれつき。もちまえ。
c 一定の身分や地位。

丶 冫 冫 次 次 … 資 資 資

⑬日本はシゲン[a]の乏しい国だ。（産業の原材料となるもの。）

⑭株式トウシ[a]のしくみを学ぶ。（金銭や力をつぎこむこと。）

⑮歌手としてのシシツ[b]を備える。（生まれつきの才能。）

⑯看護師のシカク[c]を取得する。（あることを行うのに必要な条件。）

幹（13画）

カン
みき

a みき。物事の主要な部分。

一 十 古 … 草 幹 幹 幹

⑰経済のコンカン[a]を揺るがす。（物事のおおもと。）

⑱クラス会のカンジ[a]をする。（会などの世話役。）

正解　読んでみよう

貸 ▼類 貨
①貸与　②賃貸

義 ▼類 儀 p.75・犠 p.113
③義理　④定義　⑤義足

勢
⑥威勢　⑦虚勢　⑧形勢　⑨大勢

準 ▼類 准 p.125
⑩基準　⑪準拠　⑫準備

資
⑬資源　⑭投資　⑮資質　⑯資格

幹
⑰根幹　⑱幹事

損

13

ソン
そこ(なう・ねる)

a そこなう。きずつける。こわす。
b うしなう。利益をなくす。

一 十 扌 扌 扌 扣 扣 捐 捐 捐 捐 損 損

損

⑲ 事故でソンショウ[a]した車体。
そこなわれきずつくこと。

⑳ 暴飲暴食は健康をソコナウ[a]。
悪い状態にする。

㉑ 多大なソンシツ[b]をこうむる。
財産や利益をうしなうこと。

預

13

ヨ
あず(ける・かる)

a あずける。あずかる。
b あらかじめ。かねて。

フ マ ヌ 予 予 予 预 预 預 預 預 預 預

預

㉒ 毎月二万円ヨキン[a]する。
おかねをあずけること。

㉓ イスラム教のヨゲン[b]者。
神のことばを人々に告げること。

境

14

キョウ
ケイ
さかい

a さかい。くぎりめ。
b 土地。場所。
c 人が置かれた状態。立場。ようす。

一 土 ± 圹 圹 圹 垆 垆 培 培 培 境 境 境

境

㉔ 仕事と趣味のキョウカイ[a]線。
さかいめ。

㉕ 医師がヘンキョウ[b]の地へ赴く。
都から遠く離れた土地。

㉖ 神社のケイダイ[b]を散歩する。
神社や寺院の敷地の中。

㉗ 恵まれたキョウグウ[c]に育つ。
その人が置かれた状況。

禁

13

キン

a とどめる。さしとめる。
b とじこめる。
c いむ。いみさける。

一 十 才 木 木 村 林 林 林 埜 埜 禁 禁

禁

㉘ ここは火気ゲンキン[a]だ。
きびしくきんじること。

㉙ 狩猟がカイキン[a]になる。
きんし命令をとくこと。

㉚ 地下室にカンキン[b]されている。
とじこめて自由を奪うこと。

㉛ 宗教による食のキンキ[c]。
習慣的にさけること。

精

14

セイ
ショウ

a 白くする。
b まじりけがない。すぐれている。
c くわしい。こまかい。
d こころ。たましい。気力。
e 生殖のもととなるもの。

丶 丷 ⺌ 半 米 米 米 料 粘 精 精 精 精 精

精

㉜ 七分づきにセイマイ[a]する。
げんまいをついて白くすること。

㉝ 各部署からセイエイ[b]を集める。
すぐれた人材。

㉞ セイコウ[c]な職人芸。
こまかくたくみにできているさま。

㉟ 病院でセイミツ[c]検査を受ける。
くわしくこまかいこと。

㊱ 勉学にショウジン[d]する。
一生懸命に努力すること。

㊲ 植物のジュセイ[e]のメカニズム。
雌雄の配偶子が結合すること。

損　⑲ 損傷　⑳ 損なう　㉑ 損失

預　㉒ 預金　㉓ 預言

境　㉔ 境界　㉕ 辺境　㉖ 境内　㉗ 境遇　▼ 類 鏡

禁　㉘ 厳禁　㉙ 解禁　㉚ 監禁　㉛ 禁忌　▼ 類 襟 p.147

精　㉜ 精米　㉝ 精鋭　㉞ 精巧　㉟ 精密　㊱ 精進　㊲ 受精　▼ 類 情 p.12・請 p.109

態（14画）
タイ

a すがた。かたち。ようす。ありさま。
b 心がまえ。身がまえ。

① 深刻なジタイ[a]に直面する。（ことのなりゆき。）
② 鯨類のセイタイ[a]を解明する。（いきもののありさま。）
③ 主体的な学習タイド[b]。（心がまえ。）

構（14画）
コウ
かま(える・う)

a かまえる。組み立てる。
b 建物のかまえ。かこい。

④ 頭の中でコウソウ[a]を練る。（考えを組み立てること。）
⑤ 現実とキョコウ[a]を混同する。（事実らしくつくりあげたもの。）
⑥ 駅のコウナイ[b]が混雑する。（敷地や建物の中。）

雑（14画）
ザツ
ゾウ

a まじる。まざる。入り乱れる。
b まとまりのない。とりとめのない。
c あらい。大まかである。

⑦ 都会のザットウ[a]に紛れ込む。（人ごみ。）
⑧ ゾウキ[b]林の手入れをする。（いろいろな種類のき。）
⑨ 商品をソザツ[c]に扱う。（大ざっぱなこと。）

慣（14画）
カン
な(れる・らす)

a なれる。ならす。
b ならわし。しきたり。

⑩ カンヨウ[a]されている表記。（使いなれること。）
⑪ 読書のシュウカン[b]をつける。（きまりのようになっていること。）
⑫ 職場のカンレイ[b]に従う。（しきたり。）

像（14画）
ゾウ

a すがた。かたち。
b かたどる。かたどったもの。

⑬ ソウゾウ[a]を絶する被害。（頭の中に思い描くこと。）
⑭ 衝撃的な瞬間のエイゾウ[a]。（画面にうつるかたち。）
⑮ 若者にグウゾウ[b]視される。（崇拝や憧れの対象となるもの。）

適（14画）
テキ

a かなう。ふさわしい。あてはまる。
b 心にかなう。こころよい。

⑯ 新しい環境にテキオウ[a]する。（ある状況に合うこと。）
⑰ テキセイ[a]な価格をつける。（ふさわしくただしいこと。）
⑱ 夏場もカイテキ[b]な温度を保つ。（こころよいさま。）

正解　読んでみよう

態　▼類 能p.11・熊
① 事態　② 生態　③ 態度

構　▼類 講p.25・購p.145
④ 構想　⑤ 虚構　⑥ 構内

雑
⑦ 雑踏　⑧ 雑木　⑨ 粗雑

慣
⑩ 慣用　⑪ 習慣　⑫ 慣例

像
⑬ 想像　⑭ 映像　⑮ 偶像

適　▼類 敵p.24・滴p.73・摘p.74
⑯ 適応　⑰ 適正

複

14

フク

a かさねる。かさなる。
b こみいる。
c かさねてする。ふたたび。

、ラネネネ衤衤衤衤複複複複

複

⑲ 内容のチョウフク[a]を避ける。（かさなりあうこと。）

⑳ フクザツ[b]な解約手続き。（こみいっていること。）

㉑ 応接室にフクセイ[c]画を飾る。（原作そっくりに作ること。）

増

14

ゾウ
ま(す)
ふ(える・やす)

a ます。ふえる。
b おごる。つけあがる。

一十土圹圹圹坤坤垍増増増増増

増

㉒ 消費者の不安がゾウフク[a]する。（大きくなること。）

㉓ 売り上げがバイゾウ[a]する。（二ばいにふえること。）

㉔ おだてるとゾウチョウ[b]する。（つけあがること。）

演

14

エン

a のべる。おしひろめる。
b おこなう。技芸などをおこなう。
c ならう。繰り返してならう。

、氵氵氵氵氵沪沪渖渖演演演演

演

㉕ 立候補者がエンゼツ[a]する。（人前で自分の意見をのべること。）

㉖ 笛と琴の見事なエンソウ[b]。（楽器をかなでること。）

㉗ 運動会の予行エンシュウ[c]。（繰り返してならうこと。）

領

14

リョウ

a おさめる。支配する。
b うけとる。自分のものにする。
c おおもと。大切なところ。かなめ。
d かしら。おさ。
e うなじ。えりくび。えり。

ノ人今今令令令邻邻领領領領領

領

㉘ 一人で部屋をセンリョウ[a]する。（ひとりじめにする。）

㉙ 会社の金をオウリョウ[b]する。（不法に自分のものにすること。）

㉚ 試験の実施ヨウリョウ[c]を配る。（物事の大事な部分。）

㉛ 盗賊のシュリョウ[d]を捕まえる。（一つの仲間の長。）

㉜ 政党のリョウシュウ[e]となる。（集団を統率して長となる人物。）

際

14

サイ
きわ

a きわ。さかい。はて。かぎり。
b 場合。おり。とき。
c まじわる。まじわり。であい。
d ほど。

⁷ ß 阝阝阝阝阝阝阝阝阝際際際際

際

㉝ サイゲン[a]なく話し続ける。（かぎり。）

㉞ ジッサイ[b]に試してみる。（じっちの場合。）

㉟ コウサイ[c]範囲が広い。（互いにつきあうこと。）

㊱ 学生のブンサイ[d]でぜいたくだ。（身のほど。）

---

⑱ 快適

▼類 復 p.16・覆 p.115

複 ⑲ 重複 ⑳ 複雑 ㉑ 複製

増

▼類 贈 p.82・憎 p.107

▼訓 殖《ふ》える p.65

㉒ 増幅 ㉓ 倍増 ㉔ 増長

演 ㉕ 演説 ㉖ 演奏 ㉗ 演習

領 ㉘ 占領 ㉙ 横領 ㉚ 要領 ㉛ 首領 ㉜ 領袖

際 ㉝ 際限 ㉞ 実際 ㉟ 交際 ㊱ 分際

製
14
セイ
a つくる。こしらえる。仕立てる。

製

①**キセイ**[a]品の洋服を手直しする。
完成品としてつくられてあるもの。

②自動車部品を**セイゾウ**[a]する。
物をつくること。

徳
14
トク
a 人としてねうちのある行い。
b めぐみ。教え。
c もうけ。利益。

徳

③**クドク**[a]を積むための修行。
幸福をもたらすよい行い。

④交通**ドウトク**[a]の意識を高める。
正しく行為するための基準。

⑤民衆を**トッカ**[b]する。
とくによって人々をよくすること。

⑥お**トクヨウ**[c]の菓子を買う。
値段の割に利益の多いこと。

総
14
ソウ
a まとめる。ひとつにくくる。
b 全体を治める。とりしまる。
c すべての。そろって。

総

⑦みなの意見を**ソウカツ**[a]する。
ひとまとめにすること。

⑧党の**ソウサイ**[b]を決める選挙。
組織をまとめあげる職務。

⑨出席者の**ソウイ**[c]で決める。
全員の考え。

酸
14
サン
す(い)
a すい。すっぱい。酸性の化合物。
b つらい。いたましい。
c 「酸素」の略。

酸

⑩**サンミ**[a]の強いコーヒー。
すっぱいあじ。

⑪**スイ**[a]も甘いも噛《か》み分ける。
世事・人情によく通じていること。

⑫**シンサン**[b]を嘗《な》める結果となる。
つらいめに遭う。

⑬**サンケツ**[c]でめまいがする。
さんそが不足すること。

確
15
カク
たし(か・かめる)
a たしか。まちがいがない。
b かたい。しっかりしている。

確

⑭**テキカク**[a]な判断で被害を防ぐ。
まちがいのないさま。

⑮必要事項を**カクニン**[a]する。
たしかめること。

⑯彼の当選は**カクジツ**[a]だ。
まちがいのないこと。

⑰予選突破を**カクシン**[b]する。
かたくしんじること。

⑱部員間に**カクシツ**[b]がある。
互いに譲らないことで生じる不和。

⑲**カッコ**[b]たる信念を持つ。
しっかりしているさま。

⑳外交方針を**カクリツ**[b]する。
しっかりとうちたてること。

正解　読んでみよう

製　①既製　②製造
▼類　制 p.6

徳　③功徳　④道徳　⑤徳化　⑥徳用

総　⑦総括　⑧総裁　⑨総意

酸　⑩酸味　⑪酸い　⑫辛酸　⑬酸欠
▼類　唆 p.124・俊

確　⑭的確　⑮確認　⑯確実　⑰確信　⑱確執　⑲確固

潔 15
ケツ
いさぎよ(い)
a いさぎよい。けがれがない。

㉑ 変更点を**カンケツ**[a]に述べる。
短くまとまっているさま。

㉒ 洗面所を**セイケツ**[a]に保つ。
きれいで汚れのないこと。

㉓ **ケッペキ**[a]で何度も手を洗う。
汚いことをひどく嫌う性質。

㉔ **イサギヨク**[a]誤りを認めた。
未練がましいところがない。

質 15
シツ
シチ
チ
a もとになるもの。中身。実体。
b 生まれつき。もちまえ。たち。
c きじ。ありのまま。飾り気がない。
d 問いただす。
e しち。抵当。

㉕ 水より軽い**ブッシツ**[a]。
もの。

㉖ 風邪をひきやすい**タイシツ**[b]。
からだのせいしつ。

㉗ **シツジツ**[c]剛健な人柄。
飾り気がなくしっかりしていること。

㉘ **シツギ**[d]応答の時間を設ける。
不明な点を問いただすこと。

㉙ 相手の**ゲンチ**[e]を取る。
証拠となることば。

㉚ **ヒトジチ**[e]の解放を求める。
要求実現のため拘束しておくひと。

賛 15
サン
a たすける。力を添える。
b 受け入れる。
c ほめる。たたえる。

㉛ 大企業の**キョウサン**[a]を得る。
事業の実行をたすけること。

㉜ 改正案への**サンドウ**[b]を求める。
意見を受け入れること。

㉝ 先人の業績を**ライサン**[c]する。
ほめたたえること。

暴 15
ボウ
バク
あば(く)
あば(れる)
a あばれる。あらあらしい。はげしい。
b にわか。たちまち。急に。
c あばく。あらわす。さらす。

㉞ **ソボウ**[a]な行為を禁止する。
あらあらしいこと。

㉟ 株の**ボウラク**[b]で大損をした。
急激に下がること。

㊱ 事件の真相を**バクロ**[c]する。
あばき出すこと。

㊲ 黒幕の正体を**アバク**[c]。
秘密などをばらす。

導 15
ドウ
みちび(く)
a みちびく。案内する。伝える。

㊳ 客を非常口へ**ユウドウ**[a]する。
さそいみちびくこと。

㊴ 新しい機械を**ドウニュウ**[a]する。
みちびきいれること。

---

⑳ 確立
潔 ㉑ 簡潔 ㉒ 清潔 ㉓ 潔癖 ㉔ 潔く
質 ㉕ 物質 ㉖ 体質 ㉗ 質実 ㉘ 質疑 ㉙ 言質 ㉚ 人質
賛 ㉛ 協賛 ㉜ 賛同 ㉝ 礼賛
暴 ㉞ 粗暴 ㉟ 暴落 ㊱ 暴露 ㊲ 暴く
導 ㊳ 誘導 ㊴ 導入

敵 15
テキ
かたき
a かたき。てき。戦いの相手。
b てむかう。張り合う。
敵

① 決勝戦で**シュクテキ**[a]に敗れる。（長年のかたき。）
② 強力な**コイガタキ**[a]がいる。（こいのライバル。）
③ **テキタイ**[b]する二つのグループ。（てきとみなしてはむかうこと。）

編 15
ヘン
あ(む)
a 順序だてて並べる。組み入れる。書物。
b 文をあつめて書物を作る。書物。
c 書物。作品。書物の部分け。
編

④ 八両**ヘンセイ**[a]の電車に乗る。（個々のものをまとめること。）
⑤ 文芸雑誌を**ヘンシュウ**[b]する。（情報をまとめ書物にすること。）
⑥ 映画の**ゾクヘン**[c]が待ち遠しい。（つづき。）

築 16
チク
きず(く)
a 建造物をつくる。土でつき固める。
築

⑦ 協力関係を**コウチク**[a]する。（組み立てきずくこと。）
⑧ 木造住宅を**ケンチク**[a]する。（つくり上げること。）
⑨ 一代で巨万の富を**キズク**[a]。（つくる。）

興 16
コウ
キョウ
おこ(る・す)
a おこる。おこす。さかんになる。
b たのしみ。おもしろみ。
興

⑩ **シンコウ**[a]勢力が台頭する。（あたらしくおこること。）
⑪ ローマ帝国の**コウボウ**[a]。（おこることと滅びること。）
⑫ 新分野の学問が**オコル**[a]。（勢いがさかんになる。）
⑬ 何にでも**キョウミ**[b]を持つ。（特別の関心。）
⑭ **カンキョウ**[b]をそそる雪景色。（おもしろみをかんじること。）

謝 17
シャ
あやま(る)
a つげる。お礼を言う。お礼。
b あやまる。わびる。わび。
c ことわる。しりぞける。
d おとろえる。しぼむ。
謝

⑮ 支援者に深く**カンシャ**[a]する。（礼を述べること。）
⑯ 騒動について**チンシャ**[b]する。（わびること。）
⑰ 担当者の不手際を**アヤマル**[b]。（わびること。）
⑱ 家族以外は面会**シャゼツ**[c]だ。（ことわること。）
⑲ 新陳**タイシャ**[d]が活発になる。（新旧が入れかわること。）

正解　読んでみよう

敵 ▶類 適 p.20・滴 p.73・摘 p.74
① 宿敵　② 恋敵　③ 敵対

編 ▶類 偏 p.127・遍 p.133
④ 編成　⑤ 編集　⑥ 続編

築
⑦ 構築　⑧ 建築　⑨ 築く

興
⑩ 新興　⑪ 興亡　⑫ 興る　⑬ 興味　⑭ 感興

謝 ▶訓 誤《あやま》る p.42
⑮ 感謝　⑯ 陳謝　⑰ 謝る　⑱ 謝絶

17 **積** セキ
aつむぐ。糸をつむぐ。
bてがら。仕事の成果。
積

⑳**ボウセキ**工業が盛んな土地。（a 糸をつむぐこと。）
㉑医学の発展に**コウセキ**を残す。（b すぐれた成果。）
㉒長年の**ギョウセキ**をたたえる。（b 成し遂げた仕事。）

17 **講** コウ
a説く。説き明かす。論じる。
bならう。稽古する。
cはかる。はからう。仲直りする。
講

㉓経済学の**コウギ**を受ける。（a 学問的な話をすること。）
㉔著名人の**コウエン**会に行く。（a 大勢の前で話すこと。）
㉕夏期**コウシュウ**を受ける。（b 一定期間、学びならうこと。）
㉖二国間で**コウワ**が成立した。（c 戦争をやめへいわを回復すること。）

18 **職** ショク
a暮らしのためにする仕事。
b本分として担当すべき役目。
職

㉗**シュウショク**活動で忙しい。（a 仕事につくこと。）
㉘**ショクム**を怠る。（b 担当している仕事。）

18 **織** ショク・シキ・お(る)
aおる。布をおる。はたおり。
bくみたてる。くみあわせる。
織

㉙**センショク**工芸品を展示する。（a そめものとおりもの。）
㉚**ソシキ**の改革に着手する。（b 特定の目的を達成するための集合体。）

19 **識** シキ
a物事の道理を見分ける。考え。
b知り合いになる。知り合い。
cしるす。しるし。
識

㉛**ジョウシキ**に外れた行動。（a 人が共通に持つ意見や判断力。）
㉜思考と**ニンシキ**を深める授業。（a 正しく判断すること。）
㉝彼とは**メンシキ**がある。（b 互いに顔を知っていること。）
㉞道路**ヒョウシキ**に従って進む。（c めじるし。）

20 **護** ゴ
aまもる。まもり。たすける。
護

㉟寝たきりの祖母を**カイゴ**する。（a 世話をすること。）
㊱**カンゴ**体制を整える。（a 病人やけが人の世話をすること。）
㊲女王陛下の**ゴエイ**をする。（a 付き添ってまもること。）

---

⑲代謝
積 ▼類 責 p.15・積
⑳紡績 ㉑功績 ㉒業績
講 ▼類 構 p.20・購 p.145
㉓講義 ㉔講演 ㉕講習 ㉖講和
職 ▼類 織 p.25・識 p.25
㉗就職 ㉘職務
織 ▼類 職 p.25・識 p.25
㉙染織 ㉚組織
識 ▼類 職 p.25・織 p.25
㉛常識 ㉜認識 ㉝面識 ㉞標識
護
㉟介護 ㊱看護 ㊲護衛

ステップ② 第13回

干 3
カン　ほ(す)　ひ(る)
a ほす。ひる。かわく。
b おかす。かかわる。
c てすり。
一 二 干
干

① 日照り続きで田が**ヒアガル**[a]。（かわききる。）
② 子供に**カンショウ**[b]しすぎる。（他者のことに口出しすること。）
③ 橋の**ランカン**[c]によりかかる。（てすり。）

己 3
コ　キ　おのれ
a おのれ。じぶん。
フ コ 己
己

④ **ジコ**[a]中心的な考え方を改める。（おのれ。）
⑤ 彼とは十年来の**チキ**[a]だ。（しりあい。）

収 4
シュウ　おさ(める・まる)
a おさめる。あつめる。とりいれる。
b おさまる。ちぢまる。
丨 ㇄ 収 収
収

⑥ 事態の**シュウシュウ**[a]を図る。（乱れた事態を鎮めること。）
⑦ 切手を**シュウシュウ**[a]する。（ものをあつめること。）
⑧ 土地を**シュウダツ**[a]する。（無理やりうばいとること。）
⑨ 事態が**シュウソク**[b]に向かう。（おさまりがつくこと。）

処 5
ショ
a とりはからう。とりさばく。
b おる。いる。
ノ ク 夂 処 処
処

⑩ 災害に冷静に**タイショ**[a]する。（適切にとりはからうこと。）
⑪ 生ごみを**ショリ**[a]する機械。（物事の始末をつけること。）
⑫ **ショセイ**[b]術を身につける。（社会の中で生きていくこと。）

幼 5
ヨウ　おさな(い)
a おさない。いとけない。おさなご。
く 幺 幺 幻 幼
幼

⑬ 自身の**ヨウチ**[a]な行動を恥じる。（未熟なさま。）

至 6
シ　いた(る)
a いたる。とどく。ゆきつく。
b このうえもない。きわめて。
c 太陽が極点に達した日。
一 ㄊ 云 至 至 至
至

⑭ 売り切れ**ヒッシ**[a]の人気商品。（かならずそうなること。）
⑮ 癌《がん》の早期発見は**シナン**[b]の業だ。（このうえなくむずかしいこと。）
⑯ 彼の引退は**シゴク**[b]残念だ。（このうえないこと。）
⑰ 名旅館で**シフク**[b]の時を過ごす。（きわめて幸せなこと。）
⑱ **ゲシ**[c]は二十四節気の一つだ。（北半球では昼間が最も長くなる日。）

正解　読んでみよう

干
① 干上がる
② 干渉
③ 欄干

己
④ 自己
⑤ 知己

収
⑥ 収拾
⑦ 収集
⑧ 収奪
⑨ 収束
▼訓 修《おさ》める p.10・納《おさ》める p.33・治《おさ》める

処
⑩ 対処
⑪ 処理
⑫ 処世

幼
⑬ 幼稚
▼類 幻 p.84

至
⑭ 必至
⑮ 至難
⑯ 至極

危

6

キ
あぶ(ない)
あや(うい・ぶむ)

a あぶない。あやうい。
b あやぶむ。おそれる。
c あやうくする。そこなう。

ノ ク 厃 产 产 危

⑲ キケン[a]な仕事を敬遠する。（あぶないさま。）

⑳ キキ[a]管理を徹底する。（あぶない場面や状態。）

㉑ 計画をアヤブム[b]声が多い。（不安に思う。）

㉒ 一般市民にキガイ[c]を加える。（身体をそこなうようなこと。）

存

6

ソン
ゾン

a ある。いる。
b たもつ。ながらえる。
c ぞんじる。思う。考える。

一 ナ 𠂇 𠂇 存 存

㉓ 飼料原料を輸入にイソン[a]する。（他に頼って成立すること。）

㉔ キソン[a]の施設を活用する。（すでにあること。）

㉕ 涼しいところでホゾン[b]する。（そのままの状態でとっておくこと。）

㉖ 彼の意見にイゾン[c]はない。（反対の意見。）

机

6

キ
つくえ

a つくえ。

一 十 才 木 札 机

㉗ キジョウ[a]の空論を振り回す。（実際には役に立たない考え。）

否

7

ヒ
いな

a いな。いなむ。同意しない。
b …か…でないか。反対の意を表す。

一 ア 不 不 不 否 否

㉘ 霊の存在をヒテイ[a]する。（偽りであるとすること。）

㉙ 一貫して容疑をヒニン[a]する。（みとめないこと。）

㉚ 行方不明者のアンピ[b]を気遣う。（無事か無事でないか。）

㉛ 会員かイナ[b]かは問わない。（…でないこと。）

困

7

コン
こま(る)

a こまる。くるしむ。きわまる。

丨 冂 冂 闲 闲 困 困

㉜ 病気で生活にコンキュウ[a]する。（貧乏でくるしむこと。）

㉝ ヒンコン[a]から抜け出せない。（まずしくて生活にこまること。）

㉞ 幾多のコンナン[a]を乗り越える。（非常にむずかしいこと。）

批

7

ヒ

a 是非を決める。品定めをする。

一 十 扌 扌 扌 扯 批

㉟ 厳しいヒハン[a]にさらされる。（欠点を指摘して非難すること。）

㊱ 互いの作品をヒヒョウ[a]する。（価値を論じること。）

---

⑰ 至福
⑱ 夏至
危
⑲ 危険
⑳ 危機
㉑ 危ぶむ
㉒ 危害
存
㉓ 依存
㉔ 既存
㉕ 保存
㉖ 異存
机
㉗ 机上
否
㉘ 否定
㉙ 否認
㉚ 安否
㉛ 否
困
▼ 類 因 p.3・囚
㉜ 困窮
㉝ 貧困
㉞ 困難
批
▼ 類 比 p.2
㉟ 批判
㊱ 批評

7 系 ケイ
aつなぐ。つながり。つづき。
b分類したまとまりや組織。
筆順：一 ㇀ 幺 幺 糸 系 系
系

①賃金タイケイ[a]の見直しを行う。
筋道を立ててまとめたシステム。

②古典文学タイケイ[a]を購入する。
シリーズ。

③この二社は同じケイレツ[a]だ。
企業間の結合関係の一つ。

④将来はリケイ[b]に進みたい。
数学・自然科学などの分野。

7 乱 ラン みだ(れる・す)
aみだす。みだれる。
bさわぎ。いくさ。
cむやみに。みだりに。やたらと。
筆順：丿 二 千 千 舌 舌 乱
乱

⑤時折サクラン[a]状態に陥る。
思考の秩序がみだれること。

⑥中東でドウラン[b]が起きる。
社会秩序がみだれて起きる争い。

⑦候補者のランリツ[c]を防ぐ。
むやみに候補の立つこと。

7 忘 ボウ わす(れる)
aわすれる。おぼえていない。
筆順：丶 亠 亡 亡 忘 忘 忘
忘

⑧ボウキャク[a]の彼方《かなた》へ押しやる。
すっかりわすれてしまうこと。

⑨ビボウ[a]録をつけておく。
わすれたときのためのそなえ。

7 我 ガ われ わ
aわれ。わが。自分。自分の。
筆順：丿 二 千 手 我 我 我
我

⑩腰の痛みをガマン[a]する。
じっと耐え忍ぶこと。

⑪ワガクニ[a]の教育制度。
私たちのくに。

7 私 シ わたくし わたし
aわたくし。わたし。自分。
b自分のものにする。
cひそか。ひそかに。こっそりと。
筆順：丿 二 千 禾 禾 私 私
私

⑫コウシ[a]共にお世話になる。
おおやけ事とわたくし事。

⑬政治家がシフク[b]を肥やす。
公の地位を利用して財産をふやすこと。

⑭太宰治《だざいおさむ》にシシュク[c]する。
ひそかに尊敬し学ぶこと。

8 担 タン かつ(ぐ) にな(う)
aかつぐ。になう。
bひきうける。受けもつ。
cたすける。味方する。
筆順：一 扌 扌 扣 扣 扣 担 担
担

⑮重い荷物をカツグ[a]。
肩にのせて支える。

♛⑯費用を全員でフタン[b]する。
ひきうけること。

♛⑰次代をニナウ[b]若者を育てる。
自分の身にひきうける。

♛⑱陰謀へのカタン[c]を否定する。
力を貸したすけること。

正解　読んでみよう

系　①体系　②大系　③系列　④理系
乱　⑤錯乱　⑥動乱　⑦乱立
忘　⑧忘却　⑨備忘
我　⑩我慢　⑪我が国
私　⑫公私　⑬私腹　⑭私淑
担　⑮担ぐ　⑯負担　⑰担う　⑱加担(荷担)

▼類 胆 p.90・但

刻 8

コク
きざ(む)

a きざむ。ほりつける。
b むごい。ひどい。きびしい。
c とき。時間。

丶 亠 亡 亥 亥 亥 刻 刻

刻

⑲ 指輪の内側に**コクイン**[a]する。
しるしをほること。

⑳ 事態がさらに**シンコク**[b]になる。
事態が切実で重大なさま。

㉑ 新幹線の発車**ジコク**[c]を調べる。
ときの流れにおけるある一点。

呼 8

コ
よ(ぶ)

a よぶ。よびかける。大声を出す。
b 名づける。となえる。
c 息をはく。

丨 口 口 口' 口" 呼 呼 呼

呼

㉒ 集合場所で**テンコ**[a]をとる。
名をよんで人員がいるか調べること。

㉓ チームの**コショウ**[b]を変更する。
名前。

㉔ 乱れた**コキュウ**[c]を整える。
息をすったりはいたりすること。

延 8

エン
の(びる・べる・ばす)

a のばす。のびる。ひろがる。
b 時間や期日がのびておくれる。
c のべ。

ノ 亻 千 正 正 延 延 延

延

㉕ 開園時間を**エンチョウ**[a]する。
予定よりものばすこと。

㉖ 事故のため列車が**チエン**[b]する。
予定よりおくれること。

㉗ **ノベ**[c]一万人が参加する。
重複を含めて数えた合計。

供 8

キョウ
ク
そな(える)
とも

a 神仏にそなえる。
b すすめる。さし出す。
c 事情をのべる。申し立てる。

ノ 亻 仁 什 仕 供 供 供

供

㉘ 線香をたいて**クヨウ**[a]する。
そなえ物をして祈ること。

㉙ 各種資料を**テイキョウ**[b]する。
他の人にさし出すこと。

㉚ 生活物資を**キョウキュウ**[b]する。
求めに応じて物を与えること。

㉛ 犯行を認める**キョウジュツ**[c]。
事実をのべること。

拡 8

カク

a ひろがる。ひろげる。ひろめる。

一 十 扌 扌 扩 扩 拡 拡

拡

㉜ 道路の**カクチョウ**[a]工事。
規模をおしひろげること。

㉝ 核兵器の**カクサン**[a]を防止する。
ひろくちらばること。

㉞ 地図を**カクダイ**[a]して印刷する。
ひろげておおきくすること。

沿 8

エン
そ(う)

a 水流や道路などによりそう。
b よる。したがう。

丶 氵 氵 氵 沪 沿 沿 沿

沿

㉟ 日本海**エンガン**[a]の漁港。
海・川・湖にそった陸地。

㊱ 母校の**エンカク**[b]を調べる。
物事の移り変わり。

刻 ⑲刻印 ⑳深刻 ㉑時刻 ▼類 核 p.124

呼 ㉒点呼 ㉓呼称 ㉔呼吸

延 ㉕延長 ㉖遅延 ㉗延べ ▼訓 伸《の》びる

供 ㉘供養 ㉙提供 ㉚供給 ㉛供述 ▼訓 備《そな》える p.16

拡 ㉜拡張 ㉝拡散 ㉞拡大

沿 ㉟沿岸 ㊱沿革 ▼訓 添《そ》う p.63

若（8画）

ジャク・ニャク・わか(い)・も(しくは)

a わかい。おさない。
b いくらか。すこし。
c ごとし。…のようである。
d 状態を形容する語に添える助字。

① ロウニャク[a]男女が集う。　あらゆる人々。

② 座席にジャッカン[b]余裕がある。　いくらか。

③ ボウジャク[c]無人な振る舞い。　自分勝手に振る舞うさま。

④ ジジャク[d]として座して待つ。　落ち着いて心に少しの乱れもないさま。

拝（8画）

ハイ・おが(む)

a おがむ。
b 官をさずかる。
c 自分の動作に添える謙譲語。

⑤ 出雲大社にサンパイ[a]する。　神社に行っておがむこと。

⑥ 外務大臣をハイメイ[b]しました。　謹んで官職に就くこと。

⑦ 新しいお部屋をハイケン[c]する。　「みる」の謙譲語。

宝（8画）

ホウ・たから

a たからもの。たからとする。

⑧ チョウホウ[a]している調理器具。　便利であること。

枚（8画）

マイ

a 薄くて平たいものを数える語。
b 一つ一つ数えあげること。

⑨ タイマイ[a]をはたいて買う。　たくさんの金。

⑩ マイキョ[b]にいとまがない。　一つ一つ数えあげること。

垂（8画）

スイ・た(れる・らす)

a たれる。たらす。たれさがる。
b 模範を示す。教える。

⑪ 鉛筆でスイチョク[a]な線を引く。　まっすぐにたれさがること。

⑫ 社長自ら率先スイハン[b]する。　先頭に立って手本を示すこと。

律（9画）

リツ・リチ

a おきて。さだめ。いましめ。
b のっとる。法則にしたがう。
c 音楽の調子。
d 漢詩の一体。八句からなるもの。

⑬ 厳しいカイリツ[a]を守る。　修行者が守るべきおきて。

⑭ 昔の約束をリチギ[b]に守る。　きまじめ。

⑮ 美しいセンリツ[c]に魅了される。　メロディー。

⑯ 七言リッシ[d]の押韻を確認する。　かんしの一体。

正解　読んでみよう

若　①老若　②若干　③傍若　④自若
拝　⑤参拝　⑥拝命　⑦拝見
宝　⑧重宝
枚　⑨大枚　⑩枚挙
垂　⑪垂直　⑫垂範
律　⑬戒律　⑭律義(律儀)　⑮旋律　⑯律詩

9 **専**
セン
もっぱ(ら)
a もっぱら。そのことだけをする。
b ひとりじめにする。勝手にする。
一 𠃍 冂 冃 甶 甶 亩 専 専

⑰ 服飾の**センモン**[a]学校に通う。
ある特定の分野。

⑱ 今年は学業に**センネン**[a]する。
あることに没頭すること。

⑲ **モッパラ**[a]のうわさになる。
一つのことに集中するさま。

⑳ 国王による**センセイ**[b]政治。
権力者が独断で事を処理すること。

9 **看**
カン
a みる。注意してよくみる。
一 二 三 手 手 看 看 看 看

㉑ 医師不足は**カンカ**[a]できない。
みすごすこと。

㉒ 店の前に**カンバン**[a]を出す。
人目につくように掲げるいた。

9 **宣**
セン
a ひろく告げ知らせる。
b 神・天子が下す言葉。
丶 丷 宀 宀 宁 宣 宣 宣 宣

㉓ 体育祭の開会を**センゲン**[a]する。
ひろく外部に表明すること。

㉔ 新商品の**センデン**[a]をする。
ひろく説明してまわること。

㉕ 平家追討の**センジ**[b]を下す。
天皇の言葉を伝えること。

9 **革**
カク
かわ
a かわ。なめしがわ。
b あらたまる。新しくする。
一 十 廾 廿 廿 芇 芇 莒 革

㉖ **カワ**[a]の財布を買う。
なめしがわ。

㉗ 組織を抜本的に**カイカク**[b]する。
欠点をあらため変えること。

㉘ 技術**カクシン**[b]を促進する。
あらためてあたらしくすること。

9 **派**
ハ
a わかれる。わかれ出る。
b 一つの元からわかれ出たもの。
c つかわす。さしむける。
丶 丶 氵 氵 汀 沂 沂 派 派

㉙ 別の問題が**ハセイ**[a]する。
わかれ出ること。

㉚ **リュウハ**[b]によって異なる作法。
芸術などで主義の違いで区別される系統。

㉛ 海外**ハヘイ**[c]の準備をする。
軍隊をさしむけること。

9 **映**
エイ
うつ(る・す)
は(える)
a うつる。うつす。うつしだす。
b はえる。照りかがやく。
丨 冂 日 日 旪 旪 昍 映 映

㉜ **エイガ**[a]を見て涙を流す。
シネマ。ムービー。

㉝ 世相を**ハンエイ**[b]した流行語。
影響が他の物に現れること。

㉞ 朝日に**ハエル**[b]富士山。
光に照らされてかがやく。

専 ⑰専門 ⑱専念 ⑲専ら ⑳専制

看 ㉑看過 ㉒看板

宣 ㉓宣言 ㉔宣伝 ㉕宣旨 ▼類 宜 p.119

革 ㉖革 ㉗改革 ㉘革新 ▼訓 皮《かわ》

派 ㉙派生 ㉚流派 ㉛派兵

映 ㉜映画 ㉝反映 ㉞映える ▼訓 写《うつ》す・栄《は》える

奏 9
ソウ
かな(でる)
a すすめる。申しあげる。
b かなでる。音楽を演じる。
c なす。なしとげる。
一 二 三 声 夫 夫 奏 奏 奏

①帝に**ソウジョウ**[a]する。 申しあげる。
②入学式で校歌を**スイソウ**[b]する。 管楽器をふきならすこと。
③舞台でギターを**カナデル**[b]。 弦楽器をならす。
④奇襲作戦が功を**ソウ**[c]する。 成功する。

染 9
セン
そ(める・まる)
し(みる・み)
a そめる。色をつける。しみる。
b そまる。うつる。
丶 冫 氵 氿 氿 沈 染 染 染

⑤紅花から**センリョウ**[a]を作る。 そめものに用いる物質。
⑥シャツに醤油《しょうゆ》の**シミ**[a]ができる。 液体が物の中に入って汚れた部分。
⑦老人が結核に**カンセン**[b]する。 病気がうつること。

洗 9
セン
あら(う)
a あらう。すすぐ。きれいにする。
丶 冫 氵 氵 氵 汁 浐 浐 洗

⑧**センレン**[a]されたデザインの家。 磨き上げてよいものにすること。
⑨**センザイ**[a]で汚れを落とす。 衣服などをあらうために用いる薬品。

背 9
ハイ
せ せい
そむ(く・ける)
a せなか。うしろ。
b そむく。そむける。
c 身長。せい。
丨 丨 ⺊ 北 北 北 背 背 背

⑩肖像画の**ハイケイ**[a]に色を塗る。 うしろのけしき。
⑪**ハイゴ**[a]から声をかける。 うしろ。
⑫上司の命令に**ハイハン**[b]する。 そむくこと。
⑬親の期待に**ソムク**[b]。 逆らう。
⑭息子の**セタケ**[c]を測る。 身長。

段 9
ダン
a だん。だんだん。きざはし。
b ひとくぎり。切れ目。こわけ。
c 技能の等級。
d 方法。てだて。
e ひときわ。いっそう。
丿 ⺁ 𠂆 ⻊ ⻊ 𣪊 段 段 段

⑮非常**カイダン**[a]の掃除をする。 だんになった通路。
⑯**ダンカイ**[b]を追って説明する。 物事の順序やくぎり。
⑰**ショウダン**[c]試験を受ける。 技能の等級があがること。
⑱ほかに**シュダン**[d]がない。 方法。
⑲性能が**カクダン**[e]に進歩した。 差が甚だしいさま。

正解

読んでみよう

▼類 奉 p.88・泰 p.124

奏 ①奏上 ②吹奏 ③奏でる ④奏
染 ⑤染料 ⑥染み ⑦感染
洗 ⑧洗練 ⑨洗剤
背 ⑩背景 ⑪背後 ⑫背反 ⑬背く ⑭背丈
段 ⑮階段 ⑯段階 ⑰昇段 ⑱手段 ⑲格段

姿

9

シ
すがた

a すがた。かたち。ようす。

丶 冫 冫 次 次 次 姿 姿 姿

⑳ 楽な**シセイ**[a]でくつろぐ。
体の構え方。

㉑ **ヨウシ**[a]が整った女性。
顔だちと体つき。

㉒ 富士山の**ユウシ**[a]に圧倒される。
おおしいすがた。

巻

9

カン
ま(く)
まき

a まく。とりまく。おさめる。
b まきもの。書物。それらを数える語。

丶 丷 䒑 龹 失 关 巻 巻 巻

㉓ **タツマキ**[a]によって被害が出る。
空気の細長くて強いうずまき。

㉔ 雑誌の**カントウ**[b]を飾る。
書物の初めの部分。

㉕ 漫画を**ゼンカン**[b]まとめて買う。
すべて。

砂

9

サ
シャ
すな

a すな。いさご。
b 細かい粒状のもの。

一 ア 不 石 石 石 砂 砂 砂

㉖ 鳥取**サキュウ**[a]を訪れる。
すなが積もってできたおか。

㉗ **ハクシャ**[a]青松の景勝地。
美しい海岸の風景。

㉘ コーヒーに**サトウ**[b]を入れる。
甘味料の一つ。

納

10

ノウ
ナッ
ナ
ナン
トウ
おさ(める・まる)

a いれる。受けいれる。
b おさめる。しまいこむ。
c 支払う。差しだす。
d おわる。しめくくる。

ㄑ 幺 幺 糸 糸 糸 糸 納 納 納

㉙ 説明に**ナットク**[a]できない。
理解して受けいれること。

㉚ 現金**スイトウ**[a]簿に記入する。
金品のだしいれ。

㉛ 年末に**ナンド**[b]の整理をする。
建物の中の物置。

㉜ 農機具を**ナヤ**[b]にしまう。
建物の外にある物置。

㉝ 会費を一年間**タイノウ**[c]する。
期限内に払わないこと。

㉞ 今日が今年の仕事**オサメ**[d]だ。
その年の業務を終えること。

除

10

ジョ
ジ
のぞ(く)

a のぞく。とりさる。はらう。

フ 了 阝 阝 阝 阾 阾 险 除 除

㉟ 必要経費を**コウジョ**[a]する。
差し引くこと。

㊱ 全員で教室を**ソウジ**[a]する。
きれいにすること。

㊲ 雑草を根こそぎ**ジョキョ**[a]する。
とりのぞくこと。

㊳ 対象から**ジョガイ**[a]する。
そとに取りのけること。

姿
⑳ 姿勢
㉑ 容姿
㉒ 雄姿

巻
▼**類** 券・拳
㉓ 竜巻
㉔ 巻頭
㉕ 全巻

砂
㉖ 砂丘
㉗ 白砂
㉘ 砂糖

納
▼**訓** 修《おさ》める p.10・収《おさ》める p.26・治《おさ》める
㉙ 納得
㉚ 出納
㉛ 納戸
㉜ 納屋
㉝ 滞納
㉞ 納め

除
▼**類** 徐 p.96・叙 p.122
㉟ 控除
㊱ 掃除
㊲ 除去
㊳ 除外

泉（9画）
セン　いずみ
a 地中からわき出る水。

①日本文化の**ゲンセン**[a]を探る。（物事の生ずるもと。）
②人気の**オンセン**[a]宿を予約する。（地熱で熱せられたわき水。）

従（10画）
ジュウ　ショウ　ジュ　したが（う・える）
a したがう。つきしたがう。
b たずさわる。しごとにつく。
c ゆったりとする。
d …より。…から。

③飼い主に**ジュウジュン**[a]な犬。（素直でさからわないこと。）
④部品の製造に**ジュウジ**[b]する。（たずさわること。）
⑤態度**ショウヨウ**[c]として迫らず。（落ち着いていて慌てないさま。）
⑥**ジュウライ**[d]の二倍の速度。（前からこれまで。）

純（10画）
ジュン
a まじり気がない。もっぱら。

⑦**タンジュン**[a]な計算ミスをする。（こみいっていないこと。）
⑧**ジュンシン**[a]な心を持つ詩人。（心にけがれのないこと。）

討（10画）
トウ　う（つ）
a うつ。せめうつ。
b たずねる。しらべる。きわめる。

⑨江戸の敵を長崎で**ウツ**[a]。（意外なところで昔の恨みを晴らすこと。）
⑩内容の**ケントウ**[b]を重ねる。（よくしらべて考えること。）
⑪徹底的に**トウロン**[b]する。（意見を出して述べ合うこと。）

展（10画）
テン
a のべる。ならべる。ひろげる。
b のびる。ひろがる。
c ながめる。広く見る。

⑫生徒の作品を**テンジ**[a]する。（作品などをならべて公開すること。）
⑬今後の**テンカイ**[b]を見守る。（物事のなりゆき。）
⑭技術のめざましい**シンテン**[b]。（事態が新しい段階に入ること。）
⑮屋上からの**テンボウ**[c]がよい。（見晴らし。）

胸（10画）
キョウ　むね　むな
a むね。腹の上の部分。
b こころ。こころのうち。

⑯**ムナイタ**[a]の厚い男性に憧れる。（むねの平たいところ。）
⑰一人旅をする**ドキョウ**[b]がない。（物事を恐れないこころ。）

正解　読んでみよう

泉　①源泉　②温泉
従　③従順　④従事　⑤従容　⑥従来
純　⑦単純　⑧純真
討　⑨討つ（▼訓　撃《う》つ p.77・打《う》つ）　⑩検討　⑪討論
展　⑫展示　⑬展開　⑭進展　⑮展望
胸　⑯胸板　⑰度胸

射 10
シャ
い(る)
a弓で矢をいる。鉄砲で弾をうつ。
b液体や気体を勢いよく出す。
cさす。光が入る。
ノ 亻 介 有 自 身 身 射 射

⑱記録更新も**シャテイ**[a]圏内だ。
届き得る範囲。

⑲**チュウシャ**[b]を怖がる子供。
薬液を体内に入れること。

⑳紫外線を**ショウシャ**[c]する。
てりつけること。

針 10
シン
はり
aはり。
bはりのように細く先のとがったもの。
c方向。進路。
ノ 人 𠆢 今 全 牟 余 金 金 針

㉑**シンショウ**[a]棒大な記事。
物事を大げさに言うこと。

㉒マツ科の**シンヨウジュ**[b]。
はりのような葉をつける木。

㉓行動の**シシン**[c]を提示する。
物事をすすめるうえでたよりとするもの。

俳 10
ハイ
a役者。芸人。
bおどけ。たわむれ。
c「俳諧」「俳句」のこと。
ノ 亻 亻 付 付 侍 俳 俳 俳 俳

㉔演技力のある**ハイユウ**[a]。
役者。

㉕遊戯性の高い**ハイカイ**[b]連歌。
滑稽な連歌。

㉖**ハイダン**[c]に認められる。
はいくを作る人の社会。

骨 10
コツ
ほね
aほね。
bからだ。
c物事の中心。かなめ。要点。
d人がら。きだて。
丨 冂 冂 冎 冎 咼 骨 骨 骨 骨

㉗姉が**ロコツ**[a]に嫌な顔をする。
ありのまま外に表すこと。

㉘**ロウコツ**[b]にむち打つ。
年とったからだ。

㉙改正案の**コッシ**[c]を説明する。
要点。

㉚**キコツ**[d]のある人。
自分の信念を曲げない強い性質。

値 10
チ
ね
あたい
aね。ねうち。物のねだん。
b数の大きさ。
ノ 亻 亻 仁 什 佶 佶 値 値 値

㉛展示品は一見の**カチ**[a]がある。
ねうち。

㉜XとYの**アタイ**[b]を求める。
あてはまる具体的な数。

座 10
ザ
すわ(る)
aすわる。すわる場所。地位。
b集まり。つどいの席。
丶 亠 广 广 庅 庅 広 座 座 座

㉝背筋を伸ばして**スワル**[a]。
腰をおろす。

㉞冬の代表的な**セイザ**[b]。
ほしを形にあてはめて区分したもの。

射 ⑱射程 ⑲注射 ⑳照射
針 ㉑針小 ㉒針葉樹 ㉓指針
俳 ㉔俳優 ㉕俳諧 ㉖俳壇
▼類 排 p.96
骨 ㉗露骨 ㉘老骨 ㉙骨子 ㉚気骨
値 ㉛価値 ㉜値
▼訓 価《あたい》 p.7
座 ㉝座る ㉞星座
▼訓 据《す》わる p.131

異

11

イ
こと

a ことなる。別の。ほかの。
b ふつうとちがう。めずらしい。
c 正しくない。
d あやしい。あやしむ。

丨 冂 冂 田 田 甲 甲 里 里 異 異

①イク同音[a]に批判する。
多くの人が同じことを言うこと。

②会費の値上げにイギ[a]を唱える。
反対意見。

③四月に部署をイドウ[a]する。
地位、勤務が変わること。

④トクイ[b]な才能の持ち主だ。
ふつうとくにちがっていること。

⑤学界ではイタン[c]扱いされた。
正統から外れていること。

⑥カイイ[d]な事件が起こる。
あやしいこと。

密

11

ミツ

a ひそか。ひそかに。
b すきまがない。こみいっている。
c こまかい。くわしい。

丶 丶 宀 宀 宓 宓 宓 宓 密 密 密

⑦ヒミツ[a]を守る義務がある。
他人に知らせないこと。

⑧生活とミッセツ[b]な関係がある。
深い関係にあること。

⑨ゲンミツ[c]に言うと多少違う。
こまかいところまで。

⑩チミツ[c]な計画を立てる。
こまかいところまで行き届いているさま。

推

11

スイ
お(す)

a 前へおし出す。おし動かす。
b えらんですすめる。おしあげる。
c おしはかる。たずねもとめる。

一 扌 扌 扌 扌 扌 推 推 推 推 推

⑪ゴミの削減をスイシン[a]する。
おしすすめること。

⑫スイショウ[b]品として認定する。
褒めて他人にすすめること。

⑬彼を書記にオス[b]声が強い。
他にすすめる。

⑭過去の経験からルイスイ[c]する。
似ている点からおしはかること。

視

11

シ

a 目で見る。じっと見る。
b みなす。…とみる。思う。

丶 ラ ネ ネ 礻 初 初 祀 祀 視 視

⑮衆人カンシ[a]の的となる。
大勢の人々が見ていること。

⑯病気でシヤ[a]が狭くなる。
目で見ることのできる範囲。

⑰基礎をケイシ[b]する風潮がある。
かろんじること。

済

11

サイ
す(む・ます)

a すくう。たすける。
b すむ。すます。

丶 丶 氵 氵 汁 汶 汶 済 済 済 済

⑱難民のキュウサイ[a]に尽力する。
すくい助けること。

⑲借金を一括でヘンサイ[b]する。
借りたものをかえすこと。

正解

読んでみよう

異 ①異口 ②異議 ③異動 ④特異 ⑤異端 ⑥怪異

密 ▼類 蜜 ⑦秘密 ⑧密接 ⑨厳密 ⑩緻密

推 ▼訓 押《お》す p.54 ⑪推進 ⑫推奨 ⑬推す ⑭類推

視 ⑮環視 ⑯視野 ⑰軽視

済 ▼類 剤 ⑱救済 ⑲返済

盛 11

セイ / ジョウ / も(る) / さか(る・ん)

a もる。高く積み上げる。
b さかん。さかる。さかんになる。

ノ 厂 万 成 成 成 成 盛 盛 盛 盛

⑳ ごはんをヤマモリ[a]にする。（うず高くもること。）

㉑ 駅前の店がハンジョウ[b]する。（にぎわい栄えること。）

㉒ 栄枯セイスイ[b]は世の習いだ。（さかんになることと、おとろえること。）

㉓ サカン[b]に手を振る。（何度も行われるさま。）

探 11

タン / さぐ(る) / さが(す)

a さぐる。さがす。さがし求める。
b たずねる。見物する。

一 十 扌 扌 扩 扩 扩 挥 探 探 探

㉔ 犯人の足取りをタンサク[a]する。（さぐり求めること。）

㉕ 敵の様子を物陰からサグル[a]。（こっそり調べる。）

㉖ 歴史をタンボウ[b]する旅。（現場に行ってさぐり歩くこと。）

訳 11

ヤク / わけ

a ある言葉を他の言葉に直す。
b わけ。理由。事情。

丶 亠 亠 言 言 言 言 訂 訂 訳 訳

㉗ 外国語の小説をワヤク[a]する。（日本語に直すこと。）

㉘ 何かワケ[b]があるにちがいない。（理由。）

著 11

チョ / あらわ(す) / いちじる(しい)

a あらわす。書きあらわす。
b いちじるしい。目立つ。あきらか。

一 十 艹 艹 艹 芏 芏 荖 著 著 著

㉙ チョサク[a]によって生活する。（書物を書きあらわすこと。）

㉚ 薬の効能がケンチョ[b]に現れる。（際立って目につくさま。）

㉛ 成長の跡がイチジルシイ[b]。（目立ってはっきりしている。）

閉 11

ヘイ / と(じる) / と(ざす) / し(める・まる)

a とじる。とざす。とじこもる。
b おえる。おわる。

丨 冂 門 門 門 門 門 門 門 閉 閉

㉜ 国内の工場をヘイサ[a]する。（活動や機能を停止すること。）

㉝ 悲しみのあまり心をトザス[a]。（外部との関係を絶つ。）

㉞ 展覧会がヘイマク[b]する。（おわりになること。）

郷 11

キョウ / ゴウ

a さと。いなか。ふるさと。
b ところ。場所。

ㄑ 乡 乡 乡 乡 乡 郷 郷 郷 郷 郷

㉟ キョウリ[a]の母から野菜が届く。（生まれた土地。）

㊱ キンゴウ[a]近在まで知れ渡る。（ちかくの村々。）

㊲ イキョウ[b]の地に骨をうずめる。（生地を離れたよその土地。）

盛 ⑳山盛り ㉑繁盛 ㉒盛衰 ㉓盛ん

探 ▼訓 捜《さが》す p.124
㉔探索 ㉕探る ㉖探訪

訳 ㉗和訳 ㉘訳

著 ▼訓 現《あらわ》す p.13・表《あらわ》す
㉙著作 ㉚顕著 ㉛著しい

閉 ▼訓 締《し》める p.108・絞《し》める
㉜閉鎖 ㉝閉ざす ㉞閉幕

郷 ㉟郷里 ㊱近郷 ㊲異郷

脳（11画）
ノウ
a のう。あたま。あたまのはたらき。
b 中心となる人。
筆順：丿 几 月 月 月' 月'' 月''' 脳 脳 脳 脳

① 名案が突然**ノウリ**[a]に浮かんだ。（あたまの中。）

② 各国の**シュノウ**[b]が集まる。（中心となる人。）

欲（11画）
ヨク
ほっ(する)
ほ(しい)
a ほっする。ほしがる。のぞむ。
b よく。ものをほしがる気持ち。
筆順：ノ ハ グ 父 谷 谷 谷 谷 欲 欲 欲

③ 本能の**ホッスル**[a]ままに動く。（のぞむ。）

④ 風邪気味で**ショクヨク**[b]がない。（たべたいという気持ち。）

装（12画）
ソウ
ショウ
よそお(う)
a よそおう。身じたくをする。
b かざる。かざり。外観をととのえる。
c 機械・器具などをそなえつける。
筆順：丨 丬 丬 丬 壮 壮 壮 壮 丬 装 装 装

⑤ 豪華な**イショウ**[a]に身を包む。（いふく。）

⑥ 結婚式に適した**フクソウ**[a]。（身なり。）

⑦ 赤いドレスに身を**ヨソオウ**[a]。（身なりをととのえる。）

⑧ 簡易**ホウソウ**[b]の取り組み。（うわづつみをかけること。）

⑨ 車の安全**ソウチ**[c]が作動する。（仕掛けや設備。）

捨（11画）
シャ
す(てる)
a すてる。ほうり出す。
b ほどこす。神仏のために寄付する。
筆順：一 十 才 扌 扒 扲 拴 拴 捨 捨 捨

⑩ 不要な情報を**シャショウ**[a]する。（きりすてること。）

⑪ 托鉢《たくはつ》僧に**キシャ**[b]する。（僧や貧者に寄付すること。）

域（11画）
イキ
a さかい。土地のくぎり。
b くに。ところ。国土。
c ある限られた範囲。
筆順：一 十 土 土 圹 坷 坷 域 域 域 域

⑫ **チイキ**[a]の代表として出席する。（一定の範囲のとち。）

⑬ **イイキ**[b]の鬼となる。（外国で死ぬこと。）

⑭ 新しい**リョウイキ**[c]に挑戦する。（専門とする範囲。）

策（12画）
サク
a くわだて。はかりごと。
b むち。つえ。つえをつく。
筆順：ノ 𠂉 𥫗 𥫗 𥫗 𥫗 竺 竺 笞 笧 策 策

⑮ 裏であれこれと**カクサク**[a]する。（はかりごとを巡らすこと。）

⑯ 火災への**タイサク**[a]を講じる。（状況に応じてとる方法。）

⑰ 外交**セイサク**[a]を検討する。（基本的なせいじの方針。）

⑱ 寺の境内を**サンサク**[b]する。（あてもなく歩くこと。）

正解　読んでみよう

脳　① 脳裏　② 首脳　▼類 悩 p.61
欲　③ 欲する　④ 食欲
装　⑤ 衣装　⑥ 服装　⑦ 装う　⑧ 包装　⑨ 装置
捨　⑩ 捨象　⑪ 喜捨　▼類 拾
域　⑫ 地域　⑬ 異域　⑭ 領域
策　⑮ 画策　⑯ 対策　⑰ 政策　⑱ 散策

裁 12

サイ
た(つ)
さば(く)

a たつ。布を切って衣服をしたてる。
b さばく。理非を正す。
c ようす。型。

一 十 土 土 圭 圭 表 表 表 裁 裁 裁

⑲ サイホウ[a]の基本を習う。
ぬいもの。

⑳ はさみで布をタツ[a]。
切る。

㉑ 彼のサイリョウ[b]に一任する。
自分で判断して処理すること。

㉒ 経済セイサイ[b]を科す。
きまりに背いた者を懲らしめること。

㉓ いつもテイサイ[c]を気にする。
外から見たときのようす。

敬 12

ケイ
うやま(う)

a うやまう。うやまいつつしむ。

一 十 艹 艹 芍 芍 苟 苟 苟 敬 敬 敬

㉔ 煩雑な仕事をケイエン[a]する。
意図的に避けること。

㉕ 相手へのケイイ[a]を表す言葉。
うやまう気持ち。

補 12

ホ
おぎな(う)

a おぎなう。つくろう。たすける。
b 正式の職に就く前の身分。

丶 ラ ネ ネ 衤 衤 衦 衵 補 補 補 補

㉖ 法律の不備をホカン[a]する。
不十分なところをおぎなうこと。

㉗ 優勝コウホ[b]のチーム。
ある地位に選ばれる対象の人や物。

就 12

シュウ
ジュ
つ(く・ける)

a つく。つける。仕事や任務につく。
b なる。なす。なしとげる。

丶 亠 亡 亡 古 亨 京 京 京 就 就 就

㉘ 彼のキョシュウ[a]が注目される。
どう身を処するかの態度。

㉙ 卒業後は営業の仕事にツク[a]。
身を置く。

㉚ 長年の悲願がジョウジュ[b]する。
願いなどがかなうこと。

創 12

ソウ
つく(る)

a きず。きずつける。
b はじめ。はじめる。はじめてつくる。

ノ 𠆢 𠆢 今 今 今 仺 倉 倉 倉 創 創

㉛ 背中にソウショウ[a]を受ける。
きりきず。

㉜ ソウイ[b]に富む料理を提供する。
新しい思いつき。

㉝ 雇用をソウシュツする。
新しくつくりだすこと。

揮 12

キ

a ふるう。ふりまわす。力をふるう。
b ちる。まきちらす。

一 十 扌 扌 扌 扩 拒 拒 指 揎 揮 揮

㉞ 試合で実力をハッキ[a]する。
十分に表し出すこと。

㉟ 定期演奏会でシキ[a]をする。
演奏をまとめる行為。

㊱ キハツ[b]性の高い液体。
常温で液体が気化すること。

裁 ▼訓 断《た》つ p.12・絶《た》つ p.15
⑲ 裁縫
⑳ 裁つ
㉑ 裁量
㉒ 制裁
㉓ 体裁

敬
㉔ 敬遠
㉕ 敬意

補 ▼類 捕 p.60・舗・哺・浦
㉖ 補完
㉗ 候補

就 ▼訓 付《つ》く・着《つ》く
㉘ 去就
㉙ 就く
㉚ 成就

創 ▼訓 造《つく》る p.10
㉛ 創傷
㉜ 創意
㉝ 創出

揮 ▼類 輝
㉞ 発揮
㉟ 指揮
㊱ 揮発

尊 12
ソン
たっと(い・ぶ)
とうと(い・ぶ)
a たっとい。たっとぶ。

①人間の**ソンゲン**[a]を傷つける。
とうとくおごそかなこと。

②年長者を**ソンケイ**[a]する気持ち。
とうとびうやまうこと。

③文化の違いを**ソンチョウ**[a]する。
おもんじること。

衆 12
シュウ
シュ
a 数が多い。もろもろ。多くの人。

④**チョウシュウ**[a]の心に残る演奏。
ききに集まった人。

⑤一躍**シュウモク**[a]の的となる。
多くの人の見るめ。

⑥縁なき**シュジョウ**[a]は度し難し。
忠告を聞かない者は救いようがない。

割 12
カツ
わ(る・れる)
わり　さ(く)
a わる。わける。さく。

⑦時間の都合で**カツアイ**[a]する。
惜しみながら省略すること。

⑧新車を**ブンカツ**[a]払いで買う。
いくつかにわけること。

⑨説明に多くの時間を**サク**[a]。
わけてあてる。

勤 12
キン
ゴン
つと(める・まる)
a つとめる。精を出す。いそしむ。
b つとめ。仕事。

⑩**キンベン**[a]な国民性を生かす。
仕事などに一生懸命取り組むこと。

⑪当面**キンム**[b]時間を短縮する。
仕事をすること。

⑫学校で**カイキン**[b]賞をもらった。
無欠席。

晩 12
バン
a 日暮れ。夕暮れ。夜。
b おそい。終わりに近い。あと。

⑬ほぼ毎日**バンシャク**[a]をする。
夕食時に酒を飲むこと。

⑭彼は大器**バンセイ**[b]型だ。
大人物は世に出るまでに時間がかかる。

⑮**ソウバン**[b]行き詰まるだろう。
おそかれはやかれ。

貴 12
キ
たっと(い・ぶ)
とうと(い・ぶ)
a たっとい。身分や価値が高い。
b たっとぶ。大切にする。

⑯土地の価格が**トウキ**[a]する。
物価や相場が上がること。

⑰**トウトイ**[a]身分の姫君。
身分や価値が高い。

⑱**キチョウ**[b]な経験ができた。
非常に大切であるさま。

正解

尊 ①尊厳 ②尊敬 ③尊重
衆 ④聴衆 ⑤衆目 ⑥衆生
割 ⑦割愛 ⑧分割 ⑨割く
勤 ⑩勤勉 ⑪勤務 ⑫皆勤
晩 ⑬晩酌 ⑭晩成 ⑮早晩
貴 ⑯騰貴 ⑰貴い ⑱貴重

読んでみよう
尊▼訓 貴《たっと》い p.40
割▼訓 裂《さ》く
勤▼訓 務《つと》める・努《つと》める
貴▼訓 尊《たっと》い p.40

善 12
ゼン
よ(い)
a 正しい。道理にかなっている。
b よくする。うまく。じゅうぶん。
c 仲がよい。したしむ。

⑲ **カンゼン**[a]懲悪の物語。
正しいことをすすめ悪事を懲らしめる。

⑳ 打算と**ギゼン**[a]に満ちた社会。
正しいように見せかけること。

㉑ 優勝候補相手に**ゼンセン**[b]した。
よくたたかうこと。

㉒ 両国の**シンゼン**[c]を深める。
仲よくすること。

源 13
ゲン
みなもと
a 水の流れるもと。物事のおおもと。

㉓ 日本語の**キゲン**[a]とされる言語。
物事の始まり。

㉔ 諸悪の**コンゲン**[a]を突き止める。
おおもと。

傷 13
ショウ
きず
いた(む・める)
a きず。けが。
b きずつく。きずつける。そこなう。
c いたむ。悲しむ。心をいためる。

㉕ 道で転んで足を**フショウ**[a]した。
けがをすること。

㉖ **チュウショウ**[b]記事に抗議する。
根拠のない悪口で他人をきずつけること。

㉗ 海を見て**カンショウ**[c]にふける。
物悲しくなること。

裏 13
リ
うら
a うら。衣のうら。物のうらがわ。
b うち。なか。内部。
c …のうちに。

㉘ 愛と憎しみは**ヒョウリ**[a]をなす。
おもてとうら。

㉙ 貴族が**ダイリ**[b]に参上する。
天皇の居所を中心とする御殿。

㉚ **ヒミツリ**[c]に交渉が行われる。
人に知られない状態で行われること。

暖 13
ダン
あたた(か・かい・まる・める)
a あたたかい。あたたかさ。
b あたためる。あたたまる。

㉛ 瀬戸内の**オンダン**[a]な気候。
気候などがあたたかなこと。

㉜ **カンダン**[a]の差が激しい。
さむさとあたたかさ。

㉝ **ダンボウ**[b]のきいた部屋。
室内をあたためること。

疑 14
ギ
うたが(う)
a うたがう。うたがい。あやしい。

㉞ **ギシン**[a]暗鬼に駆られる。
何でもないことが恐ろしくなること。

㉟ 子供の素朴な**ギモン**[a]に答える。
うたがい尋ねること。

㊱ 窃盗の**ヨウギ**[a]をかけられる。
罪を犯したうたがいのあること。

善 ⑲勧善 ⑳偽善 ㉑善戦 ㉒親善
▼訓 良《よ》い

源 ㉓起源 ㉔根源

傷 ㉕負傷 ㉖中傷 ㉗感傷
▼訓 悼《いた》む p.129・痛《いた》む

裏 ㉘表裏 ㉙内裏 ㉚秘密裏

暖
▼訓 温《あたた》かい
▼類 援 p.65・緩 p.108
㉛温暖 ㉜寒暖 ㉝暖房

疑
▼類 擬 p.145・凝 p.111
㉞疑心 ㉟疑問 ㊱容疑

ステップ② 第21回

模 (14)

ボ　モ

a かた。ひながた。のり。
b かたどる。のっとる。まねる。
c 手さぐりする。さぐる。
d かざり。ようす。

①全校生徒のモハン[a]となる。（見習うべき手本。）

②大学入試のモギ[b]試験を受ける。（本物をまねること。）

③事態打開の道をモサク[c]する。（手さぐりで探すこと。）

④水玉モヨウ[d]の洋服を着る。（装飾として施す絵や図案。）

障 (14)

ショウ　さわ(る)

a へだてる。さえぎる。へだて。
b さわる。さしつかえる。

⑤壁に耳ありショウジ[a]に目あり。（秘密が漏れやすいことのたとえ。）

⑥ショウガイ[b]を乗り越える。（妨げとなるもの。）

⑦食べすぎは体にサワル[b]。（悪い影響をもたらす。）

誤 (14)

ゴ　あやま(る)

a あやまる。まちがえる。あやまり。

⑧ゴカイ[a]を招く表現を避ける。（思いちがい。）

認 (14)

ニン　みと(める)

a ゆるす。聞き入れる。
b 見わける。見きわめる。

⑨国のショウニン[a]を得ている。（みとめゆるすこと。）

⑩事実をゴニン[b]する。（まちがってみとめること。）

層 (14)

ソウ

a いくつもかさなったもの。
b 階級。人々や社会の区分。

⑪大学でシンソウ[a]心理学を学ぶ。（奥ふかくに隠れている部分。）

⑫裕福なカイソウ[b]に属する人々。（社会を形づくる人の集団。）

遺 (15)

イ　ユイ

a のこす。のこる。のこったもの。
b ぬけおちる。わすれる。
c すてる。

⑬イセキ[a]の発掘調査を実施する。（建物や事件のあと。）

⑭世界文化イサンに登録された。（昔の人がのこした業績。）

⑮父はユイゴン[a]を残していた。（死後のためにいいのこしたことば。）

⑯イロウ[b]がないよう確認する。（大切なことがぬけおちていること。）

⑰死体イキ[c]の疑いで逮捕する。（すてておくこと。）

正解　読んでみよう

模 ▼類 漠 p.135・膜
①模範 ②模擬 ③模索 ④模様

障 ▼訓 触《さわ》る p.69
⑤障子 ⑥障害 ⑦障る

誤 ▼訓 謝《あやま》る p.24
⑧誤解

認
⑨承認 ⑩誤認

層
⑪深層 ⑫階層

遺 ▼類 遣 p.72
⑬遺跡 ⑭遺産 ⑮遺言 ⑯遺漏 ⑰遺棄

権	15
読み	ケン・ゴン
意味	a いきおい。ちから。 b はかる。はかりごと。もくろみ。 c かり。かりそめ。便宜的な処置。
筆順	十 木 杧 杧 杵 杵 梓 梓 権 権

権

⑱ 幕府の**ケンイ**[a]（他の者を服従させるちから。）が失墜する。［　　］

⑲ 試合の途中で**キケン**[a]（けんりをすてること。）する。［　　］

⑳ **ケンボウ**[b]（人をあざむくための計略。）術数にたける。［　　］

㉑ 美の**ゴンゲ**[c]（その特性の典型と思われる人。）と言われる女優。［　　］

論	15
読み	ロン
意味	a 道理を説く。是非や善意を述べる。 b 考え。見解。筋を通した意見。
筆順	丶 亠 言 訁 訟 訟 諭 諭 論 論

論

㉒ 仲間と激しく**ギロン**[a]（互いの意見を述べ合うこと。）する。［　　］

㉓ 監督の方針に**イロン**[b]（ことなる意見。）を唱える。［　　］

㉔ **ロンキョ**[b]（意見のよりどころ。）に乏しい浅薄な内容。［　　］

潮	15
読み	チョウ・しお
意味	a しお。うしお。海水の干満・ながれ。 b 時のながれ。傾向。
筆順	氵 氵 氵 汁 沽 沽 泊 淖 淖 潮 潮

潮

㉕ **チョウリュウ**[a]（海水のながれ。）を利用した発電。［　　］

㉖ 社会の**フウチョウ**[b]（世間一般の傾向。）に逆らう。［　　］

熟	15
読み	ジュク・う(れる)
意味	a 果物や作物などがうれる。みのる。 b 煮る。煮える。 c 十分に慣れる。こなれる。 d 十分に。よくよく。
筆順	亠 亠 亡 亨 亨 享 享 孰 孰 孰 熟

熟

㉗ 木で**ウレ**[a]（じゅくして食べごろになる。）た果物は味がよい。［　　］

㉘ **ハンジュク**[b]（十分に煮えていないこと。）の卵が好みだ。［　　］

㉙ **セイジュク**[c]（十分に発達すること。）した社会に暮らす。［　　］

㉚ 運転技術に**シュウジュク**[c]（十分に慣れて上手になること。）する。［　　］

㉛ **ジュクレン**[c]（慣れて手際よく上手にできること。）した職人の技。［　　］

㉜ **ジュクスイ**[d]（十分に眠ること。）していて起きない。［　　］

諸	15
読み	ショ
意味	a もろもろ。いろいろな。多くの。
筆順	丶 亠 言 訁 訁 計 詳 諸 諸 諸

諸

㉝ **ショハン**[a]（さまざまな方面。）の事情を考慮する。［　　］

誕	15
読み	タン
意味	a うまれる。うむ。
筆順	丶 亠 言 訁 訁 訁 訐 証 誕 誕

誕

㉞ 弟の**タンジョウ**[a]（うまれること。）祝いをする。［　　］

権　⑱権威　⑲棄権　⑳権謀　㉑権化

論　㉒議論　㉓異論　㉔論拠
▼類 倫 p.125・輪

潮　㉕潮流　㉖風潮

熟　㉗熟れ　㉘半熟　㉙成熟　㉚習熟　㉛熟練　㉜熟睡
▼類 塾

諸　㉝諸般
▼類 緒 p.138

誕　㉞誕生

操（16画）
ソウ／みさお／あやつ(る)
a あやつる。思いどおりに動かす。
b みさお。固く守って変えない志。

①工作機械を遠隔**ソウサ**[a]する。　あやつって動かすこと。
②三か国語を自在に**アヤツル**[a]。　うまく取り扱う。
③**セッソウ**[b]なく意見を変える。　自分の主義や考えを守りとおすこと。
④政治家としての**ミサオ**[b]を守る。　固く守って変えない志。

奮（16画）
フン／ふる(う)
a ふるう。ふるいたつ。勇みたつ。

⑤母校の勝利に**コウフン**[a]する。　感情がたかぶること。
⑥監督が選手に**フンキ**[a]を促す。　気力をふるいおこすこと。

激（16画）
ゲキ／はげ(しい)
a はげしい。はなはだしい。
b はげます。ふるいたたせる。
c はげしく心がうごく。たかぶる。

⑦**ゲキドウ**[a]する世界情勢。　はげしく揺れうごくこと。
⑧朝礼で選手を**ゲキレイ**[b]する。　元気が出るようはげますこと。
⑨褒められて**カンゲキ**[c]する。　気持ちがたかぶること。

縦（16画）
ジュウ／たて
a たて。上下または南北の方向。
b ほしいまま。きままにする。

⑩**ジュウオウ**[a]無尽の大活躍。　自由自在であるさま。
⑪日本列島を**ジュウダン**[a]する。　南北に通り抜けること。
⑫小型飛行機を**ソウジュウ**[b]する。　思うようにあやつること。

縮（17画）
シュク／ちぢ(む・まる・める・れる・らす)
a ちぢむ。ちぢまる。ちぢめる。

⑬思いを**ギョウシュク**[a]した一言。　一つに固まってちぢまること。
⑭恐怖で気持ちが**イシュク**[a]する。　ちぢこまって小さくなること。
⑮**シンシュク**[a]する布を用意する。　のびちぢみ。

難（18画）
ナン／かた(い)／むずか(しい)
a むずかしい。たやすくない。
b わざわい。苦しみ。
c 責める。とがめる。なじる。

⑯言うは易《やす》く行うは**カタシ**[a]。　口で言うのは簡単だが実行するのはむずかしい。
⑰全校で**ヒナン**[b]訓練を行う。　災害をさけて立ち退くこと。
⑱**ブナン**[c]な選択をする。　優れてもいないが欠点もないこと。

正解　読んでみよう

操　▼類 燥 p.81・繰 p.81
①操作　②操る　③節操　④操

奮　▼訓 振《ふ》るう p.60・震《ふる》う　▼類 奪
⑤興奮　⑥奮起

激
⑦激動　⑧激励　⑨感激

縦
⑩縦横　⑪縦断　⑫操縦

縮
⑬凝縮　⑭萎縮　⑮伸縮

難
⑯難し　⑰避難

厳 17
ゲン
ゴン
おごそ(か)
きび(しい)
a きびしい。はげしい。
b おごそか。いかめしい。

⑲ 戸締まりを**ゲンジュウ**[a]にする。　きびしい態度で対処すること。
⑳ 父親としての**イゲン**[b]を保つ。　堂々としておごそかなこと。
㉑ 華やかで**ソウゴン**[b]な式典。　おごそかで気高いさま。
㉒ **オゴソカ**[b]に式が行われた。　いかめしく、近づきにくいさま。

簡 18
カン
a 書物。手紙。文書。
b てがるな。おおまかな。

㉓ 江戸時代の**ショカン**[a]を読む。　手紙。
㉔ 片手で**カンタン**[b]に開けられる。　手数のかからないさま。

臨 18
リン
のぞ(む)
a 見おろす。上に立つ。
b 目の前にする。その場に直面する。

㉕ 音楽業界に**クンリン**[a]する人物。　絶対的勢力を持つこと。
㉖ 準備万端で試合に**ノゾム**[b]。　向かう。
㉗ **リンキ**[b]応変に行動する。　時と場合に応じて適切な処置をとること。

優 17
ユウ
やさ(しい)
すぐ(れる)
a やさしい。上品でうつくしい。
b 手厚い。情け深い。
c すぐれている。まさっている。
d ゆるやかである。ぐずぐずする。
e 役者。

㉘ **ユウビ**[a]な印象を演出する。　上品でうつくしいこと。
㉙ 経験者を**ユウグウ**[b]する。　扱いを手厚くすること。
㉚ **スグレ**[c]た技術を持つ企業。　他より秀でる。
㉛ 二人の個性に**ユウレツ**[c]はない。　まさることと、おとること。
㉜ **ユウジュウ**[d]な性格を直したい。　ぐずぐずしていること。
㉝ 将来は**ジョユウ**[e]になりたい。　おんなの役者。

警 19
ケイ
a いましめる。さとす。注意する。
b まもる。そなえる。用心する。
c すばやい。すぐれた。さとい。

㉞ 再三の**ケイコク**[a]を無視する。　気をつけるよう注意を与えること。
㉟ 踏切で**ケイテキ**[a]を鳴らす。　注意を促すために鳴らす音。
㊱ 土砂災害に**ケイカイ**[b]する。　危険に備えて用心すること。
㊲ 名言や**ケイク**[c]を集めた本。　短く巧みに真理をついた言葉。

---

⑱ 無難
厳 ⑲ 厳重　⑳ 威厳　㉑ 荘厳　㉒ 厳か
簡 ㉓ 書簡　㉔ 簡単
臨 ㉕ 君臨　㉖ 臨む　㉗ 臨機
▼訓 望《のぞ》む
優 ㉘ 優美　㉙ 優遇　㉚ 優れ　㉛ 優劣　㉜ 優柔　㉝ 女優
▼訓 易《やさ》しい p.6
警 ㉞ 警告　㉟ 警笛　㊱ 警戒　㊲ 警句

与（3画）
ヨ
あた(える)

a あたえる。
b くみする。仲間になる。関係する。

一 与 与

①博士の学位を**ジュヨ**[a]する。 物をさずけあたえること。

②株主が経営に**カンヨ**[b]する。 かかわること。

及（3画）
キュウ
およ(ぶ・び・ぼす)

a およぶ。追いつく。およぼす。

ノ 乃 及

③下水道の**フキュウ**[a]率を調べる。 広く行き渡ること。

④**ハキュウ**[a]効果が大きい。 影響のおよぶ範囲が広がっていくこと。

⑤進退問題に**ゲンキュウ**する。 話がおよぶこと。

⑥学力試験に**キュウダイ**[a]する。 一定の条件を満たすこと。

⑦政府の責任を**ツイキュウ**[a]する。 食い下がって問いつめること。

凡（3画）
ボン
ハン

a すべて。みな。おしなべて。
b ありふれた。なみ。ふつうの。

ノ 几 凡

⑧国語辞典の**ハンレイ**[a]を見る。 物の初めにある使用法。

⑨**ヒボン**[b]な才能の持ち主だ。 ふつうより特に優れていること。

介（4画）
カイ

a 間にはいる。なかだちをする。
b たすける。つきそう。

ノ 人 介 介

⑩芸術を**バイカイ**[a]とした交流。 間に立って橋渡しをすること。

⑪紛争に武力で**カイニュウ**[a]する。 間にはいりこむこと。

⑫株式売買を**チュウカイ**[a]する。 二者の間を取り持つこと。

⑬酔っ払いを**カイホウ**[b]する。 世話をすること。

丹（4画）
タン

a あか。に。あかい色。
b まごころ。

ノ 冂 円 丹

⑭**タンチョウヅル**[a]の生息地。 頭のてっぺんがあかいツル。

⑮最後まで**タンネン**[b]に仕上げる。 丁寧に行うさま。

⑯父が**タンセイ**[b]して育てた野菜。 心をこめてすること。

互（4画）
ゴ
たが(い)

a たがい。たがいに。かわるがわる。

一 工 互 互

⑰参加者が**ソウゴ**[a]理解を深める。 たがいに関係がある両方の側。

⑱両者**ゴカク**[a]の勝負だ。 優劣の差がないさま。

正解 読んでみよう

与 ①授与 ②関与
及 ③普及 ④波及 ⑤言及 ⑥及第 ⑦追及
凡 ⑧凡例 ⑨非凡
介 ⑩媒介 ⑪介入 ⑫仲介 ⑬介抱
丹 ⑭丹頂鶴 ⑮丹念 ⑯丹精
互 ⑰相互 ⑱互角

匹（4）
ヒツ
ひき
a二つがならぶ。対になる。なかま。
bいやしい。身分の低い者。
c動物を数える語。ひき。
一 ㄏ 兀 匹

⑲ 超一流に**ヒッテキ**[a]する腕前。
同程度であること。

⑳ **ヒップ**[b]も志を奪うべからず。
人の志は尊重すべきであることのたとえ。

㉑ **イッピキ**[c]の馬が走り出す。
動物を数える語。

井（4）
セイ
ショウ
い
aい。いど。
bまち。人が集まっている場所。
c「井」の字の形。
一 二 チ 井

㉒ **イ**[a]の中の蛙《かわず》大海を知らず。
見識の狭いこと。

㉓ **シセイ**[b]の人の暮らしを描く。
世間・ちまた。

㉔ **テンジョウ**[c]が高い部屋。
部屋の上部の板を張った部分。

占（5）
セン
し(める)
うらな(う)
aうらなう。うらない。
bしめる。自分のものにする。
丨 ト ト 占 占

㉕ 優勝の行方を**ウラナウ**[a]。
予想する。

㉖ 建物を不法に**センキョ**[b]する。
立てこもること。

㉗ **カセン**[b]状態にある産業。
少数の供給者が市場を支配している状態。

甘（5）
カン
あま(い・える・やかす)
aあまい。おいしい。うまい。
bあまんじる。満足する。
一 十 廾 甘 甘

㉘ **カンビ**[a]な旋律に身を委ねる。
うっとりした気持ちにさせること。

㉙ 彼の**カンゲン**[a]に乗せられた。
相手に取り入るためのあまいことば。

㉚ 喫茶店で**カンミ**[a]を楽しむ。
菓子。

㉛ 厳しい運命を**カンジュ**[b]する。
あまんじてうけいれること。

払（5）
フツ
はら(う)
aはらう。はらいのける。なくなる。
b夜が明ける。
一 十 扌 払 払

㉜ 在庫が**フッテイ**[a]している。
すっかりなくなること。

㉝ **フツギョウ**[b]を待って出発する。
夜明け方。

矛（5）
ム
ほこ
a長柄の先に両刃の剣をつけた武器。
マ マ ヱ 予 矛

盾（9）
ジュン
たて
a矢・槍《やり》などの攻撃を防ぐ武具。
一 厂 尸 斤 斤 盾 盾 盾 盾

㉞ 彼の言動には**ムジュン**[a][a]がある。
つじつまが合わないこと。

匹 ⑲匹敵 ⑳匹夫 ㉑一匹
井 ㉒井 ㉓市井 ㉔天井
占 ㉕占う ㉖占拠 ㉗寡占
甘 ㉘甘美 ㉙甘言 ㉚甘味 ㉛甘受
払 ㉜払底 ㉝払暁
矛 盾 ㉞矛盾

▼類 循 p.134

玄 (5)

ゲン

a くろ。くろい色。赤ぐろい色。
b 深い。奥深い道理。

、亠ナ玄玄

玄

① 健康のためゲンマイ[a]を食べる。（もみを取っただけのこめ。）
② ユウゲン[b]な趣を醸し出す。（奥深い余情のあるさま。）

奴 (5)

ド

a しもべ。下男。
b 他人または自分を卑しめていう語。

く女女奴奴

奴

③ ドレイ[a]解放に尽力した人物。（他人の所有物として扱われる人。）
④ シュセンド[b]と呼ばれる。（けちな人。）

尽 (6)

ジン
つ(くす・きる・かす)

a つくす。出しきる。
b つきる。なくなる。
c ことごとく。すっかり。

フコ尸尺尽尽

尽

⑤ リフジン[a]な扱いを受ける。（物事の筋道が通らないこと。）
⑥ 会社の再建にジンリョク[a]する。（ちからをつくすこと。）
⑦ 精も根もツキ[b]果てる。（なくなる。）
⑧ ムジンゾウ[b]なエネルギー。（いくらとってもなくならないこと。）
⑨ 戦火で全市がショウジン[c]する。（残らずやけてしまうこと。）

仰 (6)

ギョウ
コウ
あお(ぐ)
おお(せ)

a あおむけになる。見上げる。
b あがめる。うやまう。
c おおせ。いいつけ。

ノイイ仰仰仰

仰

⑩ 大きな物音にギョウテン[a]する。（非常に驚くこと。）
⑪ きれいな星空をアオグ[a]。（上を向く。）
⑫ 住民のシンコウ[b]を集める神社。（神や仏を尊び、従うこと。）
⑬ オオセ[c]のとおりにいたします。（ご命令。）

忙 (6)

ボウ
いそが(しい)

a いそがしい。せわしい。

丶忄忄忙忙忙

忙

⑭ 日常業務にボウサツ[a]される。（非常にいそがしいこと。）
⑮ 年末は特にハンボウ[a]を極める。（仕事が多くていそがしいこと。）
⑯ 業務タボウ[a]につき急募する。（非常にいそがしいこと。）

吐 (6)

ト
は(く)

a はく。口からはき出す。
b のべる。うちあける。

丨口口口叶吐

吐

⑰ ほっとトイキ[a]を漏らす。（思わずはくいき。）
⑱ 親友に苦しい心情をトロ[b]する。（本心をすべてうちあけること。）

正解　読んでみよう

玄　①玄米　②幽玄
奴　③奴隷　④守銭奴
尽　⑤理不尽　⑥尽力　⑦尽き　⑧無尽蔵　⑨焼尽
仰　⑩仰天　⑪仰ぐ　⑫信仰　⑬仰せ
▼類 迎 p.51・抑 p.86
忙　⑭忙殺　⑮繁忙　⑯多忙
吐　⑰吐息　⑱吐露

朽 6
キュウ
く(ちる)
a くちる。くさる。すたれる。
一 十 才 木 朽 朽

⑲ **フキュウ**[a]の名作と呼ばれる。
長く後世に残ること。

⑳ 校舎が**ロウキュウ**[a]化する。
古くなって役立たないこと。

㉑ **クチ**[a]て今にも落ちそうな橋。
腐ってぼろぼろになる。

旨 6
シ
むね
a むね。こころざし。考え。意向。
ノ ヒ 匕 旨 旨 旨

㉒ お話の**シュシ**[a]はわかりました。
言おうとすることの内容。

㉓ 論文の**ヨウシ**[a]を的確につかむ。
内容の主な点。

㉔ 安全第一を**ムネ**[a]とする。
中心となるもの。

巡 6
ジュン
めぐ(る)
a めぐる。まわり歩く。
b みまわる。
く 巛 巛 巛 巡 巡

㉕ 大相撲の地方**ジュンギョウ**[a]。
興行してまわること。

㉖ 自転車で淡路島を**メグル**[a]。
あちこちに移動する。

㉗ 警備員が常時**ジュンカイ**[b]する。
見てまわること。

汚 6
オ
けが(す・れる・らわしい)
よご(す・れる)
きたな(い)
a よごす。よごれる。きたない。
b けがす。けがれる。
丶 丶 氵 汀 汚 汚

㉘ 大気**オセン**[a]を引き起こす物質。
よごれること。

㉙ **オメイ**[b]を着せられる。
悪い評判。

㉚ 母校の名を**ケガス**[b]。
名誉を傷つける。

戒 7
カイ
いまし(める)
a いましめる。さとす。つつしむ。
b 用心する。警備する。
一 二 干 开 戒 戒 戒

㉛ 危険な行いを**イマシメル**[a]。
教えさとす。

㉜ 手を抜かないよう**ジカイ**[a]する。
みずからいましめること。

㉝ 部下に**クンカイ**[a]を垂れる。
教えさとし、いましめること。

㉞ **ゲンカイ**[b]態勢を敷く。
きびしく警備すること。

抗 7
コウ
a てむかう。あらがう。はりあう。
一 扌 扌 扩 抗 抗

㉟ 審判の判定に**コウギ**[a]する。
反対意見を主張すること。

㊱ 兄に**タイコウ**[a]意識を燃やす。
互いにはりあうこと。

朽　⑲ 不朽　⑳ 老朽　㉑ 朽ち

旨　㉒ 趣旨　㉓ 要旨　㉔ 旨

巡　㉕ 巡業　㉖ 巡る　㉗ 巡回

汚　㉘ 汚染　㉙ 汚名　㉚ 汚す

戒　㉛ 戒める　㉜ 自戒　㉝ 訓戒　㉞ 厳戒

抗　㉟ 抗議　㊱ 対抗

▼類 坑・航

即

ソク

a つく。地位や位置につく。
b すぐに。ただちに。

①女性の国王がソクイ[a]する。（くらいにつくこと。）

②入場券はソクザ[b]に売り切れた。（すぐその場。）

③ソッキョウ[b]で和歌を作る。（その場で起こったきょうみ。）

含

ガン
ふく（む・める）

a あわせもつ。口の中にふくむ。

④ガンチク[a]に富む話を聴いた。（内容豊かで深い意味があること。）

⑤発言のガンイ[a]を読み取る。（いみをふくみもつこと。）

⑥喜びと悲しみをホウガン[a]する。（中につつみふくむこと。）

却

キャク

a しりぞく。さがる。
b しりぞける。かえす。
c （動詞のあとにつけて）…しおわる。

⑦タイキャク[a]を余儀なくされる。（状況が不利になりしりぞくこと。）

⑧原告の請求をキキャク[b]する。（しりぞけること。）

⑨不振からのダッキャク[c]を図る。（抜け出すこと。）

更

コウ
さら
ふ（ける・かす）

a かえる。かわる。あらためる。
b 深まる。ふける。夜がおそくなる。

⑩世界記録をコウシン[a]する。（あたらしくかえること。）

⑪当初の予定をヘンコウ[a]する。（かえあらためること。）

⑫無事に契約をコウカイ[a]する。（あらためてあたらしくすること。）

⑬家を壊してサラチ[a]にする。（建築物がないあきち。）

⑭夜がフケル[b]まで語り合った。（真夜中近くなる。）

妙

ミョウ

a 美しい。
b たくみな。くわしい。念入りな。
c 不思議な。おかしい。
d 若い。

⑮琴のミョウオン[a]に聴きほれる。（実に美しいおんがく。）

⑯気持ちがビミョウ[b]に変化する。（一言で表せないほど複雑なさま。）

⑰ミョウアン[b]が浮かばない。（すぐれたよい考え。）

⑱キミョウ[c]な色の取り合わせ。（不思議で変なさま。）

⑲ミョウレイ[d]の女性が集まる。（うら若い年ごろ。）

正解

即 ①即位 ②即座 ③即興

含 ④含蓄 ⑤含意 ⑥包含

却 ⑦退却 ⑧棄却 ⑨脱却 ▼類 脚 p.64

更 ⑩更新 ⑪変更 ⑫更改 ⑬更地 ⑭更ける ▼訓 老《ふ》ける

妙 ⑮妙音 ⑯微妙 ⑰妙案 ⑱奇妙 ⑲妙齢

読んでみよう

沢 7

タク
さわ

a さわ。草木の生えている湿地帯。
b うるおう。うるおい。めぐみ。
c つや。かがやき。

丶 冫 氵 氵コ 氵コ 沪 沢

沢

⑳ **ショウタク**[a]地に生息する動物。 ぬまやさわ。

㉑ **タクサン**[b]の人でにぎわう。 数量の多いこと。

㉒ 表面を磨いて**コウタク**[c]を出す。 つや。

抜 7

バツ
ぬ(く・ける・かす・かる)

a ぬく。引きぬく。ぬける。
b 選びだす。
c ぬきんでる。きわだつ。

一 十 扌 扌 扐 抜 抜

抜

㉓ **バッポン**[a]的な改革が必要だ。 災いの原因を取り除くこと。

㉔ 記事の一部を**バッスイ**[b]する。 必要な部分をぬきだすこと。

㉕ **キバツ**[c]な髪型で登場する。 きわめて風変わりなさま。

㉖ **タクバツ**[c]した才能を持つ作家。 他よりもすぐれていること。

攻 7

コウ
せ(める)

a せめる。敵をうつ。
b みがく。まなぶ。おさめる。

一 丅 工 工 エケ 攻 攻

攻

㉗ 極端な個人**コウゲキ**[a]はしない。 敵をせめること。

㉘ 大学で生物学を**センコウ**[b]する。 ある一つのことを研究すること。

床 7

ショウ
とこ
ゆか

a ねどこ。寝台。こしかけ。
b ゆか。
c なえどこ。苗を育てるところ。
d 土台。地層。地盤。

丶 亠 广 户 庁 床 床

床

㉙ 毎日七時に**キショウ**[a]する。 ねどこからおきだすこと。

㉚ **ユカシタ**[b]まで浸水する。 ゆかのした。

㉛ 犯罪の**オンショウ**[c]となりうる。 ある結果が生じやすい環境。

㉜ 銀の**コウショウ**[d]を探す。 有用な無機物が濃集した部分。

迎 7

ゲイ
むか(える)

a むかえる。待ち受ける。
b 相手の気に合うようにする。

ノ ㇄ 卬 卬 卬 迎 迎

迎

㉝ 新入部員を**カンゲイ**[a]する。 喜びむかえること。

㉞ 大衆に**ゲイゴウ**[b]しやすい。 相手にあわせて考えを変えること。

秀 7

シュウ
ひい(でる)

a ひいでる。すぐれる。のびる。

一 二 千 禾 禾 秀 秀

秀

㉟ **シュウイツ**[a]な句を紹介する。 抜きん出てすぐれていること。

㊱ **ユウシュウ**[a]な人材を確保する。 非常にすぐれていること。

沢 ⑳ 沼沢 ㉑ 沢山 ㉒ 光沢 ▼類 択 p.87

抜 ㉓ 抜本 ㉔ 抜粋 ㉕ 奇抜 ㉖ 卓抜

攻 ㉗ 攻撃 ㉘ 専攻 ▼訓 責《せ》める p.15

床 ㉙ 起床 ㉚ 床下 ㉛ 温床 ㉜ 鉱床

迎 ㉝ 歓迎 ㉞ 迎合 ▼類 仰 p.48・抑 p.86

秀 ㉟ 秀逸 ㊱ 優秀

屈

8
クツ

a かがむ。ちぢむ。おれまがる。
b くじける。負けてしたがう。
c ゆきづまる。きわまる。
d つよい。

一 コ 尸 尸 尸 居 屈 屈

屈

① クッセツ[a]した心理を描く。
素直でないところがあること。

② 世界クッシ[a]の技術を持つ。
ゆびおり数えるほどすぐれていること。

③ クッタク[b]のない笑顔を見せる。
気にしてくよくよすること。

④ 靴がキュウクツ[c]で足が痛い。
自由に身動きできないさま。

⑤ あれこれリクツ[c]をこねる。
無理にこじつけたりゆう。

⑥ クッキョウ[d]な消防士たち。
たくましく力がつよいこと。

奇

8
キ

a めずらしい。ふつうでない。
b 二で割り切れない。

一 ナ 大 太 夳 奆 奇 奇

奇

⑦ 世間からキイ[a]な目で見られる。
ふつうと変わっているさま。

⑧ キカイ[a]な事件が続発する。
不思議であやしいこと。

⑨ 通行人がコウキ[a]の目を向ける。
めずらしいことに関心を寄せること。

⑩ 一・三・五はキスウ[b]だ。
二で割り切れないかず。

拠

8
キョ
コ

a よる。たよる。よりどころ。

一 扌 扌 扌 扨 拠 拠 拠

拠

⑪ ショウコ[a]の品を押収する。
事実を明らかにする材料。

⑫ コンキョ[a]のないうわさを流す。
もとになる理由。

⑬ 海外に活動キョテン[a]を移す。
活動の足場となる場所。

依

8
エ
イ

a よる。たよる。よりかかる。
b そのまま。もとのまま。

ノ イ 亻 亻 佇 依 依 依

依

⑭ 先例にイキョ[a]して判断する。
よりどころとすること。

⑮ 仏道にキエ[a]して修行する。
神や仏にすがること。

⑯ イゼン[b]として高水準にある。
もとのままであるさま。

突

8
トツ
つ(く)

a つく。つきあたる。
b つきでる。つきでたもの。
c だしぬけに。にわかに。

丶 ハ 宀 穴 穴 空 空 突

突

⑰ 双方の意見がショウトツ[a]する。
ぶつかり合うこと。

⑱ エントツ[b]が立ち並ぶ工業地帯。
けむりを外部に排出する筒状の装置。

⑲ 工場でトツジョ[c]爆発が起こる。
思いがけなく急に。

正解

屈 ①屈折 ②屈指 ③屈託 ④窮屈 ⑤理屈 ⑥屈強
奇 ⑦奇異 ⑧奇怪 ⑨好奇 ⑩奇数
拠 ⑪証拠 ⑫根拠 ⑬拠点
依 ⑭依拠 ⑮帰依 ⑯依然
突 ⑰衝突 ⑱煙突 ⑲突如

読んでみよう

漢字学習編
漢字応用編
語彙力養成編

迫 （8画）
ハク　せま(る)
a せまる。さしせまる。近づく。
b おいつめる。苦しめる。
筆順：′ ｲ 冇 白 白 ′白 迫 迫

⑳ **ハクシン**[a]の演技を見せる。（しんにせまっていること。）
㉑ 提出期限が**セッパク**[a]している。（さしせまること。）
㉒ **ハクリョク**[a]のある写真。（心に強くせまるちから。）
㉓ 人質を取って**キョウハク**[b]する。（相手をおどして強制すること。）
㉔ 少数民族が**ハクガイ**[b]を受ける。（弱い者をおいつめて苦しめること。）

抱 （8画）
ホウ　だ(く)　いだ(く)　かか(える)
a だく。いだく。両手でかかえる。
b 心にいだく。思う。
筆順：一 ｷ ｵ ｵ′ 扚 拘 拘 抱

㉕ 荷物を両手で**カカエル**[a]。（持つ。）
㉖ 家族に新年の**ホウフ**[b]を述べる。（心にいだいている決意。）

況 （8画）
キョウ
a ありさま。ようす。
b たとえる。くらべる。
筆順：` ` 氵 氵′ 沪 沪 沪 況

㉗ **キンキョウ**[a]を報告する。（ちかごろのようす。）
㉘「ごとし」は**ヒキョウ**[b]の助動詞だ。（他とくらべ、たとえていう言い方。）

到 （8画）
トウ
a いたる。いきつく。
b ゆきとどく。ぬかりがない。
筆順：一 ㄛ 五 至 至 至 到 到

㉙ 私には**トウテイ**[a]理解できない。（どうやってみても。）
㉚ 芸術の域に**トウタツ**[a]した。（ある状態にたどり着くこと。）
㉛ 問い合わせが**サットウ**[a]する。（一度に押し寄せること。）
㉜ 春の**トウライ**[a]を告げる鳥。（ある時期がやってくること。）
㉝ 前人**ミトウ**[a]の大記録。（まだ誰もいきついていないこと。）
㉞ **シュウトウ**[b]な注意を払う。（すみずみまでゆきとどくさま。）

抵 （8画）
テイ
a こばむ。さからう。
b あたる。ふれる。
c 相当する。
d おおよそ。
筆順：一 ｷ ｵ ｵ′ 扩 扩 抵 抵

㉟ 住民の激しい**テイコウ**[a]に遭う。（外からの力にさからうこと。）
㊱ 法律に**テイショク**[b]する行為。（ふれること。）
㊲ 家を**テイトウ**[c]に入れる。（財産を借金の保証にあてること。）
㊳ **タイテイ**[d]の人が賛成している。（おおよそ。）

迫 ▼類 拍 p.54・泊 p.54・伯・舶
⑳ 迫真　㉑ 切迫　㉒ 迫力　㉓ 脅迫　㉔ 迫害

抱 ▼類 飽 p.105・胞
㉕ 抱える　㉖ 抱負

況
㉗ 近況　㉘ 比況

到 ▼類 倒 p.58
㉙ 到底　㉚ 到達　㉛ 殺到　㉜ 到来　㉝ 未到　㉞ 周到

抵 ▼類 低・底・邸
㉟ 抵抗　㊱ 抵触　㊲ 抵当　㊳ 大抵

拍（8画）

ハク・ヒョウ

a うつ。てでたたく。
b リズムや音数の単位。

一 ナ 扌 扌' 扌白 拍 拍 拍

① 野球人気に**ハクシャ**をかける。（a）物事の進行を一段とはやめる。
② 新入生を**ハクシュ**で迎える。（a）てをたたいて音を出すこと。
③ ワルツは三**ビョウシ**の舞曲だ。（b）音楽のリズムを形成する基本単位。

刺（8画）

シ・さ（す・さる）

a さす。つきさす。とげ。
b そしる。なじる。相手を非難する。
c なふだ。

一 ｢ 冖 市 市 朿 朿 刺

④ 財政出動で景気を**シゲキ**する。（a）外部からはたらきかけること。
⑤ 世相を痛烈に**フウシ**した絵画。（b）遠回しに他の欠点をつくこと。
⑥ 最初に**メイシ**を交換する。（c）なまえなどを書いた小さな紙。

拓（8画）

タク

a ひらく。未開地をきりひらく。
b 石碑の文字などを紙に写しとる。

一 ナ 扌 扌 扌 扌 拓 拓

⑦ 新しい分野を**カイタク**する。（a）きりひらくこと。
⑧ 海を**カンタク**してできた農地。（a）海岸などを陸地にすること。
⑨ マダイの**ギョタク**をとる。（b）紙にさかなの形を写しとったもの。

怖（8画）

フ・こわ（い）

a こわい。おそれる。おじけづく。

丶 忄 忄 忄 忄 怖 怖 怖

⑩ 自然に対して**イフ**の念を抱く。（a）おそれおののくこと。
⑪ 高い場所に**キョウフ**を抱く。（a）おそろしく感じること。

押（8画）

オウ・お（す・さえる）

a おさえる。とりおさえる。
b 判をおす。署名する。
c 韻をふむ。

一 ナ 扌 扌 扣 扣 押 押

⑫ 証拠品を**オウシュウ**する。（a）捜査機関などが確保すること。
⑬ 書類に署名して**オウイン**する。（b）判をおすこと。
⑭ 漢詩の**オウイン**のきまり。（c）決まった位置に同種の音を用いること。

泊（8画）

ハク・と（まる・める）

a 人が自宅以外のところにとまる。
b 船がとまる。船をとめる。
c さっぱりしているさま。

丶 冫 氵 氵 汁 泊 泊 泊

⑮ 温泉旅館に**シュクハク**する。（a）とまること。
⑯ 港に**テイハク**する豪華客船。（b）船がとまること。
⑰ 癖のない**タンパク**な味の魚。（c）あっさりしているさま。

正解　読んでみよう

拍 ① 拍車 ② 拍手 ③ 拍子 ▼類 伯・舶 迫p.53・泊p.54・

刺 ④ 刺激 ⑤ 風刺 ⑥ 名刺 ▼訓 挿《さ》す・差《さ》す・指《さ》す

拓 ⑦ 開拓 ⑧ 干拓 ⑨ 魚拓

怖 ⑩ 畏怖 ⑪ 恐怖

押 ⑫ 押収 ⑬ 押印 ⑭ 押韻 ▼訓 推《お》す p.36

泊 ⑮ 宿泊 ⑯ 停泊 ⑰ 淡泊 ▼訓 止《と》まる・留《と》まる

征
8
セイ
a ゆく。旅に出る。
b 不正を武力でただす。
ノ ク 彳 彳' 彳一 行 征 征

⑱ 海外へエンセイ[a]する。
調査や試合でとおくに行くこと。

⑲ 武力で隣国をセイフク[b]する。
支配下に置くこと。

彼
8
ヒ
かれ
かの
a かれ。あの人。第三者。
b あれ。あの。かの。かなたの。
ノ ク 彳 彳 扩 彷 彼 彼

⑳ ヒガ[a]の実力差はほぼない。
相手方と自分方。

㉑ カノジョ[a]は有名な小説家だ。
あのおんなの人。

㉒ 暑さ寒さもヒガン[b]まで。
春分、秋分の日の前後各三日間。

侵
9
シン
おか(す)
a おかす。他人の領分にはいりこむ。
ノ イ 亻 亻ヨ 亻ヨ 侵 侵 侵 侵

㉓ 不審者がシンニュウ[a]する。
他の領分に不法に押しいること。

㉔ 人権をシンガイ[a]する行為。
他人の権利をおかすこと。

㉕ 隣国が領空をシンパン[a]する。
他国の領土や権利をおかすこと。

㉖ 他国の領土をシンショク[a]する。
他の領域を次第におかすこと。

茂
8
モ
しげ(る)
a 草木の枝葉が盛んにのびる。
一 十 艹 艹 芦 茂 茂 茂

㉗ ハンモ[a]した水草を刈り取る。
草木が生いしげること。

㉘ うっそうと木がシゲル[a]。
重なり合ってこんもりとしている。

祈
8
キ
いの(る)
a いのる。神仏に願う。
、 ラ ネ ネ 衤 祈 祈 祈

㉙ 合格キガン[a]で有名な神社。
神仏にいのりねがうこと。

㉚ 恒久平和をキネン[a]する。
心をこめていのること。

威
9
イ
a おどす。おびやかす。
b いかめしい。おごそかな。
c いきおい。人をおそれさせる力。
ノ 厂 厂 厂 威 威 威 威 威

㉛ 相手をイアツ[a]するような目。
強い力でおさえつけること。

㉜ 国家のイシン[b]にかかわる事件。
いげんとしんよう。

㉝ イギ[b]を正してお礼を述べる。
おごそかでいかめしいふるまい。

㉞ 大国のイコウ[b]を笠に着る。
自然に人がおそれ敬うようないげん。

㉟ 新型エンジンのイリョク[c]。
すばらしい性能。

征 ⑱ 遠征 ⑲ 征服

彼 ⑳ 彼我 ㉑ 彼女 ㉒ 彼岸
▼類 被 p.60・披 p.120

侵 ㉓ 侵入 ㉔ 侵害 ㉕ 侵犯 ㉖ 侵食
▼類 浸 p.59
▼訓 冒《おか》す p.56・犯《おか》す

茂 ㉗ 繁茂 ㉘ 茂る

祈 ㉙ 祈願 ㉚ 祈念
▼類 析 p.119・折

威 ㉛ 威圧 ㉜ 威信 ㉝ 威儀 ㉞ 威光 ㉟ 威力

為	
音訓	イ
意味	a なす。する。おこなう。 b まねする。いつわる。
筆順	丶 ソ 为 為 為 為 為 為

①ジンイ[a]的なミスを防止する。（ひとの力で何かをすること。）

②人間のエイイ[a]としての文化。（いとなみ。）

③長い夏休みをムイ[a]に過ごす。（何もせずぶらぶらすること。）

④世の中の秩序を乱すコウイ[a]。（ふるまい。）

⑤サクイ[b]の跡が見られる。（わざとするつくりごと。）

耐	
音訓	タイ た(える)
意味	a たえる。たえしのぶ。 b もちこたえる。
筆順	一 ナ 丆 丙 而 而 耐 耐 耐

⑥しばらくタイボウ[a]生活が続く。（とぼしさをたえしのぶこと。）

⑦建物のタイキュウ[b]性を高める。（長くもちこたえること。）

荒	
音訓	コウ あら(い) あ(れる・らす)
意味	a あらい。あれる。あらす。 b すさむ。乱れる。ふける。
筆順	一 十 廾 艹 艹 芒 芒 芹 荒

⑧アラウミ[a]にボートでこぎ出す。（波が高いうみ。）

⑨戦争で人心がコウハイ[b]する。（あれすさむこと。）

皆	
音訓	カイ みな
意味	a みな。だれもかれも。ことごとく。
筆順	一 ヒ ヒ 比 比 毕 皆 皆 皆

⑩専門知識はカイム[a]に等しい。（一つもないさま。）

⑪内容がカイモク[a]理解できない。（全く。）

⑫免許カイデン[a]の腕前。（師からすべてをつたえられること。）

冒	
音訓	ボウ おか(す)
意味	a おかす。無理にする。けがす。 b はじまり。
筆順	丨 冂 冃 冃 冃 冐 冐 冒 冒

⑬長編のボウケン[a]小説を読む。（危ないことをあえてすること。）

⑭カンボウ[a]の症状が見られる。（風邪。）

⑮ボウトウ[b]で結論を述べる。（発端の部分。）

逃	
音訓	トウ に(げる・がす) のが(す・れる)
意味	a にげる。のがれる。にがす。のがす。
筆順	丿 丬 扌 兆 兆 兆 兆 洮 逃

⑯つらい現実からトウヒ[a]する。（さけてにげること。）

⑰事件の容疑者がトウボウ[a]する。（にげて身を隠すこと。）

⑱絶好のチャンスをノガス[a]。（つかみそこなう。）

正解

為 ①人為 ②営為 ③無為 ④行為 ⑤作為

耐 ⑥耐乏 ⑦耐久

荒 ⑧荒海 ⑨荒廃

皆 ⑩皆無 ⑪皆目 ⑫皆伝

冒 ⑬冒険 ⑭感冒 ⑮冒頭

逃 ⑯逃避 ⑰逃亡 ⑱逃す

読んでみよう

為 ▼ 類 偽 p.126

耐 ▼ 訓 堪《た》える

荒 ▼ 訓 粗《あら》い p.97

冒 ▼ 訓 侵《おか》す p.55・犯《おか》す

漢字学習編
漢字応用編
語彙力養成編

柔
9
ジュウ
ニュウ
やわ(らか・らかい)

a やわらかい。しなやか。
b おだやか。やさしい。おとなしい。
c しっかりしていない。
d やわらげる。てなづける。

⑲ **ヤワラカイ**[a]パンが好みだ。
ふんわりしているようす。

⑳ **ニュウワ**[b]な笑顔が魅力的だ。
やさしくおとなしいさま。

㉑ **ニュウジャク**[c]な体を鍛え直す。
ひよわなさま。

㉒ 反対派を**カイジュウ**[d]する。
てなづけること。

恒
9
コウ

a つねに。いつまでも変わらない。

㉓ 世界の**コウキュウ**[a]平和を願う。
ある状態が長く変わらないこと。

㉔ 新春**コウレイ**[a]の消防出初め式。
いつも決まって行われること。

狭
9
キョウ
せま(い)
せば(める・まる)

a せまい。せばめる。せばまる。

㉕ **ヘンキョウ**[a]な考え方を改める。
度量の小さいこと。

㉖ 前の車との距離を**セバメル**[a]。
せまくする。

柄
9
ヘイ
がら
え

a え。器物の取っ手。
b いきおい。権力。
c がら。性質。種類。状態。

㉗ **ナガエ**[a]のひしゃく。
取っ手がながいこと。

㉘ **オウヘイ**[b]な態度で命令する。
偉そうで無礼なさま。

㉙ 日本酒の**メイガラ**[c]を指定する。
商品の名称。

㉚ 彼は**ヒトガラ**[c]がよい。
そのひとに備わっている性質。

是
9
ゼ

a ただしい。ただしいと認める。
b よいとして定めた方針。

㉛ 地域間の格差を**ゼセイ**[a]する。
悪い点をただしく改めること。

㉜ この件は**ゼニン**[a]しがたい。
よいとみとめること。

㉝ 平和共存を**コクゼ**[b]とする。
くに全体がみとめた方針。

枯
9
コ
か(れる・らす)

a かれる。水がかわく。ひからびる。
b 衰える。

㉞ 化石燃料が**コカツ**[a]しつつある。
尽きてなくなること。

㉟ **エイコ**[b]盛衰は世の習いだ。
盛んなときと衰えるときがあること。

柔
⑲ 柔らかい ▼訓 軟《やわ》らかい p.130
⑳ 柔和
㉑ 柔弱
㉒ 懐柔

恒
㉓ 恒久
㉔ 恒例

狭
㉕ 偏狭
㉖ 狭める
▼類 挟・峡

柄
㉗ 長柄
㉘ 横柄
㉙ 銘柄
㉚ 人柄

是
㉛ 是正
㉜ 是認
㉝ 国是

枯
㉞ 枯渇
㉟ 栄枯

第29回

珍 (9)

チン
めずら(しい)

a めずらしい。思いがけない。
b 大事な。たっとい。
c かわっている。滑稽な。

一 T 干 王 王 王 玠 珍 珍

① 山海のチンミ[a]を食べ比べる。
めずらしくおいしい食物。

② 突如チンキャク[a]が現れた。
めずらしいきゃく。

③ 世界中でチンチョウ[b]される。
めずらしいものとして大切にすること。

④ なんともチンキ[c]な話を聞いた。
めずらしくてかわっていること。

狩 (9)

シュ
か(る・り)

a かり。鳥獣を追いたてて捕らえる。

ノ 犭 犭 犭 犭 狞 狞 狩 狩

⑤ シュリョウ[a]が禁止される場所。
鳥や獣を捕らえること。

⑥ 秋には紅葉ガリ[a]に出かける。
山野に紅葉を見に行くこと。

盆 (9)

ボン

a 浅くて広い入れもの。
b くぼんだ形のもの。
c 「盂蘭盆《うらぼん》」の略。

ノ 八 分 分 分 㕣 㕣 盆 盆

⑦ 見事なボンサイ[a]が並んでいる。
観賞用に手を加えた鉢植えの草木。

⑧ ボンチ[b]は霧が発生しやすい。
四方を山で囲まれた平らな場所。

⑨ ボンオドリ[c]を楽しむ。
おぼんのころに集まってするおどり。

倒 (10)

トウ
たお(れる・す)

a たおれる。たおす。ひっくりかえす。
b さかさま。さかさまになる。
c 状態がはなはだしい。

ノ イ 仁 仨 侄 侄 侄 侄 倒 倒

⑩ 不景気で会社がトウサン[a]する。
つぶれること。

⑪ 強風で家屋がトウカイ[a]する。
たおれてつぶれること。

⑫ トウサク[b]した愛情を抱く。
本来のものと反対の形で現れること。

⑬ トウチ[b]法を用いて表現する。
さかさまにおくこと。

⑭ 日本文学にケイトウ[c]する。
興味を持ち、夢中になること。

⑮ 人前でバトウ[c]される。
激しい言葉でののしること。

途 (10)

ト

a みち。みちすじ。
b 手段。方法。

ノ 人 亼 亼 全 余 余 余 途 途

⑯ 顔を見たトタン[a]に泣き出す。
ちょうどその瞬間。

⑰ 発展のトジョウ[a]にある国。
進行しつつある状態。

⑱ 日本へのキト[a]につく。
かえり道。

⑲ 失敗してトホウ[b]に暮れる。
方法がなくどうしようもない。

⑳ 杉はヨウト[b]の広い木材だ。
使い道。

正解 読んでみよう

珍：① 珍味 ② 珍客 ③ 珍重 ④ 珍奇

狩：⑤ 狩猟 ⑥ 狩り

盆：⑦ 盆栽 ⑧ 盆地 ⑨ 盆踊り

倒：⑩ 倒産 ⑪ 倒壊 ⑫ 倒錯 ⑬ 倒置 ⑭ 傾倒 ⑮ 罵倒

▼類 到 p.53

途：⑯ 途端 ⑰ 途上 ⑱ 帰途 ⑲ 途方 ⑳ 用途

称（10画）
ショウ
a となえる。名づける。よび名。
b たたえる。ほめる。
c かなう。つりあう。
ノ 二 千 禾 禾 称 称 称 称 称

㉑ 名誉市民の**ショウゴウ**[a]を贈る。（肩書き。）
㉒ 友達を**アイショウ**[a]で呼ぶ。（親しく呼ぶ名前。）
㉓ **ジショウ**[a]音楽家という男。（真偽はともかくじぶんで名乗ること。）
㉔ **ショウサン**[b]に値する研究。（ほめそやすこと。）
㉕ 独創性を**ショウヨウ**[b]する。（ほめあげること。）
㉖ 左右**タイショウ**[c]な図形を描く。（互いにつりあうこと。）

致（10画）
チ
いた(す)
a まねきよせる。来させる。
b きわめる。つくす。行き着く。
c おもむき。ありさま。
一 エ 五 至 至 至 到 致 致 致

㉗ 工業団地に企業を**ユウチ**[a]する。（さそってまねきよせること。）
㉘ 一度の失敗が**チメイ**[b]傷となる。（取り返しがつかない痛手。）
㉙ 希望条件に**ガッチ**[b]する仕事。（ぴたりとあうこと。）
㉚ 全員の意見が**イッチ**[b]する。（ひとつにまとまること。）
㉛ 美の**キョクチ**[c]を示す。（到達しうる最高のおもむき。）

透（10画）
トウ
す(く・かす・ける)
a すく。すかす。すきとおる。
b とおる。とおす。つきぬける。
ノ 二 千 禾 禾 秀 秀 透 透 透

㉜ ごみを**トウメイ**[a]な袋に入れる。（すきとおって見えるさま。）
㉝ 箱の中身を**トウシ**[a]する能力。（すかして見ること。）
㉞ 監督の意識が**シントウ**[b]する。（次第に広く行き渡ること。）
㉟ **トウテツ**[b]した判断力を養う。（筋がとおって一貫していること。）

浸（10画）
シン
ひた(す・る)
a ひたす。ひたる。水につける。
b しみる。水がしみこむ。
丶 冫 氵 氵 浸 浸 浸 浸 浸 浸

㊱ 初優勝の喜びに**ヒタル**[a]。（ある状態に入りこむ。）
㊲ 台風で床下まで**シンスイ**[a]する。（みずびたしになること。）
㊳ 波に**シンショク**[b]された岩。（水や風が地表を削り取ること。）

烈（10画）
レツ
a はげしい。勢いが強い。きびしい。
一 ア 万 歹 歹 列 列 列 烈 烈

㊴ 観客に**センレツ**[a]な印象を残す。（あざやかではげしいさま。）
㊵ **キョウレツ**[a]な色彩を用いる。（つよくてはげしいさま。）

称 ㉑ 称号 ㉒ 愛称 ㉓ 自称 ㉔ 称賛 ㉕ 称揚 ㉖ 対称
致 ㉗ 誘致 ㉘ 致命 ㉙ 合致 ㉚ 一致 ㉛ 極致
透 ㉜ 透明 ㉝ 透視 ㉞ 浸透 ㉟ 透徹
浸 ㊱ 浸る ㊲ 浸水 ㊳ 浸食 ▼類 侵 p.55
烈 ㊴ 鮮烈 ㊵ 強烈 ▼類 裂

振 10
シン
ふ(る・るう・れる)
aふる。ふりうごかす。ふるえる。
bふるう。盛んになる。
振

① 窓が激しく**シンドウ**[a]する。（揺れうごくこと。）

② 地場産業の**シンコウ**[b]を図る。（物事を盛んにすること。）

③ 会社が経営**フシン**[b]に陥る。（勢いがよくないこと。）

恐 10
キョウ
おそ(れる・ろしい)
aおそれる。こわがる。おそろしい。
bおそれいる。かしこまる。
cおどす。
恐

④ 彼は**キョウサイ**[a]家で知られる。（つまをおそれる夫。）

⑤ 不勉強で**キョウシュク**[b]です。（申し訳なく思うこと。）

⑥ **キョウカツ**[c]事件が多発する。（相手の弱点につけこみおどすこと。）

捕 10
ホ
と(らえる・らわれる・る)
つか(まえる・まる)
aとる。とらえる。つかまえる。
捕

⑦ 魚を生きたまま**ホカク**[a]する。（とらえること。）

⑧ 時効成立の直前に**タイホ**[a]する。（被疑者の身柄を拘束すること。）

⑨ **ホリョ**[a]を収容した建物が残る。（戦争などで敵にとらえられた人。）

敏 10
ビン
aはやい。すばやい。
bさとい。かしこい。するどい。
敏

⑩ 練習で**キビン**[a]な動きを見せる。（すばやく行動すること。）

⑪ 弁護士が**ビンワン**[a]を振るう。（物事をすばやく処理するさま。）

⑫ 流行に**ビンカン**[b]な若者が集う。（かんかくがするどいこと。）

被 10
ヒ
こうむ(る)
aおおいかぶさる。着る。かぶる。
bこうむる。うける。…される。
被

⑬ **ヒフク**[a]費を節約する。（体をおおうもの。）

⑭ 台風によって**ヒガイ**[b]が出る。（がいをうけること。）

⑮ 会社が多大な損害を**コウムル**。（うける。）

恥 10
チ
はじ
は(じる)
は(じらう・ずかしい)
aはじる。はじ。はずかしい。
恥

⑯ **ヒコク**[b]人が入廷する。（刑事事件で訴えられている人。）

⑰ 非難と**チジョク**[a]に耐える。（はずかしめ。）

⑱ **シュウチ**[a]を覚える。（はじらい。）

正解 読んでみよう

振 ①振動 ②振興 ③不振
▼訓 奮《ふる》う p.44・震《ふる》う

恐 ④恐妻 ⑤恐縮 ⑥恐喝
▼訓 畏《おそ》れる p.123

捕 ⑦捕獲 ⑧逮捕 ⑨捕虜
▼類 補 p.39・舗・哺・浦

敏 ⑩機敏 ⑪敏腕 ⑫敏感

被 ⑬被服 ⑭被害 ⑮被る ⑯被告
▼類 彼 p.55・披 p.120

恥 ⑰恥辱 ⑱羞恥

唐 10
トウ
から
a 中国の王朝名。
b にわかに。だしぬけに。
c ほら。でたらめ。
丶 亠 广 户 户 庐 声 唐 唐 唐

⑲ 授業で**トウシ**[a]を鑑賞する。（とうの時代に作られたし。）

⑳ 彼の**トウトツ**[b]な発言に戸惑う。（だしぬけなさま。）

㉑ **コウトウ**[c]無稽な提案をする。（根拠がなく、現実性のないさま。）

悩 10
ノウ
なや(む・ます)
a なやむ。なやます。なやみ。
丶 丶 忄 忄 忄 忄 忄 悩 悩 悩

㉒ 父の顔に**クノウ**[a]の色がにじむ。（あれこれなやむこと。）

㉓ **ノウサツ**[a]的なポーズをとる。（おおいになやますこと。）

㉔ 肩凝りに**ナヤム**[a]。（痛みにくるしむ。）

鬼 10
キ
おに
a おに。かいぶつ。ばけもの。
b 人間わざとは思われない。
丿 丿 白 白 甶 由 身 鬼 鬼 鬼

㉕ 神出**キボツ**[a]な子供。（自由自在に現れたり隠れたりすること。）

㉖ **オニ**[a]の目にも涙。（無慈悲な人でも時には慈悲の心を起こすこと。）

㉗ 映画界の**キサイ**[b]と呼ばれる。（人間ばなれしたさいのう。）

疲 10
ヒ
つか(れる)
a つかれる。おとろえる。
丶 亠 广 广 疒 疒 疒 疒 疲 疲

㉘ 慢性的な**ヒロウ**[a]を感じる。（つかれ。）

恵 10
ケイ
エ
めぐ(む)
a めぐむ。情けをかける。めぐみ。
b かしこい。さとい。
一 厂 冂 冃 冃 亩 亩 恵 恵 恵

㉙ 大自然の**オンケイ**[a]に浴する。（めぐみ。）

㉚ おばあちゃんの生活の**チエ**[b]。（正しく処理していく能力。）

執 11
シツ
シュウ
と(る)
a 手にとる。とりおこなう。
b あつかう。つかさどる。
c こだわる。まもる。とりつく。
一 十 土 去 去 壺 幸 幸 執 執 執

㉛ 原稿の**シッピツ**[a]を依頼する。（ペンをとって文章などを書くこと。）

㉜ 刑の**シッコウ**[b]を猶予する。（実際におこなうこと。）

㉝ お金に**シュウチャク**[c]する。（心がとらわれて断ち切れないこと。）

㉞ 自説に**コシツ**[c]して譲歩しない。（かたくなに主張して曲げないこと。）

㉟ 勝利への**シュウネン**[c]を見せる。（一つのことを深く思い込んでいる心。）

唐 ⑲ 唐詩 ⑳ 唐突 ㉑ 荒唐

悩 ▼類 脳 p.38 ㉒ 苦悩 ㉓ 悩殺 ㉔ 悩む

鬼 ㉕ 鬼没 ㉖ 鬼 ㉗ 鬼才

疲 ㉘ 疲労

恵 ㉙ 恩恵 ㉚ 知恵

執 ▼訓 採《と》る p.13・捕《と》る p.60・撮《と》る p.110 ㉛ 執筆 ㉜ 執行 ㉝ 執着 ㉞ 固執 ㉟ 執念

剣 10
ケン
つるぎ
a つるぎ。先のとがったもの。

般 10
ハン
a 物事の種類。たぐい。
b ある局面。回。

陰 11
イン
かげ
かげ(る)
a 日かげ。物に覆われているところ。
b 人目につかない。ひそかに。
c 暗い。
d 消極的な。静的な。マイナスの。
e 時間。

① **シンケン**[a]に課題に取り組む。（本気であること。）
② 生活**ゼンパン**[a]にかかわる問題。（物事のぜんたい。）
③ **センパン**[b]の件、了解しました。（このあいだ。）
④ 絵画に**インエイ**[a]をつける。（かげ。）
⑤ 倒幕の**インボウ**[b]が露見する。（ひそかに企てる悪事。）
⑥ **インシツ**[c]な嫌がらせを受ける。（暗くてじめじめしていること。）
⑦ 検査の結果は**インセイ**[d]だった。（反応がないこと。）
⑧ まさに**コウイン**[e]矢のごとしだ。（年月の過ぎるのが早いこと。）

彩 11
サイ
いろど(る)
a いろどる。いろどり。ようす。

脱 11
ダツ
ぬ(ぐ・げる)
a ぬぐ。ぬげる。
b ぬける。ぬけだす。のがれる。
c ぬく。のぞく。取り去る。
d ぬかす。ぬけおちる。
e はずれる。

⑨ **シキサイ**[a]豊かな絵本を与える。（いろどり。）
⑩ ひときわ**イサイ**[a]を放つ存在。（ひときわ違って見える。）
⑪ 食卓を**イロドル**[a]季節の料理。（いろいろな物をとり合わせて飾る。）
⑫ **タサイ**[a]な商品をそろえる。（変化や種類がおおいこと。）
⑬ 彼の努力に**ダツボウ**[a]する。（相手に敬服すること。）
⑭ 参加団体から**リダツ**[b]する。（ぬけでること。）
⑮ **ゲダツ**[b]の境地に至る。（苦悩からぬけでること。）
⑯ 炭には**ダッシュウ**[c]効果がある。（嫌なにおいを取り去ること。）
⑰ 誤字**ダツジ**[d]がないか確認する。（書き落としたもじ。）
⑱ 話がいつも**ダッセン**[e]する。（本筋からそれること。）

正解

剣 ①真剣
▼類 険 p.13・検 p.15・倹 p.96

般 ②全般 ③先般
▼類 搬

陰 ④陰影 ⑤陰謀 ⑥陰湿 ⑦陰性 ⑧光陰
▼訓 影《かげ》 p.76

彩 ⑨色彩 ⑩異彩 ⑪彩る ⑫多彩
▼類 採 p.13・采

脱 ⑬脱帽 ⑭離脱 ⑮解脱 ⑯脱臭 ⑰脱字 ⑱脱線

読んでみよう

11 添

テン
そ(える・う)

a そえる。つけくわえる。
b そう。つきそう。

丶 冫 氵 氵 汇 汗 沃 添 添 添 添

添

⑲食品に防腐剤をテンカ[a]する。 そえくわえること。

⑳案内状に地図をテンプ[a]する。 書類などにそえること。

㉑テンジョウ[b]員付きのバス旅行。 客につきそって世話をする旅行社の職員。

11 淡

タン
あわ(い)

a あわい。色や味などがうすい。
b 気持ちがさっぱりしている。
c 塩分を含まない。

丶 冫 氵 氵 氵 氵 沙 沙 淡 淡 淡

淡

㉒墨のノウタン[a]で表現する。 こいことと、うすいこと。

㉓レイタン[b]な仕打ちを受ける。 ひややかであっさりしていること。

㉔タンスイ[c]に住む生き物。 まみず。

11 乾

カン
かわ(く・かす)

a かわく。かわかす。ほす。

一 十 十 古 古 直 卓 卓 乾 乾 乾

乾

㉕冬場は肌がカンソウ[a]する。 水分や湿気がなくなること。

㉖洗濯物がよくカワク[a]。 水分がなくなる。

㉗ジュースでカンパイ[a]する。 さかずきを高く上げて飲みほすこと。

11 惨

サン
ザン
みじ(め)

a みじめ。
b いたむ。いたましい。
c むごい。

丶 小 忄 忄 忄 忄 怜 惨 惨 惨 惨

惨

㉘人前でミジメ[a]な思いをする。 屈辱的なさま。

㉙ヒサン[b]な事件が起こる。 見ていられないほどいたましいこと。

㉚インサン[c]な事件が起こる。 暗くてむごたらしいさま。

㉛交通事故のサンジョウ[c]を憂う。 むごたらしいありさま。

11 釈

シャク

a ときあかす。ときほぐして述べる。
b 言い訳をする。
c ときはなつ。ほどく。ゆるす。
d とかす。とける。うすめる。

ノ 乙 立 立 平 平 采 釈 釈 釈 釈

釈

㉜すれ違うときにエシャク[a]する。 軽くおじぎをすること。

㉝法律のカイシャク[a]が異なる。 意味を考え、ときあかすこと。

㉞語句にチュウシャク[a]をつける。 意味や用法をときあかすこと。

㉟事故の理由をシャクメイ[b]する。 自分の事情を申し開きすること。

㊱証拠不十分でシャクホウ[c]する。 拘束をとくこと。

㊲硫酸を水でキシャク[d]する。 濃度をうすめること。

添 ⑲添加 ⑳添付 ㉑添乗

▼訓 沿《そ》う p.29

淡 ㉒濃淡 ㉓冷淡 ㉔淡水

乾 ㉕乾燥 ㉖乾く ㉗乾杯

▼訓 渇《かわ》く p.129

惨 ㉘惨め ㉙悲惨 ㉚陰惨 ㉛惨状

釈 ㉜会釈 ㉝解釈 ㉞注釈 ㉟釈明 ㊱釈放 ㊲希釈

脚（11画）
キャク
キャ
あし

a あし。すね。
b 足のように下にあり支えとなるもの。
c あしば。立場。身分。
d すじ書き。台本。

① 日本全国を**アンギャ**[a]する。（徒歩で各地を旅すること。）
② 一躍**キャッコウ**[b]を浴びる。（世間から注目されること。）
③ 現実に**リッキャク**[c]した政策。（ある見地にたつこと。）
④ 彼の話は**キャクショク**[d]が多い。（事実を故意に粉飾して伝えること。）

斜（11画）
シャ
なな(め)

a ななめ。かたむき。はすかい。

⑤ **ケイシャ**[a]のきつい登山道。（ななめにかたむくこと。）
⑥ **シャヨウ**[a]となった石炭産業。（没落しつつあること。）

猛（11画）
モウ

a たけだけしい。荒々しい。はげしい。

⑦ 台風が各地で**モウイ**[a]をふるう。（はげしい勢い。）
⑧ **モウレツ**[a]な雨に見舞われる。（程度が甚だしいさま。）

寂（11画）
ジャク
セキ
さび
さび(しい・れる)

a さびしい。さびれる。しずか。

⑨ 夜の**セイジャク**[a]を破る爆音。（ひっそりとしていること。）
⑩ **セキゼン**[a]とした境内を歩く。（しずかでものさびしいさま。）

紹（11画）
ショウ

a とりもつ。ひきあわせる。

⑪ 最初に自己**ショウカイ**[a]をする。（解説して知らせること。）

惑（12画）
ワク
まど(う)

a まどう。まどわす。まよい。

⑫ **コンワク**[a]の表情を浮かべる。（こまりとまどうこと。）
⑬ 予想外の発言に**トウワク**[a]する。（まよいとまどうこと。）
⑭ 仲間に**メイワク**[a]をかける。（人のしたことで不快さを感じること。）
⑮ 甘い言葉で人を**マドワス**[a]。（心を乱れさせる。）
⑯ 不思議な声に**ゲンワク**[a]される。（人をまどわすこと。）
⑰ **ギワク**[a]の解明を急ぐ。（本当かどうかうたがいを持つこと。）

正解　読んでみよう

脚 ①行脚 ②脚光 ③立脚 ④脚色　▼類 却 p.50
斜 ⑤傾斜 ⑥斜陽
猛 ⑦猛威 ⑧猛烈
寂 ⑨静寂 ⑩寂然
紹 ⑪紹介　▼類 招 p.8・召
惑 ⑫困惑 ⑬当惑 ⑭迷惑 ⑮惑わす ⑯幻惑 ⑰疑惑

殖 12

ショク
ふ(える・やす)

a ふえる。ふやす。 たくわえ。

⑱ 雑菌のゾウショク[a]を抑える。 ふえること。
⑲ ショクサン[a]興業を目標にする。 さんぎょうを盛んにすること。
⑳ 真珠のヨウショク[a]が盛んだ。 魚介類を人工的に飼育すること。
㉑ 株に投資してリショク[a]に励む。 財産をふやすこと。
㉒ 無性セイショク[a]をする生物。 自分と同種の新しい個体をつくり出すこと。

援 12

エン

a たすける。すくう。力をかす。
b ひく。ひきよせる。ひきあげる。

㉓ 開店資金をエンジョ[a]する。 力をかすこと。
㉔ 家族そろってオウエン[a]する。 元気づけること。
㉕ 若手の独立をシエン[a]する。 力をかしてたすけること。
㉖ 多くのキュウエン[a]物資が届く。 困難な状況の人をたすけること。
㉗ 選手にセイエン[a]を送る。 こえを出しておうえんすること。
㉘ 研究の成果がエンヨウ[b]される。 他の文献などをひいてきて使うこと。

弾 12

ダン
ひ(く)
はず(む)
たま

a 鉄砲のたま。
b はずむ。はじく。はねかえる。
c ただす。せめる。
d ひく。かなでる。

㉙ ボウダン[a]ガラスを使用する。 鉄砲のたまの貫通をふせぐこと。
㉚ ボールが高くハズム[b]。 物に当たってはねかえる。
㉛ 大臣の汚職をキュウダン[c]する。 といただしてとがめること。
㉜ 反政府運動をダンアツ[c]する。 抑えつけること。
㉝ 国際社会からシダン[c]される。 非難して排斥すること。
㉞ 姉妹でレンダン[d]する。 一台のピアノを二人でひくこと。

傍 12

ボウ
かたわ(ら)

a かたわら。そば。わき。
b わかれた。派生した。

㉟ 冷静に事態をボウカン[a]する。 関係のない立場で見ること。
㊱ ロボウ[a]に咲く小さな草花。 道端。
㊲ 机のカタワラ[a]に立つ。 すぐ近く。
㊳ ボウリュウ[b]に追いやられる。 中心から外れた系統。

殖 ⑱ 増殖 ⑲ 殖産 ⑳ 養殖 ㉑ 利殖 ㉒ 生殖 ▼訓 増《ふ》える p.21

援 ㉓ 援助 ㉔ 応援 ㉕ 支援 ㉖ 救援 ㉗ 声援 ㉘ 援用 ▼類 暖 p.41・緩 p.108

弾 ㉙ 防弾 ㉚ 弾む ㉛ 糾弾 ㉜ 弾圧 ㉝ 指弾 ㉞ 連弾 ▼訓 引《ひ》く

傍 ㉟ 傍観 ㊱ 路傍 ㊲ 傍ら ㊳ 傍流

絡（12）
ラク　から(む・まる・める)

a からむ。まとう。まといつく。
b つながる。つなぐ。つづく。
c すじ。すじみち。

① 釣り糸が**カラマル**。[a]　巻きついて引き離しにくくなる。

② 電話で欠席を**レンラク**する。[b]　情報を知らせること。

③ あまりにも**タンラク**的な思考。[c]　すじみちを立てて考えないこと。

④ 前後の**ミャクラク**のない話。[c]　一貫したすじみち。

雄（12）
ユウ　お　おす

a 動植物のおす。
b おおしい。いさましい。まさる。

⑤ ひなの**シユウ**を判別する。[a]　めすとおす。

⑥ 彼は国民的**エイユウ**となった。[b]　ヒーロー。

⑦ **ユウダイ**な景色が広がる。[b]　規模がおおきく堂々としたさま。

普（12）
フ

a 広く行き渡る。あまねく。
b なみ。ふつう。

⑧ **フヘン**的な考え方に基づく。[a]　すべてに共通すること。

⑨ **フツウ**は自転車で登校する。[b]　いつも。

渡（12）
ト　わた(る・す)

a わたる。わたす。川や海をわたる。
b とおる。過ぎる。経る。
c 手わたす。ゆずる。

⑩ **トコウ**手続きを代行する。[a]　船や航空機で外国へ行くこと。

⑪ 毎年白鳥が**トライ**する湖。[a]　外国からわたってくること。

⑫ 戦後の**カト**的な状況にある。[b]　新しい状態に移り変わること。

⑬ 土地と建物を**ジョウト**する。[c]　ゆずりわたすこと。

越（12）
エツ　こ(す・える)

a こす。こえる。とびこえる。
b すぐれる。抜きんでている。

⑭ 南極で**エットウ**する。[a]　ふゆをこすこと。

⑮ 内心では**ユウエツ**感を抱く。[b]　他人よりすぐれていること。

訴（12）
ソ　うった(える)

a 裁きを求めて申し出る。
b 同情を求める。

⑯ 詐欺罪での**コクソ**を検討する。[a]　被害者が犯人の処罰を求めること。

⑰ 一審後に国が**コウソ**する。[a]　第一審の判決に不服を申し立てること。

⑱ 減刑を**アイソ**する。[b]　同情をひくように嘆きうったえること。

正解　読んでみよう

絡　①絡まる　②連絡　③短絡　④脈絡

雄　⑤雌雄　⑥英雄　⑦雄大

普　⑧普遍　⑨普通

▼類　譜 p.148

渡　⑩渡航　⑪渡来　⑫過渡　⑬譲渡

越　⑭越冬　⑮優越

▼訓　超《こ》える p.101

訴　⑯告訴　⑰控訴　⑱哀訴

偉（12）
イ
えら(い)

a えらい。すぐれている。りっぱな。

⑲ 連覇のイギョウ[a]を成し遂げる。　すぐれた仕事。
⑳ イダイ[a]な足跡を残した画家。　非常にりっぱなさま。
㉑ 夏休みにイジン[a]の伝記を読む。　すぐれた足跡を残したひと。

幅（12）
フク
はば

a はば。物の横の長さ。
b 掛けもの。掛け軸。

㉒ 株価のシンプク[a]が大きい。　ふりはば。
㉓ 首相にゼンプク[a]の信頼を置く。　あらん限り。
㉔ 床の間にガフク[b]を掛ける。　絵をかいた掛けもの。

堅（12）
ケン
かた(い)

a かたい。しっかりしている。かたく。

㉕ ケンジツ[a]な守備を誇る選手。　手がたく確かで危なげのないこと。
㉖ 小さいがケンゴ[a]なつくりの城。　かたく頑強なさま。
㉗ 同盟をケンジ[a]する方針を示す。　かたく守ること。

尋（12）
ジン
たず(ねる)

a たずねる。といただす。
b ふつう。つね。なみ。

㉘ 初対面の人に名前をタズネル[a]。　人にきく。
㉙ 怪しい男をジンモン[a]する。　といただすこと。
㉚ ジンジョウ[b]ではない熱狂ぶり。　ふつうのこと。

握（12）
アク
にぎ(る)

a にぎる。つかむ。
b 自分のものにする。

㉛ 初対面のアクシュ[a]を交わす。　互いにてをにぎりあうこと。
㉜ アクリョク[a]を鍛える。　にぎりしめるちから。
㉝ 政権のショウアク[b]を図る。　自分の思いどおりにすること。

遅（12）
チ
おく(れる・らす)
おそ(い)

a おそい。のろい。にぶい。
b おくれる。おくらす。まにあわない。

㉞ チヒツ[a]で有名な小説家。　文章を書くのがおそいこと。
㉟ チチ[a]としてはかどらない。　進み方がおそいさま。
㊱ 寝坊してチコク[b]する。　決められた時間におくれること。

偉 ▼類 違 p.71・緯 p.80
⑲ 偉業　⑳ 偉大　㉑ 偉人

幅
㉒ 振幅　㉓ 全幅　㉔ 画幅

堅 ▼訓 硬《かた》い p.102・固《かた》い　▼類 賢 p.110
㉕ 堅実　㉖ 堅固　㉗ 堅持

尋 ▼訓 訪《たず》ねる
㉘ 尋ねる　㉙ 尋問　㉚ 尋常

握
㉛ 握手　㉜ 握力　㉝ 掌握

遅
㉞ 遅筆　㉟ 遅遅　㊱ 遅刻

12 御	ギョ ゴ おん
a 敬意やていねいさを表す語。	
b あやつる。	
c ふせぐ。まもる。	

①**オヤゴ**[a]さんはお元気ですか。
他人のおやを敬って言う語。

②運転を自動的に**セイギョ**[b]する。
思いどおりになるよう調整すること。

③攻撃は最大の**ボウギョ**[c]。
ふせぎまもること。

13 嘆	タン なげ(く・かわしい)
a なげく。かなしむ。	
b たたえる。ほめる。感心する。	

④倫理観の喪失を**ガイタン**[a]する。
なげきかなしみ、恨み怒ること。

⑤天を仰いで**タンソク**[a]する。
なげいてためいきをつくこと。

⑥**ヒタン**[a]の涙に暮れる。
かなしみなげくこと。

⑦我が身の不幸を**ナゲク**[a]。
ひどくかなしむ。

⑧寛大な処分を**タンガン**[a]する。
事情を説明して熱心に頼むこと。

⑨最新技術に**キョウタン**[b]する。
おどろき心を動かされること。

⑩**カンタン**[b]に値する美しい演奏。
心に深くかんじてほめたたえること。

⑪思わず**エイタン**[b]の声を漏らす。
心に深くかんじること。

12 替	タイ か(える・わる)
a かえる。かわる。入れかわる。	

⑫会議で**ダイタイ**[a]案を提示する。
他のものでかえること。

⑬昼夜**コウタイ**[a]制で勤務する。
入れかわること。

12 距	キョ
a へだてる。へだたり。	

⑭家から駅までの**キョリ**[a]を測る。
へだたり。

12 奥	オウ おく
a 家のおくまった部屋。おく深い所。	
b おく深く、知り難いこと。	

⑮ジャングルの**オクチ**[a]で暮らす。
都市や海岸から遠く離れた場所。

⑯師匠から**オウギ**[b]を伝授される。
学術などの最も重要で難解な事柄。

12 幾	キ いく
a いく。いくつ。いくら。	

⑰**キカ**[a]学模様の布を使う。
数学の一部門。

⑱**イクエ**[b]にも御礼申し上げます。
何度も繰り返すさま。

正解 読んでみよう

御 ①親御 ②制御 ③防御
嘆 ④慨嘆 ⑤嘆息 ⑥悲嘆 ⑦嘆く ⑧嘆願 ⑨驚嘆 ⑩感嘆 ⑪詠嘆
替 ▼訓 換《か》える p.100・変《か》える・代《か》える
⑫代替 ⑬交替
距 ▼類 拒 p.119
⑭距離
奥 ⑮奥地 ⑯奥義
幾 ⑰幾何 ⑱幾重

漢字学習編
漢字応用編
語彙力養成編

堤 12
テイ
つつみ
a つつみ。土手。

⑲ 川沿いに**テイボウ**[a]を築く。
浸水を防ぐために岸に築く構造物。

触 13
ショク
ふ(れる)
さわ(る)
a ふれる。さわる。あたる。

⑳ 美術作品に**ショクハツ**[a]される。
刺激されて、事を始めること。

㉑ 柔らかい布の**カンショク**[a]。
さわったかんじ。

㉒ すれ違いざまに肩が**フレル**[a]。
ほんのちょっとさわる。

㉓ 大ヒット映画の**サワリ**[a]の部分。
名場面。

跡 13
セキ
あと
a あしあと。物が通ったあと。
b あとかた。物事が行われたあと。
c あとをつぐ。

㉔ 歴史に大きな**ソクセキ**[a]を残す。
あしあと。業績。

㉕ 逃走車を**ツイセキ**[a]する。
あとをおいかけること。

㉖ 雪山から**キセキ**[b]的に生還した。
常識では起こらないような現象。

㉗ 長男が**アトメ**[c]を継ぐ。
家長としての身分。

載 13
サイ
の(せる・る)
a 物をのせる。車や船につむ。
b 印刷物にのせる。書きしるす。
c とし。一年。

㉘ 砂利を**セキサイ**[a]したトラック。
荷物をつみのせること。

㉙ 優れた機能を**トウサイ**[a]する。
つみ込むこと。

㉚ 文化祭の様子が新聞に**ノル**[b]。
記事として出る。

㉛ 小説を月刊誌に**レンサイ**[b]する。
続き物としてのせること。

㉜ 書類に必要事項を**キサイ**[b]する。
書きしるすこと。

㉝ **センザイ**[c]一遇の好機到来。
またとない機会。

微 13
ビ
a かすか。わずか。ほのか。
b 小さい。こまかい。弱い。
c おとろえる。なくなる。

㉞ 口元に**ビショウ**[a]を浮かべる。
ほほえみ。

㉟ 人生の**キビ**[b]に触れる物語。
表面に現れないこまかな事情。

㊱ **ケンビキョウ**[b]の使い方を学ぶ。
小さい物体を拡大して観察する器械。

㊲ 計画を**ビサイ**[b]に説明する。
きわめてこまかいこと。

㊳ 業界の**スイビ**[c]を嘆く。
おとろえて弱くなること。

堤 ▼類 提 p.16
⑲ 堤防

触 ▼訓 障《さわ》る p.42
⑳ 触発
㉑ 感触
㉒ 触れる
㉓ 触り

跡 ▼訓 痕《あと》 p.131・後《あと》
㉔ 足跡
㉕ 追跡
㉖ 奇跡
㉗ 跡目

載 ▼訓 乗《の》せる
㉘ 積載
㉙ 搭載
㉚ 載る
㉛ 連載
㉜ 記載
㉝ 千載

微 ▼類 徴 p.73
㉞ 微笑
㉟ 機微
㊱ 顕微鏡
㊲ 微細
㊳ 衰微

蓄 13
チク
たくわ(える)
a たくわえる。たくわえ。

蓄

① 疲労が身体に**チクセキ**[a]する。
たくさんためること。

② 経済の知識を**タクワエル**[a]。
身につけておく。

③ 石油を**ビチク**[a]しておく。
そなえてたくわえておくこと。

④ 将来のため**チョチク**[a]する。
お金をたくわえること。

傾 13
ケイ
かたむ(く・ける)
a かたむく。かたむける。
b 心を寄せる。

傾

⑤ 出題**ケイコウ**[a]を分析する。
性質・状態のかたむき。

⑥ 全力を**ケイチュウ**[b]する。
一つのことに心を集中すること。

継 13
ケイ
つ(ぐ)
a つぐ。つなぐ。うけつぐ。

継

⑦ 今後も**ケイゾク**[a]して審議する。
引きつづいて行われること。

⑧ **コウケイ**[a]の機種を発表する。
あとを引きつぐこと。

⑨ 卒業後は家業を**ツグ**[a]予定だ。
あとを受けてつづける。

飾 13
ショク
かざ(る)
a かざる。きれいにする。
b とりつくろう。よそおう。

飾

⑩ 壁面を造花で**ソウショク**[a]する。
かざること。

⑪ **フクショク**[a]業界を目ざす。
着る物とアクセサリー。

⑫ **フンショク**[b]決算を防止する。
うわべを立派に見せかけること。

⑬ **キョショク**[b]に満ちた人生。
実質を伴わない外見だけのかざり。

誇 13
コ
ほこ(る)
a ほこる。自慢する。おおげさに言う。

誇

⑭ **コダイ**[a]な広告を禁止する。
おおげさなさま。

⑮ 輝かしい実績を**ホコル**[a]。
そのことをほまれとする。

勧 13
カン
すす(める)
a すすめる。はげます。

勧

⑯ 保険の**カンユウ**[a]の仕事。
すすめさそうこと。

⑰ 住民に避難**カンコク**[a]が出る。
説きすすめること。

⑱ 陸上部への入部を**ススメル**[a]。
人にするように言う。

正解 読んでみよう

蓄 ▼類 畜
① 蓄積
② 蓄える
③ 備蓄
④ 貯蓄

傾
⑤ 傾向
⑥ 傾注

継 ▼訓 接《つ》ぐ p.14・次《つ》ぐ
⑦ 継続
⑧ 後継
⑨ 継ぐ

飾
⑩ 装飾
⑪ 服飾
⑫ 粉飾
⑬ 虚飾

誇
⑭ 誇大
⑮ 誇る

勧 ▼訓 薦《すす》める p.144
⑯ 勧誘
⑰ 勧告
⑱ 勧める

鼓（13）
コ　つづみ

a つづみ。打楽器の一種。
b うつ。たたく。つづみをうつ。
c ふるいたたせる。はげます。

⑲ **タイコ**[a]をたたいて音を出す。（打楽器の一つ。）
⑳ 母の料理に**シタツヅミ**[a]を打つ。（おいしさにしたを鳴らすこと。）
㉑ 期待に胸の**コドウ**[b]が高まる。（心臓が脈打つこと。）
㉒ 平和主義を**コスイ**[c]する。（意見を主張し宣伝すること。）

慎（13）
シン　つつし(む)

a つつしむ。注意深くする。

㉓ 計画を**シンチョウ**[a]に進める。（注意深いさま。）
㉔ 不用意な発言を**ツツシム**[a]。（控える。）

詳（13）
ショウ　くわ(しい)

a くわしい。つまびらかにする。

㉕ 水質を**ショウサイ**[a]に調査する。（くわしくこまかなこと。）
㉖ **クワシイ**[a]地図を用意する。（こまかいところまで明らかなさま。）
㉗ 作者**ミショウ**[a]の物語。（まだはっきりしないこと。）

違（13）
イ　ちが(う・える)

a ちがう。異なる。
b たがう。そむく。したがわない。

㉘ 喉の奥に**イワカン**[a]がある。（しっくりしないかんじ。）
㉙ 記載内容が事実と**ソウイ**[a]する。（同じでないこと。）
㉚ 駐車**イハン**[b]を取り締まる。（法規などにしたがわないこと。）

暇（13）
カ　ひま

a ひま。いとま。やすみ。

㉛ **ヨカ**[a]の過ごし方を見直す。（あまったひまな時間。）
㉜ **スンカ**[a]を惜しんで勉強する。（少しのひま。）
㉝ 男性も育児**キュウカ**[a]をとる。（会社などのやすみ。）

誉（13）
ヨ　ほま(れ)

a ほまれ。よい評判。
b ほめる。ほめたたえる。

㉞ **メイヨ**[a]ある賞をいただいた。（すぐれていると認められること。）
㉟ 勝利の**エイヨ**[a]をたたえる。（さかえあるほまれ。）
㊱ **キヨ**[b]褒貶《ほうへん》を顧みない。（ほめることと、けなすこと。）

鼓　⑲太鼓　⑳舌鼓　㉑鼓動　㉒鼓吹

慎　㉓慎重　㉔慎む　▼訓 謹《つつし》む p.146　▼類 鎮・填

詳　㉕詳細　㉖詳しい　㉗未詳　▼類 祥 p.125

違　㉘違和感　㉙相違　㉚違反　▼類 偉 p.67・緯 p.80

暇　㉛余暇　㉜寸暇　㉝休暇

誉　㉞名誉　㉟栄誉　㊱毀誉

跳 13

チョウ
は(ねる)
と(ぶ)

a とぶ。はねる。おどる。

① 助走をつけて**チョウヤク**[a]する。（はね上がること。）

② 釣り上げた魚が**ハネル**[a]。（とび上がる。）

端 14

タン
はし
は
はた

a ただしい。きちんとしている。
b はし。すえ。はた。へり。
c はじめ。いとぐち。きっかけ。
d ことがら。
e はんぱ。はした。

③ 要点を**タンテキ**[a]にまとめる。（てっとりばやく要点をつくさま。）

④ **タンセイ**[a]な身のこなし。（乱れなくきちんとしているさま。）

⑤ 母は昆虫を**キョクタン**[b]に嫌う。（非常に偏るさま。）

⑥ 時代の**センタン**[b]を行く技術。（一番さき。）

⑦ 地域医療の**イッタン**[b]を担う。（いち部分。）

⑧ 物語の**ホッタン**[c]を紹介する。（物事のはじめ。）

⑨ 本番に向け準備**バンタン**[d]整う。（すべてのことがら。）

⑩ **ハスウ**[e]は切り捨てる。（はんぱなかず。）

遣 13

ケン
つか(う・わす)

a つかわす。さしむける。
b つかう。使用する。

⑪ 外国に特使を**ハケン**[a]する。（他の地に行かせること。）

⑫ 祖母から**コヅカイ**[b]をもらう。（日常のちいさな買い物にあてる金。）

較 13

カク

a くらべる。つきあわせる。

⑬ 数社の見積もりを**ヒカク**[a]する。（くらべあわせること。）

慢 14

マン

a おこたる。なまける。
b おごる。あなどる。
c ゆるやか。おそい。長引く。

⑭ **タイマン**[a]のそしりを免れない。（なまけること。）

⑮ 故郷の名産品を**ジマン**[b]する。（よさを得意げに示すこと。）

⑯ 初戦で大勝して**マンシン**[b]する。（思い上がること。）

⑰ **コウマン**[b]な態度が嫌われる。（うぬぼれて人をあなどること。）

⑱ **カンマン**[c]な動きが目につく。（動きがゆったりしてのろいこと。）

⑲ 病状は**マンセイ**[c]化している。（長引いてなかなか治らない状態。）

正解

跳 ▼訓 読んでみよう 飛《と》ぶ
① 跳躍
② 跳ねる

端
③ 端的
④ 端正
⑤ 極端
⑥ 先端
⑦ 一端
⑧ 発端
⑨ 万端
⑩ 端数

遣 ▼類 遺 p.42
⑪ 派遣
⑫ 小遣い

較
⑬ 比較

慢 ▼類 漫
⑭ 怠慢
⑮ 自慢
⑯ 慢心
⑰ 高慢
⑱ 緩慢
⑲ 慢性

雅 13
ガ
a みやび。おくゆかしい。
b 正しい。正統な。

⑳ 身のこなしの**ユウガ**[a]な女性。
上品で美しいこと。

㉑ **ガガク**[b]が演奏される。
おんがくの一種目。

駆 14
ク
か(ける・る)
a かける。ウマなどを走らせる。
b かる。かりたてる。追いはらう。

㉒ 日記文学の**センク**[a]をなす作品。
さきがけ。

㉓ 山道を四輪**クドウ**[a]車が進む。
力を与えてうごかすこと。

㉔ 子供が校庭を**カケル**[a]。
速く走る。

㉕ 最新の音響技術を**クシ**[b]する。
つかいこなすこと。

㉖ 倉庫内の害虫を**クジョ**[b]する。
追いはらうこと。

隠 14
イン
かく(す・れる)
a かくれる。おおわれる。
b かくす。おおいかくす。

㉗『方丈記』は**インジャ**[a]の文学だ。
俗世間との関係を絶った人。

㉘ 犯人**イントク**[b]の罪に問われる。
かくまうこと。

滴 14
テキ
しずく
したた(る)
a しずく。したたり。
b したたる。しずくが落ちる。

㉙ **テンテキ**[a]で栄養を与える。
薬液を静脈内に注入すること。

㉚ 葉の上に**スイテキ**[a]がつく。
みずのしずく。

㉛ **イッテキ**[a]の水も飲まない。
ひとしずく。

㉜ 額から汗が**シタタル**[b]。
しずくとなって落ちる。

徴 14
チョウ
a しるし。あらわれ。あかし。
b めす。あつめる。取り立てる。

㉝ ハトは平和の**ショウチョウ**[a]だ。
シンボル。

㉞ **トクチョウ**[a]のある話し方。
他と違って、とくに目立つ点。

㉟ 町内会費を**チョウシュウ**[b]する。
取り立てること。

需 14
ジュ
a もとめる。要求する。必要とする。

㊱ エアコンの**ジュヨウ**[a]が増える。
求める気持ち。

㊲ 田舎では車が**ヒツジュ**[a]品だ。
かならずいること。

雅 ⑳ 優雅 ㉑ 雅楽

駆 ㉒ 先駆 ㉓ 駆動 ㉔ 駆ける ㉕ 駆使 ㉖ 駆除

隠 ㉗ 隠者 ㉘ 隠匿
▼類 穏 p.111

滴 ㉙ 点滴 ㉚ 水滴 ㉛ 一滴 ㉜ 滴る
▼類 適 p.20・敵 p.24・摘 p.74

徴 ㉝ 象徴 ㉞ 特徴 ㉟ 徴収
▼類 懲 p.147・微 p.69

需 ㊱ 需要 ㊲ 必需

腐 14
フ
くさ(る・れる・らす)
a くさる。くちる。
b 古くさい。古くて役にたたない。
c 心をいためる。

①食品のフハイ[a]を防止する。 くさること。
②チンプ[b]な発想しか浮かばない。 ありふれていてつまらないさま。
③息子の教育にフシン[c]する。 ひどくこころを使うこと。

摘 14
テキ
つ(む)
a つむ。つまむ。つみとる。
b 選びだす。
c あばく。悪事をあばく。

④手術で銃弾をテキシュツ[a]する。 つまんで取りだすこと。
⑤書類の間違いをシテキ[b]する。 取り上げて示すこと。
⑥巨額の脱税をテキハツ[c]する。 不正をあばいて公表すること。

維 14
イ
a つなぐ。ささえる。たもつ。
b すじ。糸。
c これ。次の語を強調する言葉。

⑦心身の健康のイジ[a]に努める。 たもち続けること。
⑧食物センイ[b]を多く含む食品。 細い糸状の物質。
⑨明治イシン[c]に功績のあった人。 すべてが改まってあたらしくなること。

網 14
モウ
あみ
a あみ。あみ目状のもの。
b あみする。あみで捕らえる。
c あみのように張り巡らした組織。

⑩モウマク[a]に炎症が見られる。 眼球の内面を覆うまく。
⑪敵をイチモウ[b]打尽にする。 いちどに全部捕らえること。
⑫テツドウモウ[c]が充実している。 各地点に通じているてつどう。

豪 14
ゴウ
a たけだけしい。なみはずれる。
b 力や才知のすぐれた人。

⑬ゴウカ[a]な顔ぶれが集結した。 ぜいたくで派手なさま。
⑭ゴウカイ[a]な笑い声がする。 規模が大きく力強いさま。
⑮太っ腹でゴウホウ[a]な男性。 度量が大きいさま。
⑯夏目漱石《なつめそうせき》は明治のブンゴウ[b]だ。 大作家。

暦 14
レキ
こよみ
a こよみ。月日。年数。

⑰祖父は今年カンレキ[a]を迎える。 数え年六十一歳。
⑱申請日をセイレキ[a]で記入する。 せいようのこよみ。

正解 読んでみよう

腐 ①腐敗 ②陳腐 ③腐心
摘 ▼類 適 p.20・敵 p.24・滴 p.73
④摘出 ⑤指摘 ⑥摘発
維 ▼類 唯 p.130
⑦維持 ⑧繊維 ⑨維新
網 ▼類 綱
⑩網膜 ⑪一網 ⑫鉄道網
豪 ⑬豪華 ⑭豪快 ⑮豪放 ⑯文豪
暦 ▼類 歴
⑰還暦 ⑱西暦

儀

15

ギ

a作法。礼法。それによる行動。
bかたどったもの。模型。
cこと。ことがら。

⑲ 厳かにギシキ[a]を執り行う。 一定の作法にのっとった行事。

⑳ 三毛猫がギョウギ[a]よく座る。 立ち居振る舞いの作法。

㉑ レイギ[a]正しく頭を下げる。 人としてふみ行うべき作法。

㉒ ギレイ[a]的な挨拶状を受け取る。 形式的なさま。

㉓ 彼には独特のリュウギ[a]がある。 やり方。

㉔ 受付でシュウギ[a]袋を手渡す。 いわう心を表すために贈るもの。

㉕ 恩師のソウギ[a]に参列する。 死者をほうむる行事。

㉖ 入学祝いにチキュウギ[b]を贈る。 ちきゅうの模型。

㉗ ナンギ[c]な依頼を持ち込む。 めんどうなこと。

踏

15

トウ
ふ(む・まえる)

aふむ。ふまえる。あるく。

㉘ 旧来の伝統をトウシュウ[a]する。 そのまま受け継ぐこと。

㉙ ブトウ[a]会に招かれる。 踊りをおどること。

縁

15

エン
ふち

aふち。へり。物のまわり。
bよる。ちなむ。もとづく。
cゆかり。つながり。
d仏教で物事が生ずる原因。

㉚ エンガワ[a]で昼寝をする。 座敷の外部に設ける板敷きの部分。

㉛ 都市シュウエン[a]部の文化。 物のまわり。

㉜ エンゴ[b]を用いて和歌を詠む。 修辞法の一つ。

㉝ 庶民にはムエン[c]の出来事。 関係のないこと。

㉞ 今日会ったのも何かのエン[c]だ。 人と人との結びつき。

㉟ 二人には深いインネン[d]がある。 前世から定まった運命。

㊱ エンギ[d]を担いで豆を食べる。 物事の吉凶の兆候。

範

15

ハン

a手本。のり。きまり。
bさかい。くぎり。わく。

㊲ 社会生活のキハン[a]を示す。 手本。

㊳ 試験の出題ハンイ[b]を確認する。 限られた領域。

㊴ コウハン[b]な分野で活躍する。 力の及ぶ領域がひろいこと。

儀 ⑲儀式 ⑳行儀 ㉑礼儀 ㉒儀礼 ㉓流儀 ㉔祝儀 ㉕葬儀 ㉖地球儀 ㉗難儀
踏 ㉘踏襲 ㉙舞踏
縁 ㉚縁側 ㉛周縁 ㉜縁語 ㉝無縁 ㉞縁 ㉟因縁 ㊱縁起
範 ㊲規範 ㊳範囲 ㊴広範

▼類 義p.18・犠p.113

15 **歓**
カン
aよろこぶ。たのしむ。親しみ。

① 優勝に**カンキ**[a]の声をあげる。（非常によろこぶこと。）

② 応援席から**カンセイ**[a]が上がる。（よろこびのあまり叫ぶこえ。）

③ 外国人観光客を**カンタイ**[a]する。（手厚くもてなすこと。）

④ 意中の人の**カンシン**[a]を得る。（よろこぶ気持ち。）

⑤ **カンコ**[a]の声を上げて迎える。（よろこんで大声を出すこと。）

15 **影**
エイ　かげ
a光が遮られてできる黒いかげ。 b ひかり。日・月・火などのひかり。 c 写真や絵画にうつされた像。 d まぼろし。物のすがた。かたち。

⑥ 大雪の**エイキョウ**[a]で欠航する。（力が他の物にまで及ぶこと。）

⑦ **ツキカゲ**[b]さやかな夜。（つきのひかり。）

⑧ 作家の心情を**トウエイ**[c]した絵。（他に反映させて現し出すこと。）

⑨ 昔の**オモカゲ**[d]は今やない。（あるものを思い起こさせる様子。）

⑩ **ゲンエイ**[d]におびえて生きる。（まぼろし。）

15 **慮**
リョ
aおもんぱかる。思いめぐらす。

⑪ 高齢者に**ハイリョ**[a]した住宅。（心をくばること。）

⑫ **エンリョ**[a]なく質問できる相手。（控えめにすること。）

⑬ 物価上昇を**コウリョ**[a]に入れる。（かんがえあわせること。）

⑭ 周囲の迷惑を**コリョ**[a]しない。（深くかんがえて気を配ること。）

⑮ 発言に**シリョ**[a]が足りない。（注意深く考えること。）

15 **趣**
シュ　おもむき
aおもむき。あじわい。ようす。 b 心の向かうところ。ねらい。考え。

⑯ **シュミ**[a]のよい家具をそろえる。（物のおもむきや美しさを感じとる能力。）

⑰ 自然の**オモムキ**[a]を生かした庭。（あじわい。）

⑱ 挿絵が**キョウシュ**[a]を添える。（あじわい深いおもしろみ。）

⑲ **ジョウシュ**[a]に富む古都の景色。（しみじみとしたあじわい。）

⑳ 前回とは**シュコウ**[b]を変える。（物事をおもしろくする工夫。）

㉑ **イシュ**[b]返しをする。（仕返し。）

正解

歓 ▼類 勧 p.70・観

① 歓喜　② 歓声　③ 歓待　④ 歓心　⑤ 歓呼

影 ▼訓 陰《かげ》 p.62

⑥ 影響　⑦ 月影　⑧ 投影　⑨ 面影　⑩ 幻影

慮 ▼類 虜

⑪ 配慮　⑫ 遠慮　⑬ 考慮　⑭ 顧慮　⑮ 思慮

趣

⑯ 趣味　⑰ 趣　⑱ 興趣　⑲ 情趣　⑳ 趣向

読んでみよう

撃 15

ゲキ
う(つ)

a手や物などで強くうつ。たたく。
b敵をせめる。
cふれる。あたる。

撃

㉒皆に**ショウゲキ**[a]が走った。（ショック。）

㉓世界経済に**ダゲキ**[a]を与える。（思いがけず損害を与えること。）

㉔反対派を**ハイゲキ**[b]する。（退けようと非難すること。）

㉕交通事故を**モクゲキ**[c]する。（実際に見ること。）

黙 15

モク
だま(る)

aだまる。口をつぐむ。

黙

㉖**アンモク**[a]の了解が存在する。（何も言わないこと。）

㉗長い**チンモク**[a]を破る。（だまりこむこと。）

㉘沈思**モッコウ**[a]して決める。（だまって深くかんがえること。）

監 15

カン

aみる。みはる。とりしまる。
bろうや。

監

㉙親が**カンシ**[a]の目を光らせる。（注意してみはること。）

㉚**カンゴク**[b]に収容する。（刑務所・拘置所の旧称。）

舞 15

ブ
ま(う)
まい

aまう。おどる。まい。
bふるいたたせる。はげます。

舞

㉛日本**ブヨウ**[a]の稽古を積む。（身振りによって感情を表現する芸術。）

㉜**ブタイ**[a]に上がって緊張する。（演劇などを行うための場所。）

㉝チームの士気を**コブ**[b]する。（ふるいたたせること。）

戯 15

ギ
たわむ(れる)

aたわむれる。あそぶ。ふざける。
bしばい。演技。

戯

㉞幼稚園児がお**ユウギ**[a]をする。（音楽に合わせた踊り。）

㉟子供たちが犬と**タワムレル**[a]。（あそび興じる。）

㊱政局を**ギガ**[a]化して描く。（世の中を風刺した滑稽な絵。）

㊲新作の**ギキョク**[b]を上演する。（演劇の脚本。）

稿 15

コウ

aしたがき。詩や文章の原案。

稿

㊳**ゲンコウ**[a]の締め切りを守る。（印刷のもとになる文章など。）

㊴雑誌に小説を**トウコウ**[a]する。（書いたものを寄せること。）

㉑意趣　**撃**　㉒衝撃　㉓打撃　㉔排撃　㉕目撃　▼訓 討《う》つ p.34・打《う》つ

黙　㉖暗黙　㉗沈黙　㉘黙考

監　㉙監視　㉚監獄　▼類 鑑 p.83・艦

舞　㉛舞踊　㉜舞台　㉝鼓舞

戯　㉞遊戯　㉟戯れる　㊱戯画　㊲戯曲

稿　㊳原稿　㊴投稿

鋭 15
エイ
するど（い）

a 先がとがっている。よく切れる。
b つよい。勢いがある。
c はやい。すばやい。かしこい。

① エイリ[a]な刃物で切断する。
刃がするどくてよく切れるさま。

② 新進キエイ[b]の物理学者。
その分野に新しく現れて勢いがさかんであること。

③ エイビン[c]な頭脳の持ち主。
才知がするどく判断がすばやいさま。

盤 15
バン

a 鉢。大皿。皿状のもの。
b 物をのせる台。台状の道具や機械。
c 大きく平らないわ。
d 勝負の一局面。

④ 空飛ぶエンバン[a]を目撃する。
まるくて平たい形のもの。

⑤ 生活のキバン[b]を整える。
土台。

⑥ ガンバン[c]の上に建つ城。
地中のいわの層。

⑦ ジョバン[d]から優位に立つ。
始めのうち。

敷 15
フ
し（く）

a しく。広げる。あまねく。

⑧ 公共下水道をフセツ[a]する。
備え付けること。

輩 15
ハイ

a ともがら。なかま。たぐい。
b ならぶ。つらなる。

⑨ コウハイ[a]に指導を行う。
年齢や経験が自分より下の人。

⑩ ジャクハイ[a]者ですが、……。
未熟者。

⑪ 多彩な人材をハイシュツ[b]する。
才能ある人が次々と世にでること。

噴 15
フン
ふ（く）

a ふく。吐く。ふきだす。

⑫ 住民の不満がフンシュツ[a]する。
勢いよくふきでること。

⑬ 彼の発言はフンパン[a]ものだ。
おかしくてふきだして笑うこと。

繁 16
ハン

a しげる。草木が生い茂る。ふえる。
b 盛んになる。
c 多い。わずらわしい。忙しい。

⑭ ハンショク[a]力の強い植物。
生まれてふえていくこと。

⑮ 子孫のハンエイ[b]を祈念する。
さかえること。

⑯ ハンカ[b]街で待ち合わせる。
多くの人でにぎわっている地域。

⑰ 夏場はノウハン[c]期で忙しい。
田植えや収穫などで忙しい時期。

正解 読んでみよう

鋭 ① 鋭利 ② 気鋭 ③ 鋭敏
盤 ④ 円盤 ⑤ 基盤 ⑥ 岩盤 ⑦ 序盤
敷 ⑧ 敷設
輩 ⑨ 後輩 ⑩ 若輩（弱輩） ⑪ 輩出
噴 ⑫ 噴出 ⑬ 噴飯 ▼類 憤 p.141・墳
繁 ⑭ 繁殖 ⑮ 繁栄 ⑯ 繁華 ⑰ 農繁

16 **壊**
カイ
こわ(す・れる)
a こわす。こわれる。やぶれる。

⑱犯罪組織を**カイメツ**[a]させる。
こわれてほろびること。

⑲危険な建物をとり**コワス**[a]。
形を崩す。

⑳豪雨で堤防が**ケッカイ**[a]する。
やぶれて崩れること。

16 **薄**
ハク
うす(い・める・まる・らぐ・れる)
a うすい。厚みがすくない。とぼしい。
b 内容がすくない。
c かるい。かろんじる。真心にかける。
d せまる。ちかづく。

㉑都会の**キハク**[a]な人間関係。
うすいさま。

㉒**ハクヒョウ**[a]をふむ勝利。
非常に危険な事態に臨むたとえ。

㉓**センパク**[b]な知識しかない。
思慮や知識が足りないさま。

㉔**ハッキュウ**[b]に甘んじる。
安月給。

㉕**ケイハク**[c]な笑いを浮かべる。
誠実さが感じられないこと。

㉖**ハクジョウ**[c]な仕打ちを受ける。
思いやりがないこと。

㉗首位に**ニクハク**[d]する。
すぐ近くまでせまること。

16 **避**
ヒ
さ(ける)
a さける。よける。のがれる。

㉘危険を未然に**カイヒ**[a]する。
さけるようにすること。

㉙都会の人混みを**サケル**[a]。
意識して遠ざかる。

㉚値上げは**フカヒ**[a]の状況だ。
さけられないこと。

㉛**ヒショ**[a]地で夏をすごす。
夏のあつさをさけること。

16 **獲**
カク
え(る)
a 手に入れる。つかまえる。

㉜高額の賞品を**カクトク**[a]する。
手に入れること。

㉝猟師が銃で**エモノ**[a]を狙う。
漁や狩猟でとる魚や鳥獣。

16 **濃**
ノウ
こ(い)
a こい。色や味などがこい。

㉞**ノウコウ**[a]な味を堪能する。
きわめてこいさま。

㉟**ノウミツ**[a]な色彩表現で描く。
味わいのこいこと。

㊱**ノウム**[a]で前が見えない。
深くたちこめたきり。

壊 ⑱壊滅 ⑲壊す ⑳決壊
▼類 懐 p.143

薄 ㉑希薄 ㉒薄氷 ㉓浅薄 ㉔薄給 ㉕軽薄 ㉖薄情 ㉗肉薄
▼類 簿

避 ㉘回避 ㉙避ける ㉚不可避 ㉛避暑

獲 ㉜獲得 ㉝獲物
▼類 穫 p.114

濃 ㉞濃厚 ㉟濃密 ㊱濃霧

第40回

漢字	画数	読み	意味
隣	16	リン / とな(る) / となり	a となり。となりあう。
緯	16	イ	a よこいと。よこ。東西の方向。
頼	16	ライ / たの(む・もしい) / たよ(る)	a たよる。たのむ。たのみにする。
隷	16	レイ	a したがう。つきしたがう。

①学校に**リンセツ**[a]する食堂。 （となりあっていること。）

②**キンリン**[a]諸国との協力関係。 （となりきんじょ。）

③**リンジン**[a]と親しくつき合う。 （となりに住むひと。）

④各国の首都の**イド**[a]を調べる。 （地球上のある地点の南北の位置。）

⑤原稿の執筆を**イライ**[a]する。 （人にたのむこと。）

⑥仲間と**シンライ**[a]関係を築く。 （しんじてたよること。）

⑦大国に**レイゾク**[a]する小国。 （言いなりになること。）

漢字	画数	読み	意味
憶	16	オク	a おぼえる。忘れない。 b おもう。おもいだす。 c おしはかる。
壁	16	ヘキ / かべ	a かべ。かこい。とりで。 b かべのように切り立った所。
鮮	17	セン / あざ(やか)	a あざやか。はっきりしている。 b あたらしい。いきがいい。

⑧**キオク**[a]に新しい出来事。 （忘れずに心に留めておくこと。）

⑨若かりし日を**ツイオク**[b]する。 （過去に思いをはせること。）

⑩**オクソク**[c]でものを言うな。 （自分で勝手におしはかること。）

⑪貿易の**ショウヘキ**[a]を取り除く。 （間を隔てるもの。）

⑫断崖**ゼッペキ**[b]に足がすくむ。 （切り立った崖。）

⑬態度を**センメイ**[a]にする。 （はっきりしていること。）

⑭**アザヤカ**[a]な包丁さばき。 （技術や動作が巧みであるさま。）

⑮**シンセン**[b]な魚介類を届ける。 （あたらしくて、いきがいいこと。）

⑯**セイセン**[b]食料品売り場。 （肉や野菜がいきいきとしていること。）

正解　読んでみよう

隣　①隣接　②近隣　③隣人

緯　④緯度　▼類 偉 p.67・違 p.71

頼　⑤依頼　⑥信頼

隷　⑦隷属

憶　⑧記憶　⑨追憶　⑩憶測　▼類 億・臆

壁　⑪障壁　⑫絶壁　▼類 璧 p.148

鮮　⑬鮮明　⑭鮮やか　⑮新鮮　⑯生鮮

環 17 カン

a 輪。輪の形。
b めぐらす。めぐる。まわる。かこむ。

⑰ 授業の**イッカン**[a]で稲作を学ぶ。（つながりをもつもののいちぶ。）

⑱ **カンジョウ**[a]道路を整備する。（輪のような形。）

⑲ **カンキョウ**[b]問題に関心がある。（人間や生物を取り巻く外界。）

療 17 リョウ

a いやす。病気をなおす。

⑳ けがの**チリョウ**[a]が長引く。（病気やけがをなおすこと。）

㉑ 温泉地で**リョウヨウ**[a]する。（健康の回復をはかること。）

㉒ **イリョウ**[a]技術の発展。（技術や薬で病気をなおすこと。）

㉓ **アラリョウジ**[a]が必要だ。（思い切った処置をすること。）

燥 17 ソウ

a かわく。かわかす。
b いらだつ。

㉔ **コウソウ**[a]な土地に住む。（土地がたかく湿気が少ないこと。）

㉕ 失敗し**ショウソウ**[b]に駆られる。（いらだちあせること。）

離 18 リ はな(れる・す)

a はなれる。はなす。へだてる。

㉖ 病人を別室に**カクリ**[a]する。（他の物からはなすこと。）

㉗ 庶民感情から**ユウリ**[a]した政策。（はなれて存在すること。）

㉘ **リサン**[a]した家族が再会する。（はなればなれになること。）

㉙ 派閥が**リゴウ**[a]集散を繰り返す。（はなれたり集まったりすること。）

瞬 18 シュン またた(く)

a またたく。まばたく。
b まばたきをするくらいの短い間。

㉚ 夜空に星が**マタタク**[a]。（火や星がちらちらと光る。）

㉛ 決定的**シュンカン**[b]を見逃す。（ごく短いあいだ。）

㉜ 善悪を**シュンジ**[b]に判断する。（わずかのあいだ。）

㉝ **イッシュン**[b]のうちに消えた。（ごく短いじかん。）

繰 19 く(る)

a くる。たぐる。順に送る。めぐる。

㉞ ページを**クル**[a]音が聞こえる。（順々にめぐる。）

環 ⑰ 一環 ⑱ 環状 ⑲ 環境 ▼類 還 p.143

療 ⑳ 治療 ㉑ 療養 ㉒ 医療 ㉓ 荒療治 ▼類 僚 p.139・瞭 p.146・寮

燥 ㉔ 高燥 ㉕ 焦燥 ▼類 操 p.44・繰 p.81

離 ㉖ 隔離 ㉗ 遊離 ㉘ 離散 ㉙ 離合 ▼訓 放《はな》す

瞬 ㉚ 瞬く ㉛ 瞬間 ㉜ 瞬時 ㉝ 一瞬

繰 ㉞ 繰る ▼類 操 p.44・燥 p.81

鎖（18画）
サ
くさり
a くさり。つなぐ。つなぎ合わせる。
b とざす。とじる。

①負のレンサ[a]を断ち切りたい。（レンサ：つながっていること。）
②軍隊が町をフウサ[b]する。（フウサ：出入りできないようとざすこと。）
③サコク[b]政策をとった理由。（サコク：がいこくとの交通・貿易を制限すること。）

闘（18画）
トウ
たたか(う)
a たたかう。たたかわせる。

④敵に囲まれ孤軍フントウ[a]する。（フントウ：一人で懸命にたたかうこと。）
⑤選手のケントウ[a]を祈る。（ケントウ：立派にたたかうこと。）
⑥トウシ[a]を内に秘める。（トウシ：相手をうち負かそうとする意欲。）
⑦難問に悪戦クトウ[a]する。（クトウ：くるしみながら努力すること。）

響（20画）
キョウ
ひび(く)
a ひびく。音や声が広がり伝わる。
b 他に変化をもたらす。

⑧オンキョウ[a]設備のよいホール。（オンキョウ：おとのひびき。）
⑨番組へのハンキョウ[b]が大きい。（ハンキョウ：物事に対して示されるはんのう。）

贈（18画）
ゾウ
ソウ
おく(る)
a 金品や官位などをおくり与える。

⑩両親へ花束をゾウテイ[a]する。（ゾウテイ：物をおくること。）
⑪財産を息子にゾウヨ[a]する。（ゾウヨ：金品をおくること。）
⑫母校へ蔵書をキゾウ[a]する。（キゾウ：学校などに物をおくること。）
⑬ゾウワイ[a]の罪で逮捕された。（ゾウワイ：わいろをおくること。）

露（21画）
ロ
ロウ
つゆ
a つゆ。水滴。
b つゆのようにはかないもの。
c 覆いがない。
d あらわす。あらわになる。

⑭庭にはアサツユ[a]が降りていた。（アサツユ：あさがたに降りているつゆ。）
⑮粥《かゆ》をすすってロメイ[b]をつなぐ。（ロメイ：かろうじて生計を立てる。）
⑯ロテン[c]風呂のある旅館。（ロテン：屋根のないところ。）
⑰親友に真情をハツロ[d]する。（ハツロ：心のうちが表れること。）
⑱岩がロシュツ[d]した山道。（ロシュツ：むきだしになること。）

正解

鎖 ①連鎖 ②封鎖 ③鎖国
闘 ④奮闘 ⑤健闘 ⑥闘志 ⑦苦闘
▼訓 戦《たたか》う
響 ⑧音響 ⑨反響
贈 ⑩贈呈 ⑪贈与 ⑫寄贈 ⑬贈賄
▼訓 送《おく》る
露 ⑭朝露 ⑮露命 ⑯露天 ⑰発露 ⑱露出

読んでみよう

21 **躍**

ヤク
おど(る)

a おどる。おどりあがる。とびはねる。

⑲ 話が**ヒヤク**[a]してわからない。
とび越して進むこと。

⑳ 汚名返上に**ヤッキ**[a]になる。
必死になること。

㉑ 全国大会で**カツヤク**[a]した選手。
めざましいはたらきをすること。

㉒ **ヤクドウ**[a]感あふれる文章。
生き生きとうごくこと。

㉓ **イチヤク**[a]有名人になった。
途中の段階をとび越えて進むこと。

22 **襲**

シュウ
おそ(う)

a おそう。おそいかかる。
b つぐ。受けつぐ。引きつぐ。

㉔ 三人組の男が銀行を**オソウ**[a]。
不意に攻めかかる。

㉕ 背後から**キシュウ**[a]する。
不意をついて攻めること。

㉖ 一気に**ギャクシュウ**[a]に転じる。
負けているほうが攻勢に出ること。

㉗ **シュウメイ**[b]披露の公演を行う。
親や師のなまえをつぐこと。

㉘ 政治家の**セシュウ**[b]問題。
子孫が受けついでいくこと。

22 **驚**

キョウ
おどろ(く・かす)

a おどろく。おどろかす。

㉙ 大自然の**キョウイ**[a]に触れる。
不思議でおどろくべきこと。

㉚ **キョウテン**[a]動地の大事件。
世間をひどくおどろかせること。

23 **鑑**

カン
かんが(みる)

a かがみ。手本。模範。いましめ。
b 見わける。照らしあわせて見る。

㉛ 植物**ズカン**[a]で名前を調べる。
事物を絵や写真で解説した書物。

㉜ 美術館で絵を**カンショウ**[b]する。
よく味わい理解すること。

㉝ 掛け軸の**カンテイ**[b]を依頼する。
真偽・価値などを見わけること。

㉞ 前例に**カンガミ**[b]て決定する。
照らしあわせて考える。

躍 ▼ 訓 踊《おど》る
⑲ 飛躍
⑳ 躍起
㉑ 活躍
㉒ 躍動
㉓ 一躍

襲
㉔ 襲う
㉕ 奇襲
㉖ 逆襲
㉗ 襲名
㉘ 世襲

驚 ▼ 類 篤 p.112
㉙ 驚異
㉚ 驚天

鑑 ▼ 類 監 p.77・艦
㉛ 図鑑
㉜ 鑑賞
㉝ 鑑定
㉞ 鑑み

了（2）
リョウ
a おわる。おえる。
b あきらか。承知する。
一 了

① 補修工事が**カンリョウ**[a]する。
すべておわること。

② 文学全集を**ドクリョウ**[a]する。
すっかりよみおえること。

③ 会議で**リョウショウ**[b]を得る。
理解して納得すること。

冗（4）
ジョウ
a むだ。あまる。不必要な。
b わずらわしい。くどくどしい。
丶 冖 冗 冗

④ いつも**ジョウダン**[a]ばかり言う。
ふざけて言う言葉や話。

⑤ **ジョウチョウ**[b]な説明が続く。
的を射ずにながたらしいさま。

⑥ 長くて**ジョウマン**[b]な文章。
表現にしまりがないさま。

巧（5）
コウ
たく(み)
a じょうずである。わざ。うでまえ。
一 T I I一 巧

⑦ **コウミョウ**[a]に仕組まれた罠《わな》。
非常にたくみなさま。

⑧ 船頭が**タクミ**[a]に舟を操る。
手際よくすぐれているさま。

⑨ **コウゲン**[a]令色を嫌う。
ことばを飾り表情を取り繕うこと。

幻（4）
ゲン
まぼろし
a まぼろし。
b まどわす。たぶらかす。
く 幺 幺 幻

⑩ 結婚に甘い**ゲンソウ**[a]を抱く。
現実にないことを思い描くこと。

⑪ 都会生活に**ゲンメツ**[a]を感じる。
理想が崩れてがっかりすること。

⑫ **ゲンカク**[a]を見せる作用。
ないものをあるように感じること。

⑬ **ヘンゲン**[b]自在な怪盗。
思いのままにかわるさま。

斥（5）
セキ
a しりぞける。おしのける。
b うかがう。ようすをさぐる。
一 厂 斤 斤 斥

⑭ 外国製品を**ハイセキ**[a]する。
しりぞけること。

⑮ 偵察のため**セッコウ**[b]を放つ。
敵の内容や周辺の状勢をさぐること。

企（6）
キ
くわだ(てる)
a くわだてる。事を始める。
ノ 人 个 仐 企 企

⑯ 新規事業の**キカク**[a]を練る。
物事を行うためのもくろみ。

⑰ 海外進出を**クワダテル**[a]。
思い立って準備する。

⑱ 地域の振興を**キト**[a]する。
くわだてはかること。

正解　読んでみよう

了：①完了　②読了　③了承
冗：④冗談　⑤冗長　⑥冗漫
巧：⑦巧妙　⑧巧み　⑨巧言　▼類 功
幻：⑩幻想　⑪幻滅　⑫幻覚　⑬変幻　▼類 幼 p.26
斥：⑭排斥　⑮斥候　▼類 斤
企：⑯企画　⑰企てる　⑱企図

漢字学習編
漢字応用編
語彙力養成編

如（6）
ジョ
ニョ

a …のごとし。…のようだ。
b 状態を表す語に添える助字。

く 女 女 如 如

⑲ 戦争の実態を**ニョジツ**[a]に描く。（そのとおりであること。）
⑳ **ジョサイ**[a]ない振る舞い。（手抜かりがない。）
㉑ 常識が**ケツジョ**[b]している。（かけていること。）
㉒ 彼の面目**ヤクジョ**[b]たる演奏。（生き生きと現れているさま。）

匠（6）
ショウ

a 職人。技能・学芸のすぐれた人。
b 工夫を凝らす。考案する。

一 ア 厂 斤 匠

㉓ 映画界の**キョショウ**[a]。（特にすぐれている人。）
㉔ **イショウ**[b]を凝らした逸品。（趣向や工夫。）

伐（6）
バツ

a きる。木をきり倒す。
b 討つ。殺す。敵を討つ。

ノ イ 仁 代 伐 伐

㉕ 不要な木を**バッサイ**[a]する。（樹木をきりだすこと。）
㉖ **サツバツ**[b]とした雰囲気が漂う。（あたたかみが感じられないさま。）
㉗ 悪党を**セイバツ**[b]する。（反逆者や罪のある者を討つこと。）

伏（6）
フク
ふ（せる・す）

a ふせる。ふす。うつぶせになる。
b かくれる。ひそむ。
c したがう。

ノ イ 仁 什 伏 伏

㉘ 感情の**キフク**[a]が激しい人。（さまざまな変化があること。）
㉙ 犯人は地下に**センプク**[b]中だ。（ひそかにかくれていること。）
㉚ 続編への**フクセン**[b]を張る。（後の展開に備えてほのめかしておくもの。）
㉛ 抵抗をやめて**コウフク**[c]する。（負けを認めて敵にしたがうこと。）

克（7）
コク

a うちかつ。力を尽くしてかつ。
b よく。じゅうぶんに。

一 十 十 古 古 声 克

㉜ 苦手科目を**コクフク**[a]する。（困難にうちかつこと。）
㉝ 理想と現実の**ソウコク**[a]に悩む。（対立するものが互いに争うこと。）
㉞ 復興の様子を**コクメイ**[b]に記す。（細部まであきらかにすること。）

励（7）
レイ
はげ（む・ます）

a はげむ。はげます。つとめる。

一 厂 厂 万 厉 厉 励

㉟ 日夜学業に**ハゲム**[a]。（力を尽くし一途につとめる。）
㊱ 早朝散歩を**レイコウ**[a]する。（努力しておこなうこと。）

如 ⑲ 如実 ⑳ 如才 ㉑ 欠如 ㉒ 躍如
匠 ㉓ 巨匠 ㉔ 意匠
伐 ㉕ 伐採 ㉖ 殺伐 ㉗ 征伐
▼類 閥 p.140
伏 ㉘ 起伏 ㉙ 潜伏 ㉚ 伏線 ㉛ 降伏
克 ㉜ 克服 ㉝ 相克 ㉞ 克明
励 ㉟ 励む ㊱ 励行

抑

7

ヨク
おさ(える)

a おさえる。おさえつける。ふさぐ。

一 十 扌 扌 扌 扣 抑

① 言論の自由をヨクアツ[a]する。（無理におさえつけること。）

② 無駄な出費をオサエル[a]。（勢いをとどめる。）

③ 法律によってヨクシ[a]する。（おさえとどめること。）

没

7

ボツ

a 深くしずむ。隠れて見えなくなる。
b うちこむ。はまりこむ。
c なくなる。なくす。とりあげる。
d おわる。死ぬ。

丶 冫 氵 氵 汐 汐 没

④ 道路がカンボツ[a]する。（落ち込むこと。）

⑤ 名家がボツラク[a]する。（衰え滅びること。）

⑥ 台風で船がチンボツ[a]する。（水中にしずむこと。）

⑦ タヌキがシュツボツ[a]する。（時々現れること。）

⑧ 趣味の陶芸にボットウ[b]する。（熱中すること。）

⑨ ゲーム機をボッシュウ[c]された。（無理にとりあげること。）

⑩ 祖父は昨年ビョウボツ[d]した。（びょうきで死ぬこと。）

伴

7

ハン
バン
ともな(う)

a とも。つれ。つれの人。
b ともなう。つれだつ。相手をする。

ノ イ 亻 仁 仁 伴 伴

⑪ 生涯のハンリョ[a]を得る。（配偶者。）

⑫ バンソウ[b]に合わせて歌う。（主要声部を引き立てるための付随的な音楽。）

⑬ この実験は危険をトモナウ[b]。（つきまとう。）

⑭ 家族ドウハン[b]で赴任する。（つれだって行く。）

⑮ おショウバン[b]にあずかった。（他につき合ってその利益を受けること。）

忌

7

キ
い(む・まわしい)

a いむ。いまわしい。きらう。
b いみ。喪に服すること。
c 死者の命日。

フ コ 己 己 忌 忌 忌

⑯ 面倒事をキヒ[a]する。（きらってさけること。）

⑰ 結婚式は仏滅の日をイム[a]。（きらいさける。）

⑱ キチュウ[b]につき休業します。（近親者の喪に服している期間。）

⑲ イッシュウキ[c]の法要を行う。（死後満一年目の命日。）

正解

抑 ▼訓 読んでみよう 押《お》さえる p.54

① 抑圧 ② 抑える ③ 抑止

没

④ 陥没 ⑤ 没落 ⑥ 沈没 ⑦ 出没 ⑧ 没頭 ⑨ 没収 ⑩ 病没

伴 ▼類 判 p.5

⑪ 伴侶 ⑫ 伴奏 ⑬ 伴う ⑭ 同伴 ⑮ 相伴

忌

⑯ 忌避 ⑰ 忌む ⑱ 忌中 ⑲ 一周忌

岐 7

キ

a わかれる。ふたまた。えだみち。

⑳ 人生の**キロ**[a]に立つ。（わかれ道。）

㉑ 高速道路が**ブンキ**[a]する地点。（行く先がわかれること。）

㉒ 卒業後の進路は**タキ**[a]にわたる。（幾筋にもわかれていること。）

肝 7

カン
きも

a きも。五臓の一つ。肝臓。
b こころ。
c かなめ。大切なところ。

㉓ **カンエン**[a]の治療をする。（かんぞうの疾患。）

㉔ 彼とは**カンタン**[b]相照らす仲だ。（こころから理解して深くつき合うこと。）

㉕ 何事も最初が**カンジン**[c]だ。（特に大事であるさま。）

㉖ 何よりも忍耐が**カンヨウ**[c]だ。（非常に大事なこと。）

択 7

タク

a えらぶ。えらびとる。よる。

㉗ 職業の**センタク**[a]に悩む。（多くの中からえらびとること。）

㉘ 二者**タクイツ**[a]を迫られた。（二つからひとつをえらぶこと。）

辛 7

シン
から(い)

a からい。舌をさすような味。
b つらい。苦しい。
c かろうじて。やっとのことで。

㉙ **コウシン**[a]料をきかせたカレー。（から味やかおりをつける調味料。）

㉚ 退院まで少しの**シンボウ**[b]だ。（つらいことを我慢すること。）

㉛ **シンラツ**[b]に批評される。（きわめて厳しいさま。）

㉜ 一点差で**シンショウ**[c]する。（かろうじてかつこと。）

妨 7

ボウ
さまた(げる)

a さまたげる。じゃまをする。

㉝ 悪質な営業**ボウガイ**[a]に遭う。（さまたげること。）

㉞ 安眠を**サマタゲル**[a]深夜の騒音。（じゃまをする。）

寿 7

ジュ
ことぶき

a ことぶき。めでたいことを祝う。
b いのちがながい。長生きをする。
c とし。いのち。よわい。

㉟ 祖母の**ベイジュ**[a]を祝う。（八十八歳。）

㊱ 二十年続く**チョウジュ**[b]番組だ。（特にながく続くこと。）

㊲ **ジュミョウ**[c]が縮む思いをした。（いのちのながさ。）

岐 ▼類 技 p.5・肢・伎
⑳ 岐路　㉑ 分岐　㉒ 多岐

肝
㉓ 肝炎　㉔ 肝胆　㉕ 肝心（肝腎）　㉖ 肝要

択 ▼類 沢 p.51
㉗ 選択　㉘ 択一

辛 ▼類 幸
㉙ 香辛　㉚ 辛抱　㉛ 辛辣　㉜ 辛勝

妨 ▼類 防 p.6・紡 p.124
㉝ 妨害　㉞ 妨げる

寿
㉟ 米寿　㊱ 長寿　㊲ 寿命

第44回

免 (8)
メン
まぬか(れる)
a ゆるす。
b まぬかれる。のがれる。
c やめさせる。
ノ ク ク 㐫 㐫 丙 免 免

① 無罪**ホウメン**[a]となった。
ゆるして自由にしてやること。

② 民家への延焼を**マヌカレル**[b]。
のがれる。

③ 中傷に**メンエキ**[b]ができている。
何度も経験して慣れてしまうこと。

④ 懲戒**メンショク**[c]の処分が下る。
仕事をやめさせること。

昇 (8)
ショウ
のぼ(る)
a のぼる。うえにあがる。
b 官位や序列があがる。
丨 冂 日 日 旦 旦 昇 昇

⑤ 気温が**ジョウショウ**[a]する。
あがってゆくこと。

⑥ 異例の速さで**ショウシン**[b]する。
地位があがること。

⑦ **ショウカク**[b]試験に合格する。
階級などがあがること。

卓 (8)
タク
a つくえ。テーブル。
b すぐれる。ぬきんでる。
丨 ト ト 占 占 卣 卓 卓

⑧ 家族全員で**ショクタク**[a]を囲む。
しょくじ用のテーブル。

⑨ **タクエツ**[b]した技量の持ち主。
他より際立ってすぐれていること。

阻 (8)
ソ
はば(む)
a けわしい。けわしいところ。
b はばむ。へだてる。さまたげる。
了 阝 阝 阝 阴 阴 阻 阻

⑩ **ケンソ**[a]な山道を越える。
地勢がけわしいさま。

⑪ 個人情報の流出を**ソシ**[b]する。
さまたげとどめること。

⑫ 睡眠不足は健康を**ソガイ**[b]する。
さまたげること。

⑬ 増水した川が行く手を**ハバム**[b]。
さまたげてとめること。

奉 (8)
ホウ
ブ
たてまつ(る)
a たてまつる。さしあげる。
b つつしんで行う。
c つかえる。つとめる。つくす。
d うけたまわる。
一 二 三 夫 夫 叁 叁 奉

⑭ **ホウノウ**[a]相撲大会が開かれる。
神仏にささげおさめること。

⑮ 神前に供物を**タテマツル**[a]。
献上する。

⑯ 新年を**ホウガ**[b]する。
つつしんでお祝いを言うこと。

⑰ 社会**ホウシ**[c]活動をする。
損得を考えずに国家や他人につくすこと。

⑱ 恩師の学説を**シンポウ**[d]する。
しんじて尊ぶこと。

正解 読んでみよう

免 ① 放免 ② 免れる ③ 免疫 ④ 免職

昇 ▼訓 上《のぼ》る・登《のぼ》る
⑤ 上昇 ⑥ 昇進 ⑦ 昇格

卓 ⑧ 食卓 ⑨ 卓越

阻 ▼類 祖p.9・粗p.97・租・狙
⑩ 険阻 ⑪ 阻止 ⑫ 阻害 ⑬ 阻む

奉 ▼類 奏p.32・泰p.124
⑭ 奉納 ⑮ 奉る ⑯ 奉賀 ⑰ 奉仕 ⑱ 信奉

拘 (8)
コウ
a とらえる。とどめておく。
b かかわる。こだわる。ひっかかる。
一 扌 扌 扚 扚 拘 拘

⑲ 敵の身柄を**コウソク**[a]する。（自由を制限すること。）
⑳ 試合の勝敗に**コウデイ**[b]する。（こだわること。）

抽 (8)
チュウ
a ひく。ひきぬく。ぬきだす。
一 扌 扌 扣 扣 抽 抽 抽

㉑ 無作為に**チュウシュツ**[a]する。（ぬきだすこと。）
㉒ **チュウショウ**[a]的な表現を嫌う。（現実を離れ、わかりにくいさま。）
㉓ **チュウセン**[a]で賞品が当たる。（くじびき。）

邪 (8)
ジャ
a よこしま。正しくない。
b 人に害を及ぼすもの。
一 丆 工 于 牙 牙 邪 邪

㉔ 子供の**ムジャキ**[a]ないたずら。（素直でわるぎがないこと。）
㉕ 二人の仲を**ジャスイ**[a]する。（ひがんで悪く想像すること。）
㉖ **ジャアク**[a]な考えは捨てろ。（心がねじけているさま。）
㉗ 弟に勉強の**ジャマ**[b]をされる。（さまたげること。）

怪 (8)
カイ
あや（しい・しむ）
a あやしい。不思議な。ばけもの。
b 並はずれている。
丶 忄 忄 忆 怪 怪 怪 怪

㉘ 複雑**カイキ**[a]な事件が起こる。（非常に複雑であやしく不思議なさま。）
㉙ **カイブツ**[a]を退治する。（正体がわからない不思議ないきもの。）
㉚ **ヨウカイ**[a]が登場する映画。（人の理解を超えた不思議な存在。）
㉛ 彼は**カイリキ**[b]の持ち主だ。（ものすごく強いちから。）

佳 (8)
カ
a 姿形が整って美しい。
b 程度がすぐれてよい。
ノ 亻 仁 什 佳 佳 佳 佳

㉜ **カジン**[a]薄命と言われている。（美しいひとには不幸な者が多い。）
㉝ 物語が**カキョウ**[b]に入ってきた。（おもしろいところ。）
㉞ 彼の小説は**カサク**[b]ぞろいだ。（できばえのよいさくひん。）

祉 (8)
シ
a さいわい。しあわせ。神のめぐみ。
丶 ラ 礻 礻 礼 祉 祉 祉

㉟ 公共の**フクシ**[a]に役立てる。（しあわせ。）

拘 ⑲拘束 ⑳拘泥
抽 ㉑抽出 ㉒抽象 ㉓抽選
邪 ㉔無邪気 ㉕邪推 ㉖邪悪 ㉗邪魔
怪 ㉘怪奇 ㉙怪物 ㉚妖怪 ㉛怪力 ▼訓 妖《あや》しい
佳 ㉜佳人 ㉝佳境 ㉞佳作
祉 ㉟福祉

施 9
シ セ
ほどこ(す)

a おこなう。もうける。
b ほどこす。めぐみ与える。

丶 亠 方 方 方 方 施 施 施

① 校内で模擬試験を**ジッシ**[a]する。 じっさいにおこなうこと。
② 県の**シサク**[a]を評価する。 おこなうべき計画。
③ 新規約を**シコウ**[a]する。 効力を発生させること。
④ 車の**セジョウ**[a]を確認する。 鍵をかけること。
⑤ 人に情けを**ホドコス**[b]。 めぐみ与える。
⑥ 修行僧にお**フセ**[b]を渡す。 ほどこし与えること。

卑 9
ヒ
いや(しい・しむ・しめる)

a ひくい。いやしい。
b いやしめる。さげすむ。
c ちかい。みぢかな。

丿 ⺈ 白 白 甶 由 鱼 卑 卑

⑦ **ヒレツ**[a]な行為を許さない。 品性や行動がいやしくおとっていること。
⑧ 言葉遣いが**イヤシイ**[a]。 下品だ。
⑨ ひたすら**ヒクツ**[a]な態度をとる。 いじけて他にこびへつらうこと。
⑩ 自分をあまり**ヒゲ**[b]するな。 おとった者として扱うこと。
⑪ **ヒキン**[c]な例を挙げて説明する。 ありふれているさま。

促 9
ソク
うなが(す)

a うながす。せきたてる。
b 間をつめる。せまる。

丿 亻 亻 仁 仁 伊 伊 促 促

⑫ 若者の雇用を**ソクシン**[a]する。 はかどるよう力を加えること。
⑬ 早く帰宅するよう**ウナガス**[a]。 仕向ける。
⑭ 野菜の**ソクセイ**[a]栽培が盛んだ。 人工的に早く生長させること。
⑮ 拗音《ようおん》と**ソクオン**[b]は小さく書く。 つまるおと。

怠 9
タイ
おこた(る)
なま(ける)

a おこたる。なまける。たるむ。

ム ム 厶 台 台 台 怠 怠 怠

⑯ **タイダ**[a]な生活を悔い改める。 だらけるさま。
⑰ 後方への注意を**オコタル**[a]。 しないままでいる。

胆 9
タン

a きも。内臓の一つ。
b きもったま。度胸。
c こころ。きもち。

丿 月 月 月 月 刖 刖 胆 胆

⑱ **タンセキ**[a]の痛みで苦しむ。 たんじゅうの成分が結晶したもの。
⑲ 突然**ダイタン**[b]な行動に出る。 度胸があるさま。
⑳ 実験が失敗し**ラクタン**[c]する。 がっかりすること。

正解 読んでみよう

施 ①実施 ②施策 ③施行 ④施錠 ⑤施す ⑥布施 ▼類 旋 p.128

卑 ⑦卑劣 ⑧卑しい ⑨卑屈 ⑩卑下 ⑪卑近

促 ⑫促進 ⑬促す ⑭促成 ⑮促音 ▼類 捉 p.126

怠 ⑯怠惰 ⑰怠る

胆 ⑱胆石 ⑲大胆 ▼類 担 p.28・但

哀 (9)

アイ
あわ(れ・れむ)

a あわれ。あわれむ。泣きつく。
b かなしい。かなしむ。うれい。

㉑ 生活費の援助をアイガン[a]する。
同情をさそうように頼むこと。

㉒ 喜怒アイラク[b]を表に出す。
さまざまな人間の感情。

㉓ 労働者のヒアイ[b]を描いた小説。
かなしくあわれなこと。

㉔ 人生のアイカン[b]を共にする。
かなしみと喜び。

削 (9)

サク
けず(る)

a けずる。けずりとる。そぐ。のぞく。

㉕ 小論文をテンサク[a]してもらう。
他人の詩文などを改め直すこと。

㉖ 後半部分をサクジョ[a]する。
一部をけずること。

悔 (9)

カイ
く(いる・やむ)
くや(しい)

a くいる。くやむ。くやしく思う。

㉗ 今さらコウカイ[a]しても遅い。
あとになってくやむこと。

㉘ 若いころの不勉強をクヤム[a]。
あとから残念に思う。

㉙ 決勝戦で敗れてクヤシイ[a]。
残念だ。

軌 (9)

キ

a わだち。車の通ったあと。
b すじみち。のり。てほん。

㉚ 店の経営がキドウ[a]に乗る。
物事が順調に進む。

㉛ 人気作家のキセキ[a]をたどる。
ある人の行動のあと。

㉜ ジョウキ[b]を逸した振る舞い。
ふつうのやり方。

孤 (9)

コ

a みなしご。親をなくした子。
b ひとり。ひとりぼっち。ひとつ。

㉝ 戦争でコジ[a]になった。
両親をなくした子。

㉞ 国際社会でのコリツ[b]を避ける。
ひとりぼっちでいること。

㉟ ココウ[b]の存在。
ひとり他と離れてたかい境地にいること。

恨 (9)

コン
うら(む・めしい)

a うらむ。うらめしい。残念に思う。

㊱ カイコン[a]の念にさいなまれる。
過ちをくやみ残念に思うこと。

㊲ ツウコン[a]のミスが出る。
非常に残念なこと。

㊳ 長年のイコン[a]を晴らす。
忘れられない深いうらみ。

---

⑳ 落胆

哀 ▼類 衰 p.92・衷 p.122

㉑ 哀願　㉒ 哀楽　㉓ 悲哀　㉔ 哀歓

削 ▼類 消

㉕ 添削　㉖ 削除

悔 ▼類 侮 p.119

㉗ 後悔　㉘ 悔やむ　㉙ 悔しい

軌

㉚ 軌道　㉛ 軌跡　㉜ 常軌

孤 ▼類 弧

㉝ 孤児　㉞ 孤立　㉟ 孤高

恨

㊱ 悔恨　㊲ 痛恨　㊳ 遺恨

契 9画
ケイ
ちぎ(る)
a きざむ。しるしをつける。
b ちぎる。交わる。やくそくする。
一 十 丰 丰 刧 刧 契 契 契

① 就職を**ケイキ**[a]に親元を離れた。（きっかけ。）
② **ケイヤク**[b]期間を延長する。（法的な効果があるやくそく。）
③ 将来も変わらぬ友情を**チギル**[b]。（固くやくそくする。）

架 9画
カ
か(ける・かる)
a かける。かけわたす。
b たな。物をのせる台。
フ カ か 加 加 加 加 架 架 架

④ **カクウ**[a]の世界の出来事。（事実ではなく想像で作り出すこと。）
⑤ 電線を**カセツ**[a]する。（空中をわたす工事をすること。）
⑥ 倒れた人を**タンカ**[b]で運ぶ。（病人や負傷者を乗せて運ぶ道具。）
⑦ **ショカ**[b]から本を探す。（ほんだな。）

赴 9画
フ
おもむ(く)
a おもむく。出かけていく。
一 十 土 キ キ 走 走 赴 赴

⑧ 単身で海外に**フニン**[a]する。（命じられた場所に行くこと。）
⑨ 感情の**オモムク**[a]ままに話す。（向かっていく。）

訂 9画
テイ
a 文字や文章の誤りをなおす。
丶 亠 亖 言 言 言 言 訂 訂

⑩ 内容の誤りを**テイセイ**[a]する。（誤りをなおすこと。）
⑪ 全集を全面的に**カイテイ**[a]する。（あらためなおすこと。）

幽 9画
ユウ
a かすか。奥深い。ほのか。薄暗い。
b あの世。死後の世界。
c かくれる。ひそむ。とじこめる。
丨 刂 纟 纟 幺 幺 幽 幽 幽

⑫ 深山**ユウコク**[a]を描いた絵。（ひっそりとした奥深い山やたに。）
⑬ **ユウレイ**[b]が出るといううわさ。（死者の魂。）
⑭ 地下に何年も**ユウヘイ**[c]される。（とじこめて外に出さないこと。）

衰 10画
スイ
おとろ(える)
a おとろえる。勢いがなくなる。
丶 亠 亡 亡 亨 亨 亨 亨 衰 衰

⑮ 長年の病気で**スイジャク**[a]する。（おとろえてよわくなること。）
⑯ 火の勢いが**オトロエル**[a]。（よわくなる。）
⑰ **ロウスイ**[a]で亡くなる。（年をとって心身がおとろえること。）

正解 読んでみよう

契
① 契機
② 契約
③ 契る

架 ▼訓 懸《か》ける p.148・掛《か》ける・賭《か》ける
④ 架空
⑤ 架設
⑥ 担架
⑦ 書架

赴
⑧ 赴任
⑨ 赴く

訂
⑩ 訂正
⑪ 改訂

幽
⑫ 幽谷
⑬ 幽霊
⑭ 幽閉

衰 ▼類 哀 p.91・衷 p.122
⑮ 衰弱
⑯ 衰える
⑰ 老衰

郊
9画 コウ

a 町はずれ。都のそと。いなか。

⑱ **コウガイ**[a]に商業施設ができる。
都会に隣接した田園地帯。

⑲ 東京**キンコウ**[a]に家を買う。
都市周辺の地域。

既
10画 キ すで(に)

a すでに。もはや。
b つくす。つきる。

⑳ もはや**キセイ**[a]事実化している。
すでに存在が認められていること。

㉑ **キトク**[a]の知識を応用して解く。
すでに自分のものにしていること。

㉒ 彼の父親とは**キチ**[a]の間柄だ。
すでにしっていること。

㉓ **カイキ**[b]日食を観測する。
日食や月食で太陽や月の全面が隠れる時間。

哲
10画 テツ

a あきらか。道理にあかるい。
b さとい。かしこい。また、その人。

㉔ 大学で**テツガク**[a]を専攻する。
世界や人生の根本原理を究明するがくもん。

㉕ 何の**ヘンテツ**[b]もない話。
ありふれていてつまらない。

㉖ **センテツ**[b]の教えを学ぶ。
昔のすぐれた思想家。

華
10画 カ ケ はな

a はな。草木の花。
b はなやか。うつくしい。さかえる。

㉗ **カドウ**[a]を習いたい。
いけばな。

㉘ **コウゲ**[a]を手向ける。
仏前に供えるこうとはな。

㉙ 苦悩が芸術に**ショウカ**[b]される。
高尚なものに高められること。

㉚ 発表会で**カレイ**[b]な舞を見せる。
はなやかでうつくしいさま。

㉛ **エイガ**[b]を極め、滅びた都市。
世に時めき、さかえること。

㉜ **カビ**[b]な服装を好まない。
はなやかでうつくしいこと。

託
10画 タク

a たのむ。たよる。あずける。
b かこつける。ことよせる。
c 神仏のお告げ。

㉝ 外部に調査を**イタク**[a]する。
他の人にやってもらうこと。

㉞ 歌手になる夢を息子に**タクス**[a]。
他の人にたのむ。

㉟ 国民の**シンタク**[a]に応える。
しんじて任せること。

㊱ 女性に**カタク**[b]して書いた日記。
他のものにかこつけること。

㊲ **タクセン**[c]を下す。
神や仏のお告げ。

郊 ⑱ 郊外 ⑲ 近郊

既 ⑳ 既成 ㉑ 既得 ㉒ 既知 ㉓ 皆既
▼類 概 p.105・概 p.106

哲 ㉔ 哲学 ㉕ 変哲 ㉖ 先哲

華 ㉗ 華道 ㉘ 香華 ㉙ 昇華 ㉚ 華麗 ㉛ 栄華 ㉜ 華美
▼訓 花《はな》

託 ㉝ 委託 ㉞ 託す ㉟ 信託 ㊱ 仮託 ㊲ 託宣

紛（10）

フン
まぎ（れる・らす・らわす・らわしい）

a みだれる。入りみだれる。もつれる。
b まぎれる。まぎらわしい。

① 両国のフンソウ[a]解決に努める。（もめごと。）
② 人混みにマギレル[b]。（他の物にまじってわからなくなる。）
③ 電車内で切符をフンシツ[b]した。（まぎれてなくなること。）

辱（10）

ジョク
はずかし（める）

a はずかしめる。はじる。はずかしめ。

④ じっとクツジョク[a]に耐える。（はずかしめられて面目を失うこと。）
⑤ 前回のセツジョク[a]を果たす。（前に負けた相手に勝つこと。）
⑥ 母校の名をハズカシメル[a]。（地位や名誉を傷つける。）

脅（10）

キョウ
おびや（かす）
おど（す・かす）

a おびやかす。おどす。おどかす。

⑦ 核兵器のキョウイ[a]が高まる。（強い力でおそれさせること。）
⑧ 食の安全をオビヤカス[a]。（危うくする。）
⑨ 弱みにつけ込んでオドス[a]。（おどしつける。）

浪（10）

ロウ

a なみ。おおなみ。
b さすらう。さまよう。
c みだりに。ほしいままに。

⑩ ハロウ[a]注意報が解除される。（なみ。）
⑪ ホウロウ[b]の旅に出る。（あてもなくさまよい歩くこと。）
⑫ 諸国をルロウ[b]する。（各地をさまよい歩くこと。）
⑬ 息子のロウヒ[c]癖が直らない。（無駄遣いをすること。）

疾（10）

シツ

a やまい。わずらい。
b はやい。すばやい。はげしい。

⑭ 脳卒中は三大シッペイ[a]の一つ。（やまい。）
⑮ 肺に慢性シッカン[a]がある。（やまい。）
⑯ 自動車がシッソウ[b]する。（はやくはしること。）
⑰ 草原を馬に乗ってシック[b]する。（はやくはしらせること。）
⑱ シップウ[b]迅雷の勢いで攻める。（すばやく激しいさま。）

正解

紛 ①紛争 ②紛れる ③紛失 ▼類 粉
辱 ④屈辱 ⑤雪辱 ⑥辱める
脅 ⑦脅威 ⑧脅かす ⑨脅す
浪 ⑩波浪 ⑪放浪 ⑫流浪 ⑬浪費
疾 ⑭疾病 ⑮疾患 ⑯疾走 ⑰疾駆 ⑱疾風

読んでみよう

匿 (10)

トク

a かくす。かくれる。かくまう。

⑲ 新聞にトクメイ[a]で投稿する。（自分のなまえをかくすこと。）

⑳ 相手の氏名をヒトク[a]する。（かくして見せないこと。）

粋 (10)

スイ
いき

a まじりけがない。 b もっともすぐれている。 c いき。すい。あかぬけている。質がよい。

㉑ ジュンスイ[a]に真理を求める。（ひたむきなさま。）

㉒ 祖父はキッスイ[a]の江戸っ子だ。（何もまざっていないこと。）

㉓ 日本料理のセイスイ[b]を味わう。（選び抜かれたすぐれたもの。）

㉔ ブスイ[c]なことを言う。（やぼ。）

㉕ 着物をイキ[c]に着こなす。（あかぬけていること。）

倣 (10)

ホウ
なら(う)

a ならう。まねる。

㉖ 他人の作品をモホウ[a]する。（まねること。）

㉗ 成功した人のやり方にナラウ[a]。（手本としてまねる。）

埋 (10)

マイ
う(める・まる・もれる)

a うめる。うもれる。うずめる。

㉘ 世間にマイボツ[a]した偉才。（世の人に知られないこと。）

㉙ 財宝がマイゾウ[a]されている。（うめて隠すこと。）

㉚ 祖父の遺骨をマイソウ[a]する。（土中にほうむること。）

殊 (10)

シュ
こと

a ことに。とりわけ。普通とは異なる。

㉛ トクシュ[a]な製法を用いる。（普通とは異なること。）

㉜ シュショウ[a]な態度をとる。（心がけや行動がけなげで感心なさま。）

㉝ 今年の冬はコト[a]に寒い。（格別に。）

悟 (10)

ゴ
さと(る)

a さとる。さとり。迷いからさめる。

㉞ 多少の失敗はカクゴ[a]のうえだ。（心構えをすること。）

㉟ 被告人がカイゴ[a]の情を深める。（過ちを認めて反省すること。）

匿　⑲ 匿名　⑳ 秘匿

粋　▼類 枠 p.121・砕 p.122　㉑ 純粋　㉒ 生粋　㉓ 精粋　㉔ 無粋（不粋）　㉕ 粋

倣　▼訓 習《なら》う　㉖ 模倣　㉗ 倣う

埋　㉘ 埋没　㉙ 埋蔵　㉚ 埋葬

殊　㉛ 特殊　㉜ 殊勝　㉝ 殊

悟　㉞ 覚悟　㉟ 悔悟

徐 10
ジョ
a おもむろ。ゆるやか。ゆっくりと。
ノ ク 彳 彳 彳 彸 徐 徐 徐 徐

①安全確認のため**ジョコウ**[a]する。
ゆっくりと進むこと。

②**ジョジョ**[a]に体重が増える。
少しずつ。

倹 10
ケン
a つましい。つつましい。質素。
ノ イ 仆 仏 佮 佮 佮 倹 倹 倹

③光熱費を**ケンヤク**[a]する工夫。
無駄遣いしないこと。

娯 10
ゴ
a たのしむ。たのしみ。
く 女 女 如 如 娯 娯 娯 娯 娯

④**ゴラク**[a]施設一つない山奥。
余暇にする遊びやたのしみ。

猟 11
リョウ
a かる。鳥獣をとる。かり。
b あさる。さがしもとめる。
ノ 犭 犭 犭 狞 狞 猟 猟 猟 猟 猟

⑤**リョウケン**[a]が獲物を追う。
かりに使うイヌ。

⑥**リョウキ**[b]的な犯罪が起きた。
異様なものをあさりもとめるさま。

虚 11
キョ コ
a むなしい。中身がない。うつろ。
b うわべだけの。実がない。うそ。
c 邪心をもたない。すなお。
d よわい。よわる。
丨 卜 卢 卢 卢 虍 虍 虚 虚 虚 虚

⑦**クウキョ**[a]な生活が一変する。
からっぽでむなしいさま。

⑧ぼんやりと**コクウ**[a]を見つめる。
何もないくうかん。

⑨役所に**キョギ**[b]の申告をする。
うそやいつわり。

⑩**キョエイ**[b]を張って生きる。
自分をよく見せようとすること。

⑪**ケンキョ**[c]な態度で依頼する。
すなおな態度で人に接するさま。

⑫**キョジャク**[d]体質を改善したい。
体がひよわで病気がちなこと。

排 11
ハイ
a おしのける。しりぞける。
一 十 扌 扌 扌 扌 扌 挑 排 排 排

⑬邪魔者を強引に**ハイジョ**[a]する。
取りのぞくこと。

⑭**ハイタ**[a]的な雰囲気がある。
仲間以外をしりぞけること。

⑮二酸化炭素の**ハイシュツ**[a]量。
外へおしだすこと。

正解 読んでみよう

徐 ①徐行 ②徐徐
▼類 除 p.33・叙 p.122

倹 ③倹約
▼類 険 p.13・検 p.15・剣 p.62

娯 ④娯楽
▼類 誤 p.42

猟 ⑤猟犬 ⑥猟奇

虚 ⑦空虚 ⑧虚空 ⑨虚偽 ⑩虚栄 ⑪謙虚 ⑫虚弱

排 ⑬排除 ⑭排他 ⑮排出
▼類 俳 p.35

粗 11
ソ
あら(い)
a あらい。おおざっぱな。そまつ。
b 物を差し出すとき謙遜《けんそん》を表す語。

⑯ 食べ物を**ソマツ**[a]にするな。
大切に扱わないこと。

⑰ **ソヤ**[a]な言葉遣いを戒める。
性質や言動があらあらしいこと。

⑱ 安いが**ソアク**[a]な商品。
おおざっぱで質がわるいこと。

⑲ 出席者に**ソシナ**[b]を進呈する。
人に贈る物をへりくだっていう語。

陳 11
チン
a ならべる。つらねる。
b のべる。告げる。申したてる。
c ふるい。

⑳ 商品を棚に**チンレツ**[a]する。
人に見せるためにならべること。

㉑ 国に**チンジョウ**[b]する方針だ。
ありさまを説明して善処を要請すること。

㉒ 細胞が**シンチン**[c]代謝する。
あたらしい物がふるい物と入れ代わること。

赦 11
シャ
a ゆるす。罪や過ちをゆるす。

㉓ 子供にも情け**ヨウシャ**[a]ない。
手加減すること。

㉔ 政治犯が**シャメン**[a]される。
罪や過ちをゆるすこと。

貫 11
カン
つらぬ(く)
a つらぬく。やりとおす。

㉕ **イッカン**[a]した態度をとる。
つらぬきとおすこと。

㉖ 最後まで意志を**ツラヌク**[a]。
変えないで続ける。

㉗ トンネルが**カンツウ**[a]する。
つらぬいてとおること。

勘 11
カン
a かんがえる。調べる。くらべる。
b 罪をただす。
c 直感で判断する心のはたらき。

㉘ 人数を**カンジョウ**[a]する。
数量を数えること。

㉙ 地域の実情を**カンアン**[a]する。
かんがえあわせること。

㉚ 「**カンドウ**[b]だ」が父の口癖だ。
親が子との縁を切ること。

㉛ 質問に**ヤマカン**[c]で答える。
あてずっぽう。

酔 11
スイ
よ(う)
a 酒や乗り物によう。感覚を失う。
b 心を奪われる。熱中する。

㉜ 飲み過ぎて**スイタイ**[a]をさらす。
酒によった姿や様子。

㉝ 太宰治《だざいおさむ》に**シンスイ**[b]する。
夢中になること。

粗 ⑯ 粗末 ⑰ 粗野 ⑱ 粗悪 ⑲ 粗品
陳 ⑳ 陳列 ㉑ 陳情 ㉒ 新陳
赦 ㉓ 容赦 ㉔ 赦免
貫 ㉕ 一貫 ㉖ 貫く ㉗ 貫通
勘 ㉘ 勘定 ㉙ 勘案 ㉚ 勘当 ㉛ 山勘
酔 ㉜ 酔態 ㉝ 心酔

▼訓 荒《あら》い p.56

▼類 堪

画数	漢字	読み	意味	筆順
11	掲	ケイ かか(げる)	a 高くさしあげる。 b 目につくようにのせて示す。	一 十 扌 扣 扣 押 押 押 掲 掲 掲

①教室にクラス目標を**カカゲル**[a]。
高くあげる。

②期末試験の日程を**ケイジ**[a]する。
かかげしめすこと。

③雑誌に小説を**ケイサイ**[b]する。
新聞などにのせること。

画数	漢字	読み	意味	筆順
11	啓	ケイ	a ひらく。教え導く。 b もうす。「言う」の謙譲語。	一 ヨ ヨ 戸 戸 户 户 敀 启 啓 啓

④彼の講演に**ケイハツ**[a]された。
より高い知識を与え導くこと。

⑤突然天の**ケイジ**[a]を受ける。
神が教えしめすこと。

⑥一筆**ケイジョウ**[b]申し上げます。
男子が手紙の書き出しに使う語。

画数	漢字	読み	意味	筆順
11	郭	カク	a かこい。囲まれた場所。	丶 亠 亡 宀 亨 亨 享 享 享 郭 郭

⑦**リンカク**[a]がぼやけた写真。
周囲を形づくっている線。

⑧国の**ガイカク**[a]団体に勤める。
物事のそとがわにあるもの。

⑨戦国時代の**ジョウカク**[a]の跡。
しろの周囲に設けたかこい。

画数	漢字	読み	意味	筆順
11	崩	ホウ くず(れる・す)	a くずれる。くずす。	丶 山 山 屵 屵 屵 屵 崩 崩 崩 崩

⑩武家社会が**ホウカイ**[a]する。
こわれてしまうこと。

⑪明日は天気が**クズレル**[a]そうだ。
状態が悪くなる。

⑫トンネルの**ホウラク**[a]事故。
くずれおちること。

画数	漢字	読み	意味	筆順
11	措	ソ	a おく。すえおく。とりはからう。 b ふるまう。ふるまい。	一 十 扌 扌 扌 扌 扌 措 措 措 措

⑬万全な財政**ソチ**[a]を講ずる。
うまくとりはからうこと。

⑭記号的表象を**ソテイ**[a]する。
存在するものとして立てること。

⑮優雅な**キョソ**[b]に見とれる。
立ち居ふるまい。

画数	漢字	読み	意味	筆順
11	隆	リュウ	a たかい。もりあがってたかい。 b さかん。さかんにする。さかえる。	7 3 阝 阝 阝 阝 阝 降 降 隆 隆

⑯地面の**リュウキ**[a]を確認する。
たかくもりあがること。

⑰茶道が**リュウセイ**[b]を極めた。
おおいにさかえること。

⑱地域文化が**コウリュウ**[a]する。
勢いがさかんになり栄えること。

正解 読んでみよう

掲 ①掲げる ②掲示 ③掲載
啓 ④啓発 ⑤啓示 ⑥啓上
郭 ⑦輪郭 ⑧外郭 ⑨城郭
崩 ⑩崩壊 ⑪崩れる ⑫崩落
措 ⑬措置 ⑭措定 ⑮挙措
▼類 惜 p.99・錯 p.111
隆 ⑯隆起 ⑰隆盛 ⑱興隆

偶 (11)

グウ

a たまたま。思いがけなく。
b 対になる。つれあう。たぐい。
c ひとがた。人形。
d 二で割り切れる。

ノ 亻 们 仴 伺 伹 偶 偶 偶 偶 偶

⑲ 逸品をグウゼン[a]見つける。（思いがけなく。）

⑳ グウハツ[a]的な事件ではない。（思いがけなく起こること。）

㉑ ハイグウ[b]者が相続する財産。（夫婦の一方から見た他方。）

㉒ ドグウ[c]が掘り出された。（つちにんぎょう。）

㉓ 二・四・六はグウスウ[d]だ。（二で割り切れるかず。）

陶 (11)

トウ

a やきもの。せともの。
b 人を教え育てる。
c たのしむ。うっとりする。
d うれえる。心をふさぐ。

ㇷ 阝 阝 阝' 陶 陶 陶 陶 陶 陶 陶

㉔ トウキ[a]を集めるのが好きだ。（やきもの。）

㉕ 人格をトウヤ[b]する。（人材を育てること。）

㉖ 俳優の名演技にトウスイ[c]する。（うっとりすること。）

㉗ ウットウシイ[d]梅雨空が続く。（気分が重苦しい。）

掃 (11)

ソウ
は(く)

a はく。はらいきよめる。
b はらう。とりのぞく。

一 扌 扌 扌 扫 扫 扫 掃 掃 掃 掃

㉘ ビルをセイソウ[a]する仕事。（きれいにそうじすること。）

㉙ 周囲の不安をイッソウ[b]する。（すっかりとりのぞくこと。）

㉚ ソウトウ[b]作戦を開始した。（すっかりはらいのぞくこと。）

惜 (11)

セキ
お(しい・しむ)

a おしむ。いとおしむ。おしい。

忄 忄 忄 忙 忙 怈 惜 惜 惜 惜 惜

㉛ 接戦の末セキハイ[a]した。（わずかな差で負けること。）

㉜ セキベツ[a]の情がこみ上げる。（わかれをおしむこと。）

㉝ 去り行く秋をアイセキ[a]する。（名残おしく思うこと。）

彫 (11)

チョウ
ほ(る)

a ほる。きざむ。ほりきざむ。

丿 冂 月 円 用 用 周 周 周 彫 彫

㉞ 大理石にチョウコク[a]する。（ほって立体的な形を作ること。）

㉟ キボリ[a]の熊の置物をもらう。（きをほって形や模様を作ること。）

偶 ▼類 遇 p.100・隅 p.133
⑲ 偶然　⑳ 偶発　㉑ 配偶　㉒ 土偶　㉓ 偶数

陶
㉔ 陶器　㉕ 陶冶　㉖ 陶酔　㉗ 鬱陶しい

掃
㉘ 清掃　㉙ 一掃　㉚ 掃討

惜 ▼類 措 p.98・錯 p.111
㉛ 惜敗　㉜ 惜別　㉝ 愛惜

彫 ▼訓 掘《ほ》る
㉞ 彫刻　㉟ 木彫り

11 陪	
バイ	
a つきそう。つきしたがう。 b 家来の家来。またげらい。	阝 阝 阝 阝 阝 陪 陪 陪 陪

① バイ[a]シン制度について学ぶ。
一般市民が裁判に参与すること。

② 天下の三バイ[b]シンの一人。
江戸時代の諸大名の家来。

12 蛮	
バン	
a 荒々しい。乱暴な。	亠 亣 亦 亦 峦 峦 蛮 蛮 蛮

③ 非倫理的でヤバン[a]な行為。
無教養で荒っぽいさま。

④ 組織改革にバン[a]ユウを振るう。
向こう見ずでいさましい意気。

12 遇	
グウ	
a あう。思いがけなくであう。 b よい運にめぐりあう。 c もてなす。あつかう。	口 日 日 月 目 禺 禺 禺 禺 遇 遇

⑤ ここで会うとはキグウ[a]だね。
思いがけなくであうこと。

⑥ フグウ[b]な晩年を過ごした。
才能はあるが運が悪くて世に認められないさま。

⑦ 介護職のタイグウ[c]を改善する。
勤める人のとりあつかい。

⑧ ショグウ[c]に不満を持つ。
その人に応じたあつかいをすること。

⑨ 会社でコウグウ[c]を受ける。
手厚くもてなすこと。

12 換	
カン か(える・わる)	
a かえる。かわる。とりかえる。	扌 扌 扌 扌 扌 扌 換 換 換 換 換

⑩ 巧みに話題をテンカン[a]する。
別のものにかえること。

⑪ 不良品と良品をコウカン[a]する。
取りかえること。

⑫ こまめに部屋のカンキ[a]をする。
くうきを入れかえること。

⑬ 現在の価値にカン[a]サンする。
別の単位の数量に置きかえること。

⑭ カン[a]ゲンすればこうなる。
いいかえること。

⑮ 仮名を漢字にヘンカン[a]する。
かえること。

12 遂	
スイ と(げる)	
a とげる。なしとげる。やりとげる。	丷 丷 亠 ㄊ 豸 豸 豸 豕 遂 遂 遂 遂

⑯ 無事に任務をスイ[a]コウする。
最後までやりとおすこと。

⑰ 難事業をカンスイ[a]する。
最後までやりとおすこと。

⑱ 医学が劇的な進歩をトゲル[a]。
結果としてそうなる。

⑲ 誘拐ミスイ[a]事件が発生する。
やりかけてしとげないこと。

正解 読んでみよう

陪 ▼類 培 p.127・賠 p.140・剖 p.125
① 陪審
② 陪臣

蛮
③ 野蛮
④ 蛮勇

遇 ▼類 偶 p.99・隅 p.133
⑤ 奇遇
⑥ 不遇
⑦ 待遇
⑧ 処遇
⑨ 厚遇

換 ▼訓 替《か》える p.68・変《か》える・代《か》える
⑩ 転換
⑪ 交換
⑫ 換気
⑬ 換算
⑭ 換言
⑮ 変換

遂 ▼類 逐 p.123
⑯ 遂行
⑰ 完遂
⑱ 遂げる

12 **揚**
ヨウ
あ(げる・がる)
a あげる。空中にたかくあげる。
b 勢いがある。精神や気分がたかまる。
c 名をあらわす。ほめる。
一 扌 扌 扣 担 扫 担 担 揚 揚 揚 揚

⑳ 校旗を**ケイヨウ**[a]する。
高くかかげること。

㉑ **ヨクヨウ**[b]をつけた話し方。
調子を上げ下げすること。

㉒ 社員の士気の**コウヨウ**[b]を図る。
気分などをたかめること。

㉓ 自分を天才だと**ヨウゲン**[c]する。
公然といいふらすこと。

12 **超**
チョウ
こ(える・す)
a こえる。限度をこす。とびこえる。
b かけはなれている。ぬきんでている。
一 + 土 キ キ 非 走 起 起 超 超 超

㉔ 時代を**チョウエツ**[a]した作品。
ある枠をはるかにこえること。

㉕ 欲望を**チョウコク**[a]した人。
あるものにうちかつこと。

㉖ **チョウゼン**[b]とした態度。
俗世間からはなれているさま。

12 **焦**
ショウ
こ(げる・が す・がれる)
あせ(る)
a こげる。こがす。やく。
b あせる。いらいらする。じれる。
ノ イ イ 什 什 住 隹 隹 隹 焦 焦 焦

㉗ 話の**ショウテン**[a]を絞り込む。
関心や注意が集まるところ。

㉘ 勝負を**アセル**[b]と失敗する。
気がせく。

12 **敢**
カン
a あえて。思い切ってする。
一 ア エ 干 干 育 貢 貢 貢 耳 敢 敢

㉙ 格上の相手に**カカン**[a]に挑む。
思い切ってするさま。

㉚ 敵と**ユウカン**[a]に戦う。
恐れず積極的にすること。

㉛ 困難に**カンゼン**と立ち向かう。
思い切って向かっていくさま。

㉜ ストライキを**カンコウ**[a]する。
悪条件を押し切ってすること。

㉝ **カントウ**[a]むなしく敗退した。
恐れずいさましくたたかうこと。

12 **喚**
カン
a よぶ。よびよせる。よびおこす。
b さけぶ。わめく。
丨 口 口 口' 口ク 口ク 口ㇵ 口ㇵ 喚 喚 喚 喚

㉞ 聞き手に注意を**カンキ**[a]する。
よびおこすこと。

㉟ 証人**カンモン**[a]が行われる。
よびだしてといただすこと。

㊱ 証人として**ショウカン**[a]される。
よびだすこと。

㊲ 信号を**カンコ**[b]して確認する。
大声でさけぶこと。

㊳ 阿鼻《あび》**キョウカン**[b]の事故現場。
非常にむごたらしい様子。

---

⑲ 未遂

揚 ▼ 訓 上《あ》げる・挙《あ》げる

⑳ 掲揚
㉑ 抑揚
㉒ 高揚
㉓ 揚言

超 ▼ 訓 越《こ》える p.66

㉔ 超越
㉕ 超克
㉖ 超然

焦

㉗ 焦点
㉘ 焦る

敢

㉙ 果敢
㉚ 勇敢
㉛ 敢然
㉜ 敢行
㉝ 敢闘

喚 ▼ 類 換 p.100

㉞ 喚起
㉟ 喚問
㊱ 召喚
㊲ 喚呼
㊳ 叫喚

第51回

欺
12
ギ
あざむ(く)
aあざむく。だます。
一 十 廾 廾 甘 甘 其 其 欺 欺 欺 欺

①振り込めサギ[a]に警戒する。
他人をだまし損をさせること。

②嘘《うそ》をついて人をアザムク[a]。
信頼させておいてだます。

雇
12
コ
やと(う)
aやとう。賃金を払って人を使う。
一 ㇇ ㇇ 戸 戸 戸 戸 戸 戸 雇 雇 雇

③さまざまなコヨウ[a]形態がある。
人をやとうこと。

④会社が従業員をカイコ[a]する。
くびにすること。

⑤外国人の講師をヤトウ[a]。
賃金を払って人を使う。

硬
12
コウ
かた(い)
aかたい。かたいもの。
bつよい。手ごわい。
cぎこちない。
一 ア 不 石 石 石 石 石 硬 硬 硬 硬

⑥コウチョク[a]した身体を伸ばす。
かたくなって動かなくなること。

⑦百円コウカ[a]を手渡す。
コイン。

⑧今後もキョウコウ[b]路線を貫く。
つよく主張して屈しないこと。

⑨セイコウ[c]な印象の翻訳文。
未熟で十分に練れていないこと。

掌
12
ショウ
aてのひら。たなごころ。
bつかさどる。うけもつ。つとめ。
丶 丷 丷 㓁 ⺍ 丵 丵 堂 堂 堂 堂 掌

⑩権力をショウチュウ[a]に収める。
自分の物にする。

⑪仏前でガッショウ[a]する。
両手をあわせて拝むこと。

⑫電車のシャショウ[b]になる。
公共交通機関の乗務員。

揺
12
ヨウ
ゆ(れる・る・らぐ・るぐ・する・さぶる・すぶる)
aゆれる。ゆれうごく。ゆする。ゆらぐ。
一 十 扌 扌 扌 扌 扌 扌 揺 揺 揺 揺

⑬恩師の訃報にドウヨウ[a]する。
心がゆれうごくこと。

⑭稲穂が夏の風にユレル[a]。
上下・左右などにうごく。

募
12
ボ
つの(る)
aつのる。広く求める。
一 十 艹 艹 艹 苩 苩 莫 莫 莫 募 募

⑮ポスターで参加者をツノル[a]。
呼びあつめる。

⑯意見をボシュウ[a]する。
広く呼びかけてあつめること。

⑰懸賞にオウボ[a]する。
申し込むこと。

正解
読んでみよう

欺 ①詐欺 ②欺く

雇 ③雇用 ④解雇 ⑤雇う

硬 ⑥硬直 ⑦硬貨 ⑧強硬 ⑨生硬
▼訓 堅《かた》い p.67・固《かた》い

掌 ⑩掌中 ⑪合掌 ⑫車掌

揺 ⑬動揺 ⑭揺れる
▼類 謡

募 ⑮募る ⑯募集 ⑰応募
▼類 墓・慕・暮・幕

12	慌
音	コウ
訓	あわ(てる・ただしい)
意味	a あわてる。あわただしい。おそれる。

⑱金融**キョウコウ**[a]の背景を探る。 経済の混乱状態。

⑲一時間寝坊して**アワテル**[a]。 落ち着きを失う。

12	喫
音	キツ
意味	a のむ。 b すう。 c くう。食べる。かむ。 d こうむる。身に受ける。

⑳**キッサ**[a]店で待ち合わせる。 ちゃをのむこと。

㉑ここでは**キツエン**[b]を控える。 タバコをすうこと。

㉒新鮮な海の幸を**マンキツ**[c]する。 十分に飲み食いすること。

㉓人口問題は**キッキン**[d]の課題だ。 差し迫って大事なこと。

13	愚
音	グ
訓	おろ(か)
意味	a おろか。つまらない。 b 自分のことをへりくだっていう語。

㉔**グレツ**[a]な行為は慎むべきだ。 おろかでおとっていること。

㉕**グケン**[b]を申し述べる。 自分のいけんをへりくだっていう語。

13	棄
音	キ
意味	a すてる。ほうりだす。しりぞける。

㉖遺産の相続を**ホウキ**[a]する。 権利をすてること。

㉗失敗が続き自暴**ジキ**[a]になる。 やけになること。

㉘契約を突然**ハキ**[a]された。 一方的に取り消すこと。

㉙ごみを不法に**トウキ**[a]する。 なげすてること。

13	隔
音	カク
訓	へだ(てる・たる)
意味	a へだてる。へだたる。はなす。 b 一つおいて次の。

㉚五分**カンカク**[a]で運転する。 じかんのへだたり。

㉛二人の仲を**ヘダテル**[a]。 ひきはなす。

㉜**エンカク**[a]の地で暮らす家族。 とおくはなれていること。

㉝**カクセイ**[a]の感を禁じ得ない。 時代がへだたっていること。

㉞**カクゲツ**[b]発行の雑誌。 ひとつきおき。

慌 ⑱恐慌 ⑲慌てる

喫 ⑳喫茶 ㉑喫煙 ㉒満喫 ㉓喫緊

愚 ㉔愚劣 ㉕愚見

棄 ㉖放棄 ㉗自棄 ㉘破棄 ㉙投棄

隔 ㉚間隔 ㉛隔てる ㉜遠隔 ㉝隔世 ㉞隔月

滅（13画）

メツ
ほろ(びる・ぼす)

a ほろびる。ほろぼす。
b きえる。火や明かりがきえる。
c 死ぬ。釈尊や高僧の死。

① 権利がショウメツ[a]する。（きえてなくなること。）
② 伝染病のボクメツ[a]に尽力する。（完全にうちほろぼすこと。）
③ 江戸幕府のメツボウ[a]を描く。（ほろびてきえさること。）
④ ゼツメツ[a]の危機にさらされる。（ほろびてたえること。）
⑤ 豆電球がテンメツ[b]する。（ついたりきえたりすること。）
⑥ ブツメツ[c]を避けて入籍する。（六曜の一つで大凶日。）

滑（13画）

カツ
コツ
すべ(る)
なめ(らか)

a すべる。
b なめらか。ぬらぬらする。ぬめる。
c みだす。みだれる。

⑦ スキーで斜面をカッソウ[a]する。（すべって進むこと。）
⑧ カッシャ[a]を使って持ち上げる。（溝に綱をかけて回転するようにした装置。）
⑨ 会議をエンカツ[b]に進める。（すらすらと運ぶこと。）
⑩ 彼の英語の発音はナメラカ[b]だ。（とどこおりのないさま。）
⑪ コッケイ[c]なしぐさを見せる。（おもしろおかしいこと。）

滞（13画）

タイ
とどこお(る)

a とどこおる。はかどらない。
b ある場所にとどまる。

⑫ 業務がテイタイ[a]する。（順調にすすまないこと。）
⑬ 車の流れがトドコオル[a]。（つかえる。）
⑭ 経済がチンタイ[a]する原因。（積極的な動きが見られないこと。）
⑮ 飛行機のタイクウ[b]時間。（そらを飛び続けること。）

摂（13画）

セツ

a とる。とり入れる。
b かねる。代わって行う。
c ととのえる。おさめる。やしなう。

⑯ 栄養を効果的にセッシュ[a]する。（とり入れること。）
⑰ すべてをホウセツ[a]する概念。（一定範囲内にとりこむこと。）
⑱ セッショウ[b]が天皇を補佐する。（君主の代わりにせいじを執り行うこと。）
⑲ 自然のセツリ[c]に従って生きる。（万物をおさめている法則。）
⑳ 病後はセッセイ[c]に努めている。（健康に気を配ること。）

正解

滅　①消滅　②撲滅　③滅亡　④絶滅　⑤点滅　⑥仏滅
滑　⑦滑走　⑧滑車　⑨円滑　⑩滑らか　⑪滑稽
滞　⑫停滞　⑬滞る　⑭沈滞　⑮滞空
摂　⑯摂取　⑰包摂　⑱摂政　⑲摂理　⑳摂生

読んでみよう

催 13
サイ
もよお(す)
a もよおす。会合や行事などを行う。
b きざす。おこる。
c うながす。せきたてる。
ノ イ 亻' 亻山 亻屮 亻屰 亻隹 ... 催

㉑ 文化祭を**カイサイ**[a]する。（ひらき行うこと。）
㉒ 退職者の送別会を**モヨオス**[a]。（行う。）
㉓ イベントを**シュサイ**[a]する。（中心となって行うこと。）
㉔ **サイミン**[b]術にかかりやすい人。（ねむけをおこさせること。）
㉕ メールの返事を**サイソク**[c]する。（せかすこと。）

慨 13
ガイ
a なげく。いきどおる。なげき。
丶 忄 忄 忄' 忄ㄱ 忄ㅌ 忄艮 忄旣 ... 慨

㉖ 念願かなって**カンガイ**[a]深い。（しみじみと思うこと。）
㉗ 友人の裏切りに**フンガイ**[a]する。（いきどおること。）

廉 13
レン
a いさぎよい。きよい。
b やすい。値段がやすい。
丶 亠 广 广 产 库 庐 庐 廉 廉 廉 廉 廉

㉘ **セイレン**[a]潔白な政治家。（心がきよらかで後ろ暗いところのないこと。）
㉙ 夏物処分のため**レンバイ**[b]する。（やすうり。）

携 13
ケイ
たずさ(える・わる)
a 身につける。手にさげて持つ。
b 手をつなぐ。関連する。
一 亅 扌 扌' 扌' 扌' 扌' 扌' 扌隹 携 携 携 携

㉚ 念のため雨具を**ケイタイ**[a]する。（持ち歩くこと。）
㉛ 営業の仕事に**タズサワル**[b]。（ある事柄に関係する。）
㉜ 両党が**レンケイ**[b]を密にする。（互いに協力して物事をすること。）

該 13
ガイ
a 全体に広く行き渡ってそなわる。
b あたる。あてはまる。
丶 亠 亠 言 言 言 言 言' 言亠 言亥 該 該 該

㉝ **ガイハク**[a]な知識の持ち主。（学識などが非常に広いさま。）
㉞ すべての項目に**ガイトウ**[b]する。（あてはまること。）
㉟ **トウガイ**[b]事件の関係者の証言。（そのことに関係のあること。）

飽 13
ホウ
あ(きる・かす)
a 腹いっぱいたべる。満たされる。
ノ 人 亼 今 今 食 食 食 飣 飩 飽 飽 飽

㊱ 人口が**ホウワ**[a]状態にある。（限界まで満ちていること。）
㊲ **ホウショク**[a]の時代に生きる。（暮らしに不自由のないたとえ。）
㊳ 同じ話の繰り返しで**アキル**[a]。（うんざりする。）

催 ㉑開催 ㉒催す ㉓主催 ㉔催眠 ㉕催促

慨 ㉖感慨 ㉗憤慨 ▼類 概 p.106・既 p.93

廉 ㉘清廉 ㉙廉売

携 ㉚携帯 ㉛携わる ㉜連携

該 ㉝該博 ㉞該当 ㉟当該 ▼類 劾 p.120・骸

飽 ㊱飽和 ㊲飽食 ㊳飽きる ▼類 抱 p.53・胞

搾 13
サク
しぼ(る)
a しぼる。しぼりとる。しめつける。
一 十 扌 扌' 扌' 扌'' 扌'' 扌'' 搾 搾 搾 搾 搾

① 資本家が利益を**サクシュ**[a]する。(しぼりとること。)
② 種子を**アッサク**[a]して油をとる。(強くおしつけてしぼること。)
③ 牛の乳を**シボル**[a]。(強くおして液を出させる。)

稚 13
チ
a おさない。わかい。いとけない。
一 二 千 禾 禾 禾' 禾' 禾' 秆 稚 稚 稚 稚

④ 年齢のわりに**チセツ**[a]な文章。(子供じみて下手であるさま。)
⑤ **チギョ**[a]を川に放流する。(卵からかえって間もないさかな。)

債 13
サイ
a 借りがあること。負い目。借金。
b 貸した金銭などを取りたてること。
c「債券」の略。
ノ イ イ' 仹 仹 佳 佳 佳 倩 倩 債 債 債

⑥ 多額の**フサイ**[a]を残し倒産する。(借金。)
⑦ **サイム**[a]を整理する手続き。(借金を返さなければならないぎむ。)
⑧ 不良**サイケン**[b]の処理を行う。(借金の返済を請求できるけんり。)
⑨ 個人向け**コクサイ**[c]を購入する。(くにが発行する有価証券。)

塊 13
カイ
かたまり
a 土のかたまり。かたまり。
一 十 土 圵 圵 圵 坤 坤 坤 塊 塊 塊 塊

⑩ **ダンカイ**[a]の世代と呼ばれる。(かたまり。)
⑪ 牛肉の**カタマリ**[a]を切る。(ひとまとまり。)

概 14
ガイ
a おおむね。おおよそ。だいたい。
b ようす。おもむき。心もち。
一 十 木 木' 杷 杷 根 根 根 概 概 概 概 概

⑫ 時間の**ガイネン**[a]が誕生する。(ある事物を一般化した意味内容。)
⑬ 研究の**ガイヨウ**[a]を述べる。(あらまし。)
⑭ 収入を**ガイサン**[a]する。(大まかに数えること。)
⑮ 制度の**ガイリャク**[a]を述べる。(おおよその内容。)
⑯ **イチガイ**[a]に悪いとは言えない。(おしなべて。)
⑰ 天気**ガイキョウ**[a]を調べる。(だいたいのようす。)
⑱ 次世代を担う**キガイ**[b]を持て。(強い意志。)

正解

搾 ▼ 訓 読んでみよう 絞《しぼ》る
① 搾取 ② 圧搾 ③ 搾る

稚
④ 稚拙 ⑤ 稚魚

債
⑥ 負債 ⑦ 債務 ⑧ 債権 ⑨ 国債

塊 ▼ 類 魂 p.107・魅 p.110
⑩ 団塊 ⑪ 塊

概 ▼ 類 慨 p.105・既 p.93
⑫ 概念 ⑬ 概要 ⑭ 概算 ⑮ 概略 ⑯ 一概 ⑰ 概況 ⑱ 気概

嫁（13画）
カ　よめ　とつ(ぐ)
a とつぐ。よめにいく。よめ。
b 罪や責任をなすりつける。

⑲ 美しいハナヨメ（a）姿に見とれる。
結婚したばかりの女性。

⑳ 部下に責任をテンカ（b）する。
なすりつけること。

憎（14画）
ゾウ　にく(む・い・らしい・しみ)
a にくむ。にくしみ。にくらしい。

㉑ あらゆる戦争をゾウオ（a）する。
にくみ嫌うこと。

㉒ アイゾウ（a）の念が入り交じる。
あいすることと、にくむこと。

誘（14画）
ユウ　さそ(う)
a さそう。いざなう。みちびく。
b おびきだす。おびきよせる。
c 引きおこす。

㉓ 勉強会への参加をサソウ（a）。
すすめる。

㉔ 甘い物のユウワク（b）に勝てない。
さそって心をまどわすこと。

㉕ 大富豪の娘をユウカイ（b）する。
だましてさそいだして連れていくこと。

㉖ 自由な発想をユウハツ（c）する。
他のことを引きおこすこと。

㉗ 過労が事故のユウイン（c）となる。
引きおこすげんいん。

漂（14画）
ヒョウ　ただよ(う)
a ただよう。流れに浮かぶ。さまよう。
b さらす。水や薬品でしろくする。

㉘ 荒れた海でヒョウリュウ（a）する。
ただよいながれること。

㉙ 諸国をヒョウハク（a）する歌人。
さすらうこと。

㉚ 小舟が波間にタダヨウ（a）。
水面に浮かんで揺れる。

㉛ ふきんをヒョウハク（b）する。
しろくすること。

魂（14画）
コン　たましい
a たましい。人の肉体に宿る精気。
b こころ。思い。精神。

㉜ 死者のタマシイ（a）を慰める。
生物に宿ると考えられているもの。

㉝ 何かコンタン（b）がありそうだ。
よくない意図。

㉞ セイコン（b）込めて作られた品。
物事に打ち込む思い。

遭（14画）
ソウ　あ(う)
a あう。であう。めぐりあう。

㉟ 事件現場にソウグウ（a）する。
思いがけずであうこと。

㊱ ソウナン（a）者が後を絶たない。
命を落とすような災いにあうこと。

嫁 ▼類 稼 p.141
⑲ 花嫁　⑳ 転嫁

憎 ▼類 増 p.21・贈 p.82
㉑ 憎悪　㉒ 愛憎

誘
㉓ 誘う　㉔ 誘惑　㉕ 誘拐　㉖ 誘発　㉗ 誘因

漂 ▼類 票・標
㉘ 漂流　㉙ 漂泊　㉚ 漂う　㉛ 漂白

魂 ▼類 塊 p.106・魅 p.110
㉜ 魂　㉝ 魂胆　㉞ 精魂

遭 ▼訓 会《あ》う・合《あ》う
㉟ 遭遇　㊱ 遭難

締 15
テイ
し(まる・める)

a しめる。しまる。しめくくる。
b 約束をむすぶ。とりきめる。

① ネクタイを**シメル**[a]。
しっかり巻きつける。

② 二国間で条約を**テイケツ**[b]する。
むすぶこと。

緩 15
カン
ゆる(い・やか・む・める)

a ゆるい。ゆるやか。のろい。
b ゆるむ。ゆるめる。

③ 球を**カンキュウ**[a]自在に操る。
遅いことと速いこと。

④ 店内の混雑を**カンワ**[b]する。
程度をやわらげること。

⑤ 試験が終わって気が**ユルム**[b]。
張りがなくなる。

潜 15
セン
ひそ(む)
もぐ(る)

a もぐる。みずの中にもぐる。くぐる。
b ひそむ。かくれる。ひそかに。
c 心を落ち着ける。

⑥ **センスイ**[a]して魚を捕まえる。
みずの中にもぐること。

⑦ **センザイ**[b]能力を引き出す。
内にひそんでいること。

⑧ 事件の裏に**ヒソム**[b]陰謀。
内部にかくれる。

⑨ 哲学的な思索に**チンセン**[c]する。
深く没入すること。

審 15
シン

a つまびらか。あきらか。
b くわしく調べてあきらかにする。
c 「審理」「審判員」の略。

⑩ 契約内容に**フシン**[a]な点がある。
疑わしく思うこと。

⑪ 国会で法案を**シンギ**[b]する。
可否を検討すること。

⑫ 画集を見て**シンビ**[b]眼を養う。
うつくしさを見極めること。

⑬ 選挙で国民が**シンパン**[b]を下す。
是非などを決めること。

⑭ **シュシン**[c]の判定に従う。
中心となるアンパイア。

衝 15
ショウ

a つく。ぶつかる。つきあたる。
b つきうごかす。
c かなめ。大事なところ。

⑮ 労使間で**セッショウ**[a]を行う。
かけひきをすること。

⑯ **カンショウ**[a]地帯を設ける。
二つの物の間の不和を和らげること。

⑰ 意気**ショウテン**[a]の勢いだ。
おおいに意気のあがる状態。

⑱ **ショウドウ**[b]買いを控えたい。
発作的に行おうとする心のうごき。

⑲ 交通の**ヨウショウ**[c]を占める。
大事な場所。

正解

読んでみよう
締 ▼訓 絞《し》める 閉《し》める p.37・
① 締める ② 締結
緩 ▼類 暖 p.41・援 p.65
③ 緩急 ④ 緩和 ⑤ 緩む
潜
⑥ 潜水 ⑦ 潜在 ⑧ 潜む ⑨ 沈潜
審
⑩ 不審 ⑪ 審議 ⑫ 審美 ⑬ 審判 ⑭ 主審
衝 ▼類 衡 p.143
⑮ 折衝 ⑯ 緩衝 ⑰ 衝天 ⑱ 衝動 ⑲ 要衝

潤 15

ジュン
うるお(う・す)
うる(む)

a うるおう。うるおす。水分を含む。
b めぐみ。利益。
c かざる。つやを出す。立派に見える。

⑳ ジュンカツ[a]な人間関係を築く。（物事がなめらかに運ぶさま。）

㉑ 温暖でシツジュン[a]な気候。（しめり気のあるさま。）

㉒ 肌のウルオイ[a]を保つ化粧品。（適度の水分を含むこと。）

㉓ 自己資金がジュンタク[b]にある。（たくさんあるさま。）

㉔ リジュン[b]を追求する企業。（もうけ。）

㉕ 事件をジュンショク[c]して語る。（おもしろく作りかえること。）

憂 15

ユウ
うれ(える・い)
う(い)

a 思いなやむ。心配する。つらい。

㉖ 科学の現状をユウリョ[a]する。（思い煩うこと。）

㉗ 国の将来をウレエル[a]。（心配する。）

㉘ 雨続きでものウイ[a]気分だ。（なんとなく心が晴れない。）

㉙ 展開に一喜イチユウ[a]する。（喜んだり心配したりすること。）

㉚ ユウショク[a]が濃く現れた表情。（心配そうなかおいろ。）

請 15

セイ
シン
こ(う)
う(ける)

a こう。ねがう。
b うける。ひきうける。

㉛ 選挙への出馬をヨウセイ[a]する。（ねがいもとめること。）

㉜ 証明書の交付をシンセイ[a]する。（ねがい出ること。）

㉝ 慰謝料をセイキュウ[a]する。（正当にもとめること。）

㉞ 母屋をフシン[a]する。（建てたり修理したりすること。）

㉟ 会場を使用する許可をコウ[a]。（ねがう。）

㊱ 大企業の仕事をシタウケ[b]する。（他人がうけた仕事をひきうけること。）

慰 15

イ
なぐさ(める・む)

a なぐさめる。いたわる。

㊲ 失敗した仲間をナグサメル[a]。（心を晴らしてやる。）

㊳ 若手社員をイロウ[a]する食事会。（なぐさめねぎらうこと。）

㊴ 職場のイアン[a]旅行に参加する。（ねぎらい気晴らしをさせること。）

㊵ 老人福祉施設をイモン[a]する。（見舞ってなぐさめること。）

潤 ⑳潤滑 ㉑湿潤 ㉒潤い ㉓潤沢 ㉔利潤 ㉕潤色

憂 ▼訓 愁《うれ》い p.136 ㉖憂慮 ㉗憂える ㉘憂い ㉙一憂 ㉚憂色

請 ▼訓 乞《こ》う ㉛要請 ㉜申請 ㉝請求 ㉞普請 ㉟請う ㊱下請け

慰 ▼類 尉 ㊲慰める ㊳慰労 ㊴慰安 ㊵慰問

第55回

緊（15）
キン

a かたい。きつくしめる。ちぢむ。
b さしせまる。きびしい。

①本部とキンミツ[a]に連絡をとる。
結びつきが強いさま。

②事はキンキュウ[b]を要する。
いそぐ必要のあること。

③キンパク[b]した空気が漂う。
非常にさしせまっていること。

魅（15）
ミ

a 人の心をまどわし、ひきつける。

④観客をミリョウ[a]する演技。
完全に心をひきつけること。

⑤ミリョク[a]的な話し方をする人。
人の心をひきつけるちから。

⑥美しい声で聴衆をミワク[a]する。
人の心をひきつけまどわすこと。

嘱（15）
ショク

a たのむ。いいつける。まかせる。
b つける。よせる。目をかける。

⑦研究イショク[a]を受ける。
たのんでまかせること。

⑧施設の管理をショクタク[a]する。
仕事をたのみまかせること。

⑨前途をショクボウ[b]される若手。
のぞみをかけること。

諾（15）
ダク

a こたえる。「はい」とこたえる。
b 同意する。引き受ける。

⑩唯唯《いい》ダクダク[a]として従う。
何事にもはいはいと従うさま。

⑪写真の掲載をショウダク[b]する。
頼みを引き受けること。

⑫ダクヒ[b]をお知らせください。
引き受けることと、断ること。

⑬原稿依頼をカイダク[b]する。
こころよく受け入れること。

撮（15）
サツ
と(る)

a 映画や写真をとる。

⑭旅先で記念サツエイ[a]をする。
映画や写真をとること。

⑮小説を原作にして映画をトル[a]。
作る。

賢（16）
ケン
かしこ(い)

a かしこい。まさる。すぐれる。
b 相手のことがらに添える敬称。

⑯中止はケンメイ[a]な判断だった。
かしこいさま。

⑰精進の前にはケング[a]なし。
かしこいことと、おろかなこと。

⑱胸中をごケンサツ[b]ください。
おさっし。

正解
読んでみよう

緊 ①緊密 ②緊急 ③緊迫

魅 ▼類 塊 p.106・魂 p.107
④魅了 ⑤魅力 ⑥魅惑

嘱 ▼類 属 p.17
⑦委嘱 ⑧嘱託 ⑨嘱望

諾 ⑩諾諾 ⑪承諾 ⑫諾否 ⑬快諾

撮 ▼訓 採《と》る p.13・捕《と》る p.60・執《と》る p.61
⑭撮影 ⑮撮る

賢 ▼類 堅 p.67
⑯賢明 ⑰賢愚

遵 15
ジュン
a 規則や道理にしたがう。

⑲ 交通法規を**ジュンシュ**[a]する。
したがいまもること。

餓 15
ガ
a うえる。うえ。ひもじい。

⑳ 飢饉《ききん》で多くの人が**ガシ**[a]した。
うえじに。

穏 16
オン
おだ(やか)
a おだやか。やすらか。

㉑ **ヘイオン**[a]な毎日を取り戻す。
静かでおだやかなこと。

㉒ 今日の海は**オダヤカ**[a]だ。
やすらかで静かなさま。

㉓ **オントウ**[a]な結果に落ち着いた。
無理なく道理にかなっていること。

㉔ **オンケン**[a]な性格の持ち主。
おだやかでしっかりしているさま。

㉕ 場を**オンビン**[a]に収める。
事を荒立てずに取り扱うさま。

㉖ **アンノン**[a]とした生活を送る。
心静かに落ち着いていること。

㉗ 会場に**フオン**[a]な空気が漂う。
おだやかでないこと。

錯 16
サク
a まじる。まざる。入り乱れる。
b 誤る。まちがえる。

㉘ 感情が複雑に**コウサク**[a]する。
入りまじること。

㉙ 目の**サッカク**[b]を利用した絵。
思いちがい。

㉚ 試行**サクゴ**[b]の末に完成する。
試みと失敗を重ねながら目的に迫ってゆくこと。

凝 16
ギョウ
こ(る・らす)
a こる。かたまる。動かなくなる。
b こらす。意識を一つのことに注ぐ。

㉛ 水が**ギョウコ**[a]する温度。
かたまること。

㉜ 粒子が**ギョウシュウ**[a]する。
かたまりあつまること。

㉝ 年齢のせいか肩が**コル**[a]。
かたくなる。

㉞ 遠くの一点を**ギョウシ**[b]する。
じっと見つめること。

㉟ 細部にわたって趣向を**コラス**[b]。
一心に考えをめぐらす。

---

⑱ 賢察

遵
⑲ 遵守

餓
⑳ 餓死

穏 ▼ 類 隠 p.73
㉑ 平穏
㉒ 穏やか
㉓ 穏当
㉔ 穏健
㉕ 穏便
㉖ 安穏
㉗ 不穏

錯 ▼ 類 措 p.98・惜 p.99
㉘ 交錯
㉙ 錯覚
㉚ 錯誤

凝 ▼ 類 疑 p.41・擬 p.145
㉛ 凝固
㉜ 凝集
㉝ 凝る
㉞ 凝視
㉟ 凝らす

膨 16
ボウ
ふく(らむ・れる)
a ふくらむ。ふくれる。はれる。
丿 刀 月 月 肚 肚 肤 胩 胩 脻 膨

①**ボウダイ**[a]な資料を保存する。
非常に多いさま。

②予算が**ボウチョウ**[a]する。
ふくれあがること。

③若手への期待が**フクラム**[a]。
おおきく広がる。

縛 16
バク
しば(る)
a しばる。自由を奪う。いましめる。
幺 糸 糸 紀 紆 紆 絈 紬 縛 縛 縛

④親の**ソクバク**[a]から逃れたい。
行動に制限を加えること。

⑤古い雑誌をひもで**シバル**。
一つにまとめて結ぶ。

⑥固定観念の**ジュバク**[a]を解く。
心理的に自由を制限すること。

擁 16
ヨウ
a いだく。だく。かかえる。
b まもる。たすける。
扌 扌 扩 扩 抆 挖 挖 掖 掖 擁 擁 擁

⑦熱い**ホウヨウ**[a]を交わす。
だきしめること。

⑧人権**ヨウゴ**[b]団体に所属する。
かばいまもること。

⑨候補者を**ヨウリツ**[b]する。
ある位に就かせるため盛りたてること。

錬 16
レン
a 金属をねりきたえる。
b 心身や技芸をきたえる。
𠆢 亼 金 釒 釒 釘 鉑 鉑 錬 錬 錬

⑩**レンキン**[a]術の知識を得る。
鉄や銅などからきんを作ろうとした技術。

⑪彼は百戦**レンマ**[b]のつわものだ。
多くの経験を積んでいること。

篤 16
トク
a 人情にあつい。熱心である。
b 病気が重い。
𠂉 𠂉 ⺮ ⺮ 竹 竹 笁 笃 筐 篤 篤 篤

⑫温厚**トクジツ**[a]な性格の人。
情にあつくまじめであること。

⑬**トクシ**[a]の人の寄付を仰ぐ。
社会事業などに協力する気持ち。

⑭一時**キトク**[b]状態に陥った。
病気が重くて死にそうなこと。

謀 16
ボウ
ム
はか(る)
a くわだてる。考えをめぐらす。
b 悪事をたくらむ。はかりごと。
言 言 言 計 計 討 誹 謀 謀 謀 謀

⑮**ムボウ**[a]な開発計画を見直す。
先のことを考えず行動すること。

⑯君主に対して**ムホン**[b]を起こす。
そむいて挙兵すること。

⑰**ボウリャク**[b]に長《た》けた武将。
人をあざむくような計画。

⑱会社の乗っ取りを**ハカル**[b]。
悪事をたくらむ。

正解 読んでみよう

膨 ①膨大 ②膨張 ③膨らむ

縛 ④束縛 ⑤縛る ⑥呪縛

擁 ⑦抱擁 ⑧擁護 ⑨擁立

錬 ⑩錬金 ⑪錬磨 「練磨」とも書く
▼類 練

篤 ⑫篤実 ⑬篤志 ⑭危篤
▼類 驚 p.83

謀 ⑮無謀 ⑯謀反
▼訓 測《はか》る p.16・図《はか》る・諮《はか》る p.113・量《はか》る・計《はか》る

諮（16）
シ／はか（る）
a 上の人が下の者にたずねる。

⑲ 総理大臣の**シモン**[a]を受ける。（有識者に意見を求めること。）
⑳ 議案を委員会に**ハカル**[a]。（意見を聞く。）

鍛（17）
タン／きた（える）
a 金属を打ちたたいて上質にする。
b 技術や心身をきたえて強くする。

㉑ 鉄を**タンゾウ**[a]して形を作る。（金属を打って形をつくること。）
㉒ 大会に向けて**タンレン**[b]を積む。（心身・技術を磨くこと。）
㉓ 剣道を通して心身を**キタエル**[b]。（練習を積んで強くする。）

犠（17）
ギ
a いけにえ。

牲（9）
セイ
a いけにえ。

㉔ 時には自分を**ギセイ**[a][a]にする。（大切なものをささげること。）

墾（16）
コン
a ひらく。荒れ地をきりひらく。

㉕ 苦労して荒野を**カイコン**[a]した。（きりひらいて耕地にすること。）

聴（17）
チョウ／き（く）
a きく。注意してきく。

㉖ **ケイチョウ**[a]に値する講演。（耳をかたむけて熱心にきくこと。）
㉗ 市議会を**ボウチョウ**[a]する。（当事者以外の者が場内できくこと。）
㉘ 人の悪口を**フイチョウ**[a]する。（言いふらすこと。）
㉙ 意見を**チョウシュ**[a]する。（ききとること。）

擦（17）
サツ／す（る・れる）
a する。すれる。こする。さする。

㉚ 転んで**サッカショウ**[a]を負う。（すりきず。）
㉛ **クツズレ**[a]ができて痛い。（くつが足に合わず、すれてできるきず。）

---

⑰ 謀略
⑱ 謀る
諮 ▼訓 測《はか》る p.16・図《はか》る・謀《はか》る p.112・量《はか》る・計《はか》る
⑲ 諮問
⑳ 諮る
鍛
㉑ 鍛造
㉒ 鍛練（鍛錬）
㉓ 鍛える
犠 ▼類 義 p.18・儀 p.75
牲 ▼類 性 p.6・姓
㉔ 犠牲
墾 ▼類 懇 p.145
㉕ 開墾
聴 ▼訓 聞《き》く
㉖ 傾聴
㉗ 傍聴
㉘ 吹聴
㉙ 聴取
擦 ▼訓 刷《す》る
㉚ 擦過傷
㉛ 靴擦れ

翻（18画）

ホン／ひるがえ(る)・ひるがえ(す)

a ひるがえる。ひるがえす。
b うつしかえる。うつしとる。

①手のひらをヒルガエス。（a）ひらりと裏を出す。

②やっとのことでホンイさせた。（a）決心をひるがえすこと。

③外国語の論文をホンヤクする。（b）他国の言語に直すこと。

礎（18画）

ソ／いしずえ

a いしずえ。柱の下に置く土台。基本。

④英会話をキソからやり直す。（a）大もとの部分。

⑤近代日本のソセキを築く。（a）大もとをなす大事なもの。

⑥寺院のイシズエだけが残る。（a）建物の土台となるいし。

繕（18画）

ゼン／つくろ(う)

a つくろう。なおす。修理する。

⑦屋根のシュウゼンを頼む。（a）つくろいなおすこと。

⑧漁師が破れた網をツクロウ。（a）なおす。

⑨校舎をエイゼンする。（a）建物を造ったりなおしたりすること。

穫（18画）

カク

a 作物を刈りとる。とりいれる。

⑩小麦をシュウカクする。（a）作物をとりいれること。

濫（18画）

ラン

a みだれる。みだりに。あふれる。

⑪ゾウのランカクを禁ずる。（a）魚や鳥獣をむやみにとること。

⑫製品を粗製ランゾウする。悪質な製品をむやみに多くつくること。

⑬職権をランヨウする。限度を超えてむやみに使うこと。

糧（18画）

リョウ・ロウ／かて

a たべもの。旅行や行軍用のかて。

⑭その日のカテにも困る生活。（a）生きていくためのたべもの。

⑮ついにヒョウロウが尽きた。（a）陣中における軍隊のたべもの。

⑯ショクリョウ難に見舞われる。とくに米や麦。

正解　読んでみよう

翻 ①翻す ②翻意 ③翻訳

礎 ④基礎 ⑤礎石 ⑥礎

繕 ⑦修繕 ⑧繕う ⑨営繕
▼類 善 p.41・膳

穫 ⑩収穫
▼類 獲 p.79

濫 ⑪濫獲 ⑫濫造 ⑬濫用
「乱」に書きかえられるものがある

糧 ⑭糧 ⑮兵糧 ⑯食糧

18 **覆**
フク
おお(う)
くつがえ(す・る)
a おおう。かぶせる。つつむ。
b くつがえす。くつがえる。

⑰ 目を**オオウ**[a]ばかりの惨状。
上に物をかぶせる。

⑱ **フクメン**[a]で顔を隠した強盗。
顔をおおい隠すための布。

⑲ 大方の予想を**クツガエス**[b]結果。
ひっくりかえす。

⑳ 突風で遊覧船が**テンプク**[b]した。
船などがひっくりかえること。

㉑ **フクスイ**[b]盆に返らず。
一度した失敗は取り戻すことはできない。

20 **譲**
ジョウ
ゆず(る)
a ゆずる。ゆずりあたえる。
b へりくだる。

㉒ 交渉で一切**ジョウホ**[a]しない。
考えを曲げて他の意見に従うこと。

㉓ 満員電車で老人に席を**ユズル**[a]。
人にあたえる。

㉔ 権限の一部を**イジョウ**[a]する。
ゆずりまかせること。

㉕ 全財産を**ジョウヨ**[a]する。
ゆずりあたえること。

㉖ **ケンジョウ**[b]の美徳を備える。
へりくだりゆずること。

20 **鐘**
ショウ
かね
a かね。つりがね。

㉗ 社会に**ケイショウ**[a]を鳴らす。
危機的状況を予告する。

21 **顧**
コ
かえり(みる)
a かえりみる。ふりむいて見る。
b 思いめぐらす。心にかける。

㉘ 学生時代を**カイコ**[a]する。
過去を思い起こすこと。

㉙ 過去を**カエリミル**[a]余裕がない。
過ぎ去ったことを考えてみる。

㉚ **コキャク**[b]の満足度が高い。
よく利用してくれるきゃく。

㉛ **コモン**[b]弁護士に相談する。
相談を受け意見を述べる人。

21 **魔**
マ
a 人の心を惑わす怪物。
b 不思議な術。あやしいわざ。

㉜ 勉強中の僕を**スイマ**[a]が襲う。
こらえきれない眠気。

㉝ **アクマ**[a]に取りつかれる。
人に災いをもたらすもの。

㉞ **マホウ**[b]使いが出てくる話。
人間わざとは思えない不思議な術。

覆 ▼ 類 復 p.16・複 p.21
⑰ 覆う
⑱ 覆面
⑲ 覆す
⑳ 転覆
㉑ 覆水

譲 ▼ 類 壌 p.144・醸 p.148・嬢
㉒ 譲歩
㉓ 譲る
㉔ 委譲
㉕ 譲与
㉖ 謙譲

鐘
㉗ 警鐘

顧 ▼ 訓 省《かえり》みる
㉘ 回顧
㉙ 顧みる
㉚ 顧客
㉛ 顧問

魔 ▼ 類 摩 p.142・磨 p.144
㉜ 睡魔
㉝ 悪魔
㉞ 魔法

厄

4 厄

ヤク

a わざわい。くるしむ。
b よくないめぐりあわせ。

一 厂 厅 厄

①おばの家でヤッカイ[a]になる。（世話になること。）

②身にサイヤク[a]が降りかかる。（わざわい。）

③ヤクドシ[b]なのでお祓《はら》いに行く。（難に遭いやすいとされるとし。）

氾

5 氾

ハン

a ひろがる。あふれる。

、 ⺀ 氵 氾 氾

④豪雨で河川がハンラン[a]する。（あふれ出ること。）

壮

6 壮

ソウ

a 若者。若い。としざかり。
b さかん。さかんである。いさましい。
c おおきくて立派である。

丨 丬 丬 壮 壮 壮

⑤ショウソウ[a]の学者。（若くて元気のよいこと。）

⑥ヒソウ[b]な決意で試合に臨む。（かなしい中にもりりしさがあること。）

⑦ユウソウ[b]な太鼓の音が響く。（いさましく元気なこと。）

⑧ソウダイ[c]な自然に圧倒される。（規模がおおきくて立派なこと。）

⑨ソウカン[c]な山並みを満喫する。（おおきくてすばらしい眺め。）

充

6 充

ジュウ
あ(てる)

a みちる。みたす。みつ。
b あてる。足りないところをうめる。

丶 亠 𠫓 𠫓 ⺬ 充

⑩精神的なジュウソク[a]を求める。（みちたりること。）

⑪室内に煙がジュウマン[a]する。（空間いっぱいにみちること。）

⑫社会保障のカクジュウ[a]を図る。（広げて大きくすること。）

⑬ジュウジツ[a]した毎日を送る。（十分備わって豊かなこと。）

⑭救急箱の薬をホジュウ[b]する。（不足をおぎなうこと。）

⑮アルバイト代を学費にアテル[b]。（あてはめる。）

妄

6 妄

モウ
ボウ

a みだりに。道理にはずれている。
b でたらめ。いつわり。

丶 亠 亡 妄 妄 妄

⑯あらぬことをモウソウ[a]する。（根拠なくあれこれ思い描くこと。）

⑰軽挙モウドウ[a]を戒める。（深く考えずに軽はずみな行いをすること。）

⑱モウゲン[b]に惑わされる。（でまかせのいい加減なことば。）

正解 読んでみよう

厄
①厄介 ②災厄 ③厄年

氾 ▼類 犯
④氾濫

壮 ▼類 荘 p.121
⑤少壮 ⑥悲壮 ⑦勇壮 ⑧壮大 ⑨壮観

充 ▼訓 当《あ》てる・宛《あ》てる
⑩充足 ⑪充満 ⑫拡充 ⑬充実 ⑭補充 ⑮充てる

妄 ▼類 盲
⑯妄想 ⑰妄動 ⑱妄言

迅 6
ジン
a はやい。すみやか。
b はげしい。
乁 乁 卂 卂 迅 迅

⑲ **ジンソク**[a]な対応を心がける。
すばやいさま。

⑳ 獅子《しし》**フンジン**[b]の活躍をする。
はげしい勢いで物事に対処すること。

呈 7
テイ
a しめす。あらわす。
b さしだす。さしあげる。
丶 口 口 旦 早 呈 呈

㉑ 準備不足が**ロテイ**[a]する。
あらわれ出ること。

㉒ 来場者に粗品を**テイ**[b]する。
さしだす。

㉓ 彼女に花束を**シンテイ**[b]した。
さしあげること。

忍 7
ニン
しの（ぶ・ばせる）
a しのぶ。こらえる。たえる。
b むごい。
c しのばせる。しのび。
フ 刀 刃 刃 忍 忍 忍

㉔ 釣りには**ニンタイ**[a]が必要だ。
こらえること。

㉕ **カンニン**[a]袋の緒が切れる。
これ以上我慢できなくて怒りが爆発する。

㉖ **ザンニン**[b]な事件が発生した。
無慈悲なことを平気でするさま。

㉗ 伊賀**ニンジャ**[c]の子孫。
しのびのもの。

朴 6
ボク
a うわべを飾らない。すなお。
一 十 才 木 朴 朴

㉘ **ソボク**[a]な人柄が好まれる。
ありのままであるさま。

妥 7
ダ
a やすらか。おだやか。
b おりあう。ゆずりあう。
一 ⺈ ⺤ ⺤ 妥 妥 妥

㉙ 彼の受賞は**ダトウ**[a]な結果だ。
よくあてはまっていること。

㉚ このへんで**ダキョウ**[b]しよう。
互いに譲歩して話をまとめること。

㉛ 賃上げ交渉が**ダケツ**[b]する。
互いに折れ合って約束をむすぶこと。

肖 7
ショウ
a にる。にている。
b にせる。かたどる。
丨 ⺌ ⺌ ⺌ 肖 肖 肖

㉜ **フショウ**[a]ながら司会を務める。
未熟で劣ること。

㉝ 祖父の**ショウゾウ**[b]を描く。
人の姿をうつしとったもの。

佐 7
サ
a たすける。手助けする。
ノ イ 仁 什 佐 佐 佐

㉞ 副会長は会長を**ホサ**[a]する。
たすけおぎなうこと。

迅 ⑲迅速 ⑳奮迅
呈 ㉑露呈 ㉒呈 ㉓進呈
忍 ㉔忍耐 ㉕堪忍 ㉖残忍 ㉗忍者
朴 ㉘素朴
妥 ㉙妥当 ㉚妥協 ㉛妥結
肖 ㉜不肖 ㉝肖像
佐 ㉞補佐

扶
7
フ
a たすける。世話をする。力を添える。
一 寸 扌 扌 扌 扶 扶
扶

①子供を**フヨウ**[a]する義務がある。
生活の面倒を見ること。

②相互**フジョ**[a]の精神を持つ。
たすけ支えること。

把
7
ハ
a とる。つかむ。にぎる。
b とって。にぎり。つか。
一 寸 扌 扌 扌 扣 把
把

③被害の状況を**ハアク**[a]する。
完全に理解すること。

④話の要点を**ハソク**[a]する。
しっかりと理解すること。

⑤ドアの**ハシュ**[b]の部分。
とって。

拙
8
セツ
つたな(い)
a つたない。まずい。
b 自分のことを謙遜《けんそん》していう語。
一 寸 扌 扌 扌 扌 拙 拙
拙

⑥作品の**コウセツ**[a]を問わない。
たくみなことと、下手なこと。

⑦**セッソク**[a]な結論を避ける。
下手であるが出来がはやいこと。

⑧文章が**セツレツ**[a]でわからない。
下手でおとるさま。

⑨**セッタク**[b]にもお寄りください。
自分の家をへりくだっていう語。

吟
7
ギン
a うたう。詩歌を作る。
b 深くあじわう。よくたしかめる。
丨 口 口 叫 吟 吟 吟
吟

⑩漢詩の**ギンエイ**[a]が得意だ。
漢詩などを節をつけてうたうこと。

⑪内容をよく**ギンミ**[b]して決める。
よく調べること。

弄
7
ロウ
もてあそ(ぶ)
a からかう。あなどる。
b もてあそぶ。ほしいままにする。
一 T 王 王 王 弄 弄
弄

⑫弱者を**グロウ**[a]する。
ばかにしてからかうこと。

⑬運命に**ホンロウ**[b]される。
思うままにもてあそぶこと。

享
8
キョウ
a うける。うけいれる。
丶 亠 亠 亠 亨 亨 享 享
享

⑭科学の恩恵を**キョウジュ**[a]する。
うけいれて味わいたのしむこと。

⑮人生を**キョウラク**[a]的に生きる。
存分にたのしみにふけること。

⑯**キョウネン**[a]百歳の大往生。
天からうけた寿命。

正解

扶 ①扶養 ②扶助
把 ③把握 ④把捉 ⑤把手
拙 ⑥巧拙 ⑦拙速 ⑧拙劣 ⑨拙宅
吟 ⑩吟詠 ⑪吟味
弄 ⑫愚弄 ⑬翻弄
享 ⑭享受 ⑮享楽 ⑯享年

読んでみよう

宜
8
ギ
a よろしい。よい。都合がよい。
丶 ⺍ 宀 宀 宁 宇 宜 宜

⑰ 利用者のベンギ[a]を図る。
場に応じた処置。

⑱ テキギ[a]塩を加えてください。
各自がよいと思うようにすること。

拒
8
キョ
こば(む)
a こばむ。ことわる。よせつけない。
一 丁 扌 扎 扌 扩 拒 拒

⑲ 理不尽な要求をキョヒ[a]する。
こばみことわること。

⑳ 資金援助の申し出をコバム[a]。
ことわる。

奔
8
ホン
a はしる。かけまわる。
b にげる。まける。
c 思うままにする。
d 勢いがよい。
一 ナ 大 大 本 本 奔 奔

㉑ 観光客誘致にホンソウ[a]する。
うまく運ぶようかけまわること。

㉒ 郷里をシュッポン[b]する。
にげて行方をくらますこと。

㉓ 自由ホンポウ[c]に生きる青年。
思うままに行動すること。

㉔ 地価がホントウ[d]する。
急に高くなること。

析
8
セキ
a さく。わる。わけて明らかにする。
一 十 オ 木 木 杧 析 析

㉕ 事故の原因をブンセキ[a]する。
細かな要素にわけていくこと。

㉖ データをカイセキ[a]する。
細かく調べて本質を明らかにすること。

㉗ 結晶がセキシュツ[a]する。
液体から固体がわかれて現れること。

侮
8
ブ
あなど(る)
a あなどる。さげすむ。
ノ イ 亻 仁 伒 佐 侮 侮

㉘ 公然と人をブジョク[a]する。
あなどり恥をかかせること。

㉙ 新人だと思ってアナドル[a]な。
見下げてばかにする。

㉚ ブベツ[a]したことを謝罪する。
見下しさげすむこと。

尚
8
ショウ
a なお。まだ。そのうえ。
b たっとぶ。とうとぶ。あがめる。
c 格がたかい。たかくする。
丨 ⺌ ⺌ 兯 尚 尚 尚 尚

㉛ 契約解除は時期ショウソウ[a]だ。
それを行うにはまだはやすぎること。

㉜ ショウコ[b]主義を唱える。
昔の文物・制度をとうとぶこと。

㉝ コウショウ[c]な趣味を持つ。
けだかくて立派なこと。

宜 ▼ 類 宣 p.31
⑰ 便宜
⑱ 適宜

拒 ▼ 類 距 p.68
⑲ 拒否
⑳ 拒む

奔
㉑ 奔走
㉒ 出奔
㉓ 奔放
㉔ 奔騰

析 ▼ 類 祈 p.55・折
㉕ 分析
㉖ 解析
㉗ 析出

侮 ▼ 類 悔 p.91
㉘ 侮辱
㉙ 侮る
㉚ 侮蔑

尚
㉛ 尚早
㉜ 尚古
㉝ 高尚

ステップ⑤ 第60回

斉 8 セイ
a そろう。ととのう。ひとしい。
丶 亠 ナ 文 产 斉 斉 斉

①選手が**イッセイ**[a]に走り出す。 a 多くの者が同時に行うさま。

②校歌を**セイショウ**[a]する。 a 大勢が同じ旋律を歌うこと。

肯 8 コウ
a うなずく。承知する。受け入れる。
丨 卜 止 止 屵 肯 肯 肯

③相手の主張を**コウテイ**[a]する。 a そうであると認めること。

④**シュコウ**[a]しがたい意見だ。 a 納得し賛成すること。

迭 8 テツ
a かわる。かわるがわる。たがいに。
丿 𠂉 二 牛 失 ⻌失 迭 迭

⑤外務大臣が**コウテツ**[a]される。 a ある役職の人を入れ替えること。

披 8 ヒ
a 開く。ひろげる。
b あばく。うちあける。
一 扌 扌 扌 扩 扩 披 披

⑥書状を**ヒケン**[a]する。 a 文書や手紙を開いてみること。

⑦テレビで新曲を**ヒロウ**[b]する。 b 広く世間に知らせること。

劾 8 ガイ
a とりしらべる。ただす。あばく。
丶 亠 亡 方 亥 亥 刻 劾

⑧大臣の収賄を**ダンガイ**[a]する。 a 罪をしらべ、責任を追及すること。

泥 8 デイ どろ
a どろ。どろ状のもの。
丶 氵 氵 氵 氵 沪 沪 泥

⑨事態は**ドロヌマ**[a]に陥った。 a なかなか抜け出せない悪い状況。

⑩実力に**ウンデイ**[a]の差がある。 a 非常に大きな違い。

⑪**デイスイ**[a]するまで飲む。 a 正体をなくすまで酒によること。

枢 8 スウ
a かなめ。物事の大切なところ。
一 十 才 木 木 杠 杈 枢

⑫政治の**チュウスウ**[a]を担う都市。 a かなめとなる部分。

⑬組織の**スウヨウ**[a]な地位につく。 a 最も大切なところ。

⑭**スウジク**[a]となって働く。 a 物事や活動のかなめ。

正解

斉 ▼類 斎
①一斉 ②斉唱

肯
③肯定 ④首肯

迭
⑤更迭

披 ▼類 彼 p.55・被 p.60
⑥披見 ⑦披露

劾 ▼類 該 p.105・骸
⑧弾劾

泥
⑨泥沼 ⑩雲泥 ⑪泥酔

枢
⑫中枢 ⑬枢要 ⑭枢軸

読んでみよう

枠（8画）
わく
a わく。細い材で周囲をかこったもの。
b 一定の範囲。限界。

⑮ 本文の一部をワクで囲む。(a) 周囲をふちどる線や材。
⑯ 予算のワクナイで仕事をする。(b) 決められた範囲の中。

括（9画）
カツ
a くくる。まとめる。

⑰ 広範な問題をホウカツする。(a) ひっくるめてまとめること。
⑱ 月末にイッカツして支払う。(a) ひとつにまとめること。
⑲ 引用部分をカッコでくくる。(a) 他と区別をつける記号。
⑳ 経済動向をガイカツする。(a) あらましをまとめること。
㉑ 全体をトウカツする立場。(a) ばらばらのものをまとめること。

荘（9画）
ソウ
a おごそか。いかめしい。
b いなかにある家。仮ずまい。

㉒ ソウチョウな音楽が流れる。(a) おごそかでおもおもしいさま。
㉓ ベッソウで保養する。(b) 普段居住する家とはべつに設けた家。

洞（9画）
ドウ
ほら
a ほら。ほらあな。うろ。
b つらぬく。見とおす。

㉔ 内部がクウドウになっている。(a) 中ががらで何もないこと。
㉕ 仲間とドウクツを探索する。(a) ほらあな。
㉖ 相手の心理をドウサツする。(b) 物事を見抜くこと。

挑（9画）
チョウ
いど(む)
a いどむ。しかける。けしかける。

㉗ 記録更新にチョウセンする。(a) 困難なことにいどむこと。
㉘ 相手のチョウハツに乗る。(a) 事をひき起こすようにしかけること。
㉙ 王者に決戦をイドム。(a) しかける。

糾（9画）
キュウ
a もつれる。からみつく。
b ただす。しらべる。
c よりあわせる。一つに寄せ集める。

㉚ 議論のフンキュウを招く。(a) 物事が乱れもつれること。
㉛ 罪状をキュウメイする。(b) 問いただしてあきらかにすること。
㉜ 有志をキュウゴウする。(c) ある目的のために人々を寄せ集めること。

枠 ⑮ 枠 ⑯ 枠内 ▼類 粋 p.95・砕 p.122
括 ⑰ 包括 ⑱ 一括 ⑲ 括弧 ⑳ 概括 ㉑ 統括 ▼類 活
荘 ㉒ 荘重 ㉓ 別荘 ▼類 壮 p.116
洞 ㉔ 空洞 ㉕ 洞窟 ㉖ 洞察 ▼類 胴・銅
挑 ㉗ 挑戦 ㉘ 挑発 ㉙ 挑む ▼類 跳 p.72・眺 p.129
糾 ㉚ 紛糾 ㉛ 糾明 ㉜ 糾合

叙 9
ジョ
a のべる。順をおってのべる。
b 順序をつける。官位をさずける。

①史実に即してジョジュツ[a]する。（順をおって書き記すこと。）
②俳優がジジョ[a]伝を出版する。（じぶんのことをのべること。）
③春のジョクン[b]の対象となる。（功労者に国から与えられるもの。）

砕 9
サイ
くだ（く・ける）
a くだく。くだける。

④一撃で敵をフンサイ[a]する。（徹底的に打ちのめすこと。）
⑤粉骨サイシン[a]して働く。（全力で事にあたること。）
⑥彼の自信を打ちクダク[a]。（こなごなにする。）

甚 9
ジン
はなは（だ・だしい）
a はなはだしい。度を超えている。

⑦洪水でジンダイ[a]な被害が出る。（程度がきわめておおきいさま。）
⑧勘違いもハナハダシイ[a]。（度を超えている。）
⑨シンジン[a]なる謝意を述べる。（非常にふかいこと。）

浄 9
ジョウ
a きよい。きよらか。
b きよめる。

⑩室内をセイジョウ[a]に保つ。（きよらかでけがれのないさま。）
⑪空気をジョウカ[b]する。（汚れを除去すること。）
⑫傷口をセンジョウ[b]する。（あらいすすぐこと。）

衷 9
チュウ
a なか。なかほど。かたよらない。
b こころのうち。まこと。まごころ。

⑬和洋の様式をセッチュウ[a]する。（それぞれの長所をとって一つにすること。）
⑭チュウシン[b]よりおわびします。（こころの底。）
⑮彼女のクチュウ[b]を察する。（くるしいこころのうち。）

津 9
シン
つ
a みなと。渡し場。ふなつき場。
b しみ出る。わき出る。

⑯ツツ浦浦[a]に広まっている。（国じゅうどこでも。）
⑰興味シンシン[b]で見学する。（関心が尽きないさま。）

正解　読んでみよう

叙 ▼類 除 p.33・徐 p.96
①叙述　②自叙　③叙勲

砕 ▼類 粋 p.95・枠 p.121
④粉砕　⑤砕身　⑥砕く

甚
⑦甚大　⑧甚だしい　⑨深甚

浄
⑩清浄　⑪浄化　⑫洗浄

衷 ▼類 哀 p.91・衰 p.92
⑬折衷　⑭衷心　⑮苦衷

津
⑯津津　⑰津津

畏（9）
イ
おそ(れる)
a おそれる。おびえる。おじけづく。
b おそれうやまう。かしこまる。

⑱ 父の大声にイシュクする。（a おびえて小さくなること。）
⑲ 大自然にイケイの念を抱く。（b おそれうやまうこと。）
⑳ 私にはオソレ多いお話です。（b 身に過ぎてもったいない。）

拭（9）
ショク
ふ(く)
ぬぐ(う)
a ぬぐう。ふく。ふきとる。

㉑ 悪い印象をフッショクする。（a すっかりぬぐいさること。）
㉒ ハンカチで手をフク。（a 汚れや水分をぬぐいとる。）

陥（10）
カン
おちい(る)
おとしい(れる)
a おちいる。おちこむ。おとしいれる。
b 欠ける。不足する。あやまち。

㉓ 敵の術中にオチイル。（a はまりこむ。）
㉔ 城がカンラクした。（a 攻めおとされること。）
㉕ 無実の罪にオトシイレル。（a だまして苦境に立たせる。）
㉖ 製品のケッカンが見つかる。（b 不備な点。）

索（10）
サク
a もとめる。さがす。
b ちる。はなれる。ものさびしい。

㉗ シサクにふける。（a 筋道を立てて深く考えること。）
㉘ 巻末にサクインを付ける。（a インデックス。）
㉙ 余計なセンサクはするな。（a 細かい点まで調べもとめること。）
㉚ 興味サクゼンたる思い。（b 関心がなくなりおもしろくないさま。）

逐（10）
チク
a 後を追う。追いはらう。
b 順を追う。順にしたがう。
c きそう。争う。

㉛ 悪貨は良貨をクチクする。（a 悪がはびこると善が滅びるというたとえ。）
㉜ 病状をチクイチ報告する。（b ひとつひとつ順を追って。）
㉝ 研究の成果をチクジ発表する。（b 順を追ってするさま。）
㉞ 両者が激しくカクチクする。（c 互いに争うこと。）

秩（10）
チツ
a ついで。物事の筋道。次第。

㉟ チツジョ立てて説明する。（a 物事の正しい筋道。）

畏 ⑱ 畏縮 ⑲ 畏敬 ⑳ 畏れ
拭 ㉑ 払拭 ㉒ 拭く
陥 ㉓ 陥る ㉔ 陥落 ㉕ 陥れる ㉖ 欠陥
索 ㉗ 思索 ㉘ 索引 ㉙ 詮索 ㉚ 索然
逐 ㉛ 駆逐 ㉜ 逐一 ㉝ 逐次 ㉞ 角逐
秩 ㉟ 秩序

▼訓 恐《おそ》れる p.60
▼類 遂 p.100

唆 (10)

サ
そそのか(す)

a そそのかす。けしかける。

①シサ[a]に富んだ意見。
それとなくしめすこと。

②違法行為のキョウサ[a]を禁じる。
他人をそそのかして犯意を生じさせること。

③悪事をソソノカス[a]。
おだてて悪い方へ誘う。

核 (10)

カク

a 物事のかなめ。重要なところ。
b 「原子核」の略。

④問題のカクシン[a]に迫る。
本質をなしている部分。

⑤組織のチュウカク[a]をなす人物。
重要な部分。

⑥カクヘイキ[b]の廃絶を願う。
かくの反応を利用したぶき。

栽 (10)

サイ

a 草木などをうえる。
b うえこみ。庭。

⑦温室で花をサイバイ[a]する。
草木を育てること。

⑧防風林としてショクサイ[a]する。
草木をうえること。

⑨縁側に面したセンザイ[b]。
草木をうえこんだ庭。

紡 (10)

ボウ
つむ(ぐ)

a つむぐ。つむいだ糸。

⑩羊毛から糸をツムグ[a]。
より合わせて糸にする。

⑪綿と毛のコンボウ[a]の布地。
異なる繊維をまぜてつむぐこと。

捜 (10)

ソウ
さが(す)

a さがす。さがしもとめる。さぐる。

⑫行方不明者のソウサク[a]が続く。
さがしもとめること。

⑬警察の懸命のソウサ[a]が続く。
犯人をさがすこと。

⑭落とした鍵をサガス[a]。
所在のわからないものをさがす。

泰 (10)

タイ

a やすい。やすらか。おだやか。
b 大きい。広い。落ち着いている。
c はなはだしい。きわみ。果て。

⑮一家のアンタイ[a]を祈願する。
無事でやすらかなこと。

⑯タイゼン[b]自若と構える。
どっしりと落ち着いていて動じないさま。

⑰タイセイ[c]のすばらしい名画。
にしの果て。

正解 読んでみよう

唆 ▼ 類 酸 p.22・俊
①示唆 ②教唆 ③唆す

核 ▼ 類 刻 p.29
④核心 ⑤中核 ⑥核兵器

栽 ▼ 類 裁 p.39・載 p.69
⑦栽培 ⑧植栽 ⑨前栽

紡 ▼ 類 防 p.6・妨 p.87
⑩紡ぐ ⑪混紡

捜 ▼ 訓 探《さが》す p.37
⑫捜索 ⑬捜査 ⑭捜す

泰 ▼ 類 奏 p.32・奉 p.88
⑮安泰 ⑯泰然 ⑰泰西

10 **貢**

コウ
ク
みつ(ぐ)

a みつぐ。みつぎもの。

一 丅 工 产 斉 斉 貢 貢 貢 貢

貢

⑱ 初優勝に守備で**コウケン**[a]する。
尽力して役に立つこと。

⑲ そろそろ**ネング**[a]の納め時だ。
最後の見切りをつける時。

⑳ 悪い男に**ミツグ**[a]。
金や物を与えて助ける。

10 **耗**

モウ
コウ

a へる。へらす。すりへらす。

一 二 三 丰 丰 耒 耒 耔 耔 耗

耗

㉑ 暑さで体力を**ショウモウ**[a]する。
使ってへらすこと。

㉒ タイヤが**マモウ**[a]する。
すりへること。

㉓ 心神**コウジャク**[a]状態にある。
正常な行動が著しく困難な状態。

10 **症**

ショウ

a 病気のしるし。病気の状態。

丶 亠 广 广 疒 疒 疔 疔 症 症

症

㉔ **ショウジョウ**[a]が悪化する。
病気や傷のありさま。

㉕ 喉に**エンショウ**[a]を起こした。
体の一部に痛みなどを起こすこと。

㉖ 今回の失恋は**ジュウショウ**[a]だ。
程度がはなはだしいこと。

10 **祥**

ショウ

a さいわい。さち。めでたいこと。
b きざし。前ぶれ。

丶 ラ ネ ネ ネ' ネ' 祥 祥 祥 祥

祥

㉗ 警察官の**フショウジ**[a]が続く。
関係者にとって不都合なこと。

㉘ 横浜は鉄道**ハッショウ**[b]の地だ。
物事が起こり現れること。

10 **倫**

リン

a みち。人のふみ行うべきみち。

ノ 亻 亻 仆 伶 伶 伶 倫 倫 倫

倫

㉙ **リンリ**[a]観に乏しい。
人として守り、ふみ行うべきみち。

㉚ **ジンリン**[a]にもとる行為。
道徳的にとるべき言動。

10 **剖**

ボウ

a わける。さく。見分ける。

丶 亠 亠 立 立 产 音 音 剖 剖

剖

㉛ 魚の**カイボウ**[a]をする。
切り開いて内部構造を調べること。

10 **准**

ジュン

a なぞらえる。そのものに次ぐ。
b 許す。

丶 冫 冫 冫 冫 冫 冫 准 准 准

准

㉜ **ジュンキョウジュ**[a]の講義。
きょうじゅに次ぐ職階。

㉝ 条約の**ヒジュン**[b]書を交換する。
条約締結に対する同意の手続き。

貢 ⑱ 貢献 ⑲ 年貢 ⑳ 貢ぐ

耗 ▼類 耕 ㉑ 消耗 ㉒ 摩耗(磨耗) ㉓ 耗弱

症 ㉔ 症状 ㉕ 炎症 ㉖ 重症

祥 ▼類 詳 p.71 ㉗ 不祥事 ㉘ 発祥

倫 ▼類 論 p.43・輪 ㉙ 倫理 ㉚ 人倫

剖 ▼類 陪 p.100・培 p.127・賠 p.140 ㉛ 解剖

准 ▼類 準 p.18 ㉜ 准教授 ㉝ 批准

第63回

漢字	画数	読み	意味	筆順
飢	10	キ / う(える)	a うえる。うえ。穀物が実らない。	ノ ト 个 今 今 今 食 食 飣 飢
恭	10	キョウ / うやうや(しい)	a うやうやしい。かしこまる。	一 十 廾 共 共 共 恭 恭 恭 恭
恣	10	シ	a ほしいまま。勝手気ままにする。	丶 冫 冫 次 次 次 恣 恣 恣 恣
挫	10	ザ	a おる。手足の関節を痛める。 b くだける。勢いがなくなる。	一 扌 扌 扌 扌 扌 扌 挫 挫 挫

①**キガ**[a]に苦しむ子供を救う。（食べ物が不足して苦しむこと。）

②干ばつで多くの人が**ウエル**[a]。（食べ物がなく苦しむ。）

③**キョウジュン**[a]の意を表す。（つつしんで命令に従うこと。）

④**ウヤウヤシイ**[a]態度をとる。（丁寧で礼儀正しいさま。）

⑤**シイ**[a]的な判断に陥る危険性。（自分勝手な考え。）

⑥転んで足首を**ネンザ**[a]した。（くじくこと。）

⑦何度も**ザセツ**[b]を経験する。（途中で駄目になること。）

漢字	画数	読み	意味	筆順
挨	10	アイ	a おす。ひらく。おしのける。	一 扌 扌 扌 扌 扌 扌 扌 挨 挨
拶	9	サツ	a せまる。おしよせる。	一 扌 扌 扌 扌 扌 拶 拶 拶
捉	10	ソク / とら(える)	a とらえる。つかまえる。	一 扌 扌 扌 扣 扣 扣 捉 捉 捉
偽	11	ギ / いつわ(る) / にせ	a いつわる。だます。 b にせ。にせもの。	ノ イ 亻 伊 伊 伊 偽 偽 偽 偽 偽

⑧近所の人と**アイサツ**[a][a]を交わす。（人と取り交わす対応の言葉。）

⑨敵をレーダーで**ホソク**[a]する。（とらえること。）

⑩各段落の要点を**トラエル**[a]。（自分のものとする。）

⑪消費期限を**ギソウ**[a]する。（他のものに見せかけること。）

⑫うわさの**シンギ**[b]を確かめる。（まことかうそか。）

⑬紙幣の**ギゾウ**[b]を防止する。（にせものをつくること。）

⑭彼は**ニセモノ**[b]弁護士だ。（身分・職業をいつわっている人。）

正解

読んでみよう

飢 ①飢餓 ②飢える
恭 ③恭順 ④恭しい
恣 ⑤恣意
挫 ⑥捻挫 ⑦挫折
挨 拶 ⑧挨拶
捉 ⑨捕捉 ⑩捉える
▼訓 捕《と》らえる p.60
▼類 促 p.90
偽 ⑪偽装 ⑫真偽 ⑬偽造 ⑭偽者
▼類 為 p.56

11 **偏**
ヘン
かたよ(る)

a かたよる。中正でない。

ノ イ 仁 仨 仨 伊 伊 侷 侷 偏 偏

偏

⑮ 独断と**ヘンケン**[a]で決定する。
かたよった考え方。

⑯ 外食続きで栄養が**カタヨル**[a]。
一方へ寄る。

⑰ 学歴**ヘンチョウ**[a]の世の中。
特定のものばかりおもんずること。

⑱ 志望校の**ヘンサ**[a]値が気になる。
標準となる数値からのかたより。

⑲ 人口が東京に**ヘンザイ**[a]する。
かたよってあること。

⑳ **ヘンクツ**[a]で気難しい父親。
ひねくれていること。

㉑ **ヘンコウ**[a]報道を批判する。
考え方がかたよっていること。

㉒ **ヘンショク**[a]が多い子供。
たべ物の好き嫌いが激しいこと。

㉓ 末っ子を**ヘンアイ**[a]する。
かたよってあいすること。

11 **培**
バイ
つちか(う)

a つちかう。草木を育てる。

一 十 土 圹 圹 圹 垃 垃 坃 培 培

培

㉔ 文化祭で友情を**ツチカウ**[a]。
育成する。

㉕ 乳酸菌を**バイヨウ**[a]する方法。
人工的にふやすこと。

11 **逸**
イツ

a はしる。にげる。にがす。
b かくれる。失う。世に知られない。
c それる。はずれる。わがまま。
d ぬきんでている。すぐれる。
e 気楽に楽しむ。

ノ ク ク 各 各 缶 争 免 免 逸 逸

逸

㉖ 捕手が**コウイツ**[a]する。
ボールをうしろにそらすこと。

㉗ おもしろい**イツワ**[b]が多い人物。
世にあまり知られていないはなし。

㉘ 貴重な資料の**サンイツ**[b]を防ぐ。
ちらばってなくなること。

㉙ 本来の目的から**イツダツ**[c]する。
本筋からはずれること。

㉚ 十年に一人の**イツザイ**[d]だ。
すぐれた才能をもつ人。

㉛ **アンイツ**[e]な日を送る。
何もしないで遊んで暮らすこと。

11 **悠**
ユウ

a はるか。とおい。
b ゆったりしたさま。

ノ イ 亻 仆 仆 攸 攸 攸 悠 悠 悠

悠

㉜ 中国の**ユウキュウ**[a]の歴史。
果てしなくながく続くこと。

㉝ **ユウゼン**[b]たる面持ちで語る。
物事に動ぜず落ち着いているさま。

㉞ 慌てず**ユウチョウ**[b]に構える。
落ち着いていて気のながいこと。

㉟ **ユウユウ**[b]自適の生活だ。
自分の思うままにのんびりと暮らすこと。

偏 ⑮偏見 ⑯偏る ⑰偏重 ⑱偏差 ⑲偏在 ⑳偏屈 ㉑偏向 ㉒偏食 ㉓偏愛
▼類 編 p.24・遍 p.133

培 ㉔培う ㉕培養
剖 p.125
▼類 陪 p.100・賠 p.140・

逸 ㉖後逸 ㉗逸話 ㉘散逸 ㉙逸脱 ㉚逸材 ㉛安逸

悠 ㉜悠久 ㉝悠然 ㉞悠長 ㉟悠悠

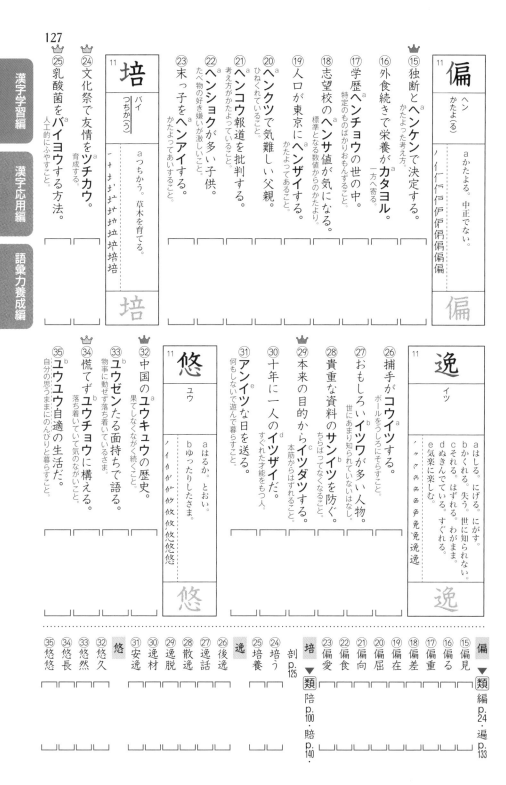

剰
11
ジョウ
a あまる。多すぎて残る。あまり。
一 二 三 千 垂 垂 乗 乗 乗 剰 剰

①彼は自意識カジョウ[a]で困る。
適当な分量を超えていること。

②機械化でヨジョウ[a]人員が出る。
必要な分を除いたあまり。

③ジョウヨ[a]金は次期に繰り越す。
あまり。

渉
11
ショウ
a 広く見聞する。あちこち歩き回る。
b かかわる。あずかる。関係する。
丶 冫 氵 氵 汁 汁 氵 氵 渋 渉 渉

④資料をショウリョウ[a]する。
広く書物などを読みあさること。

⑤新車の値引きコウショウ[b]。
取引相手と話し合うこと。

⑥ショウガイ[b]営業を担当する。
その人と連絡を取って仕事をすること。

旋
11
セン
a めぐる。まわる。かえる。もどる。
b 仲をとりもつ。世話をする。
丶 亠 方 方 方 方 方 於 旃 旋 旋

⑦上空を飛行機がセンカイ[a]する。
円を描くようにまわること。

⑧業界にセンプウ[a]を巻き起こす。
大きな話題になる。

⑨勤め口のシュウセン[b]をする。
間に立って面倒をみること。

渋
11
ジュウ
しぶ
しぶ(い・る)
a しぶる。とどこおる。
b にがにがしいさま。
c しぶい味。かきしぶ。
d 派手でなく落ち着いている。
丶 冫 氵 氵 汁 汁 汁 洪 浩 渋 渋

⑩高速道路がジュウタイ[a]する。
なかなか先へ進めないこと。

⑪問題の解決にナンジュウ[a]する。
すらすらと運ばないこと。

⑫クジュウ[b]に満ちた表情で見る。
くるしみ悩むこと。

⑬シブガキ[c]を甘くする方法。
実が熟してもしぶみが抜けないかき。

⑭シブイ[d]柄の着物がよく似合う。
地味で落ち着いた感じがする。

粛
11
シュク
a つつしむ。身をひきしめる。
b ただす。いましめる。きびしくする。
フ ヨ ヨ 尹 肀 肀 肀 肃 肃 粛 粛

⑮ゲンシュク[a]な儀式を終える。
おごそかでつつしみ深いこと。

⑯セイシュクに願います。
ひっそりしずまりかえっていること。

⑰報道をジシュク[a]する。
みずから言動をつつしむこと。

⑱綱紀シュクセイ[b]に努める。
政治のあり方や役人の態度をただすこと。

正解
読んでみよう

剰 ①過剰 ②余剰 ③剰余

渉 ④渉猟 ⑤交渉 ⑥渉外

旋 ⑦旋回 ⑧旋風 ⑨周旋

▼類 施 p.90

渋 ⑩渋滞 ⑪難渋 ⑫苦渋 ⑬渋柿 ⑭渋い

粛 ⑮厳粛 ⑯静粛 ⑰自粛 ⑱粛正

悼 （11画）

トウ
いた(む)

a いたむ。人の死を悲しむ。

筆順：丶 忄 忄 忄 忙 怕 怕 恒 恒 悼 悼

⑲ アイトウ[a]の意を表する。（人の死を悲しみいたむこと。）

⑳ 戦争の犠牲者をイタム[a]。（人の死を悲しむ。）

㉑ 俳優のツイトウ[a]番組を見る。（死者をしのんで悲しみにひたること。）

涼 （11画）

リョウ
すず(しい・む)

a すずしい。すずしさ。
b ものさびしい。

筆順：丶 冫 氵 氵 汁 汁 泞 泞 涼 涼 涼

㉒ ノウリョウ[a]花火大会に行く。（工夫してすずしさを味わうこと。）

㉓ 高原にセイリョウ[a]な風が吹く。（さわやかですずしいこと。）

㉔ コウリョウ[b]とした原野が続く。（あれ果ててものさびしいさま。）

渇 （11画）

カツ
かわ(く)

a かれる。みずがなくなる。
b のどがかわく。
c むさぼる。ひどくほしがる。

筆順：丶 冫 氵 氵 氵 汩 沪 沪 渇 渇 渇

㉕ カッスイ[a]対策本部を設置する。（日照りが続きみずがかれること。）

㉖ キカツ[b]に苦しむ人たち。（うえとかわき。）

㉗ 優秀な人材をカツボウ[c]する。（切実にのぞむこと。）

眺 （11画）

チョウ
なが(める)

a ながめる。遠くを見渡す。ながめ。

筆順：丨 冂 冃 月 目 目 ⽬ 眇 眺 眺 眺

㉘ 海へのチョウボウ[a]が開ける。（遠くを見渡して目に入る景色。）

㉙ 山の頂から市内をナガメル[a]。（遠くを見やる。）

庸 （11画）

ヨウ

a かたよらない。ふつう。つね。

筆順：丶 亠 广 户 户 户 庐 肩 肩 肩 庸

㉚ 展開がボンヨウ[a]でつまらない。（特にすぐれたところがないこと。）

㉛ チュウヨウ[a]を得た意見に従う。（かたよらないでほどよいこと。）

涯 （11画）

ガイ

a 遠い果て。かぎり。きわみ。

筆順：丶 冫 氵 氵 汇 汇 沪 沪 涯 涯 涯

㉜ ご恩はショウガイ[a]忘れません。（いきている間。）

㉝ テンガイ[a]孤独の身の上。（広い世の中に身寄りが一人もいないこと。）

㉞ 自分のキョウガイ[a]を嘆く。（置かれている立場。）

悼 ⑲ 哀悼　⑳ 悼む　㉑ 追悼
▼訓 傷《いた》む p.41・痛《いた》む

涼 ㉒ 納涼　㉓ 清涼　㉔ 荒涼

渇 ㉕ 渇水　㉖ 飢渇　㉗ 渇望
▼訓 乾《かわ》く p.63

眺 ㉘ 眺望　㉙ 眺める
▼類 跳 p.72・挑 p.121

庸 ㉚ 凡庸　㉛ 中庸

涯 ㉜ 生涯　㉝ 天涯　㉞ 境涯

崇 11 スウ
a たっとい。とうとい。けだかい。
b たっとぶ。とうとぶ。あがめる。
丶 山 山 屮 出 岀 岀 崇 崇 崇

①**スウコウ**[a]な理念を掲げる。（けだかくてとうといさま。）
②偶像が**スウハイ**[b]されている。（心からうやまい、あがめること。）
③生き仏として**スウケイ**[b]する。（あがめうやまうこと。）

偵 11 テイ
a うかがう。様子をさぐる。
ノ イ 亻 亻 亻 偵 偵 偵 偵 偵 偵

④上空から敵陣を**テイサツ**[a]する。（ひそかにさぐること。）
⑤**タンテイ**[a]を雇って調査する。（ひそかに相手の事情をさぐる職業の人。）
⑥**ミッテイ**[a]を放つ。（スパイ。）

軟 11 ナン やわ(らか・らかい)
a やわらかい。しなやか。
b よわい。よわよわしい。
一 厂 戸 百 百 亘 車 軟 軟 軟 軟

⑦**ジュウナン**[a]な身のこなし。（やわらかくしなやかなさま。）
⑧父の態度が**ナンカ**[a]してきた。（やわらかくなること。）
⑨**ナンジャク**[b]な精神を鍛え直す。（よわよわしくしっかりしていないこと。）

訟 11 ショウ
a うったえる。あらそう。うったえ。
丶 亠 亠 言 言 言 言 訟 訟 訟 訟

⑩集団で**ソショウ**[a]を起こす。（法律的判断を裁判所に求めること。）

庶 11 ショ
a 一般の人。もろびと。
b もろもろ。数の多いこと。雑多な。
c こいねがう。
丶 亠 广 庐 庐 庐 庐 庶 庶 庶 庶

⑪**ショミン**[a]の意見を取り入れる。（一般の人々。）
⑫会社の**ショム**[b]課で仕事をする。（こまごまとした仕事。）
⑬世界の平和を**ショキ**[c]する。（強くねがうこと。）

唯 11 ユイ イ
a ただ。それだけ。
b 「はい」という応答の語。
丨 口 口 口 叶 叶 叶 叶 唯 唯 唯

⑭命が助かる**ユイイツ**[a]の方法。（ただひとつであること。）
⑮**ユイガ**[a]独尊の態度を改めろ。（ひとりよがり。）
⑯**イイ**[b]として逆らわない。（他人に言われるままに従順になるさま。）

正解 読んでみよう

崇 ①崇高 ②崇拝 ③崇敬 ▼類 宗
偵 ④偵察 ⑤探偵 ⑥密偵 ▼類 貞
軟 ⑦柔軟 ⑧軟化 ⑨軟弱 ▼訓 柔《やわ》らかい p.57
訟 ⑩訴訟
庶 ⑪庶民 ⑫庶務 ⑬庶幾
唯 ⑭唯一 ⑮唯我 ⑯唯唯 ▼類 維 p.74

11 **据**
す(える・わる)
a すえる。位置につける。すえおく。
一 扌 扌 扌 护 护 抨 挭 据 据

⑰ じっくり腰を**スエル**。[a]
そこに落ち着ける。

11 **累**
ルイ
a かさねる。かさなる。しきりに。
b つながる。かかわりあい。
丶 冂 罒 田 田 罒 罒 罗 累 累 累

⑱ **ルイセキ**[a]赤字が大きく膨らむ。
上からかさなりつもること。

⑲ **ルイシン**[a]課税制度。
数の増加につれて割合も増えること。

⑳ 災いが**ケイルイ**[b]に及ぶ。
面倒を見なければならない親・妻子など。

11 **渓**
ケイ
a たに。たにがわ。
丶 氵 氵 氵 氵 泙 泙 浮 渓 渓

㉑ **ケイコク**[a]には雪が残っている。
深く険しい側壁をもつたに。

㉒ **ケイリュウ**[a]で釣りを楽しむ。
たにまをながれるかわ。

11 **惧**
グ
a おそれる。おどろく。
丶 忄 忄 忄 忄 忄 忄 怛 惧 惧 惧

㉓ 絶滅が**キグ**[a]されている淡水魚。
あやぶみおそれること。

11 **殻**
カク
から
a から。物の表面を覆っているから。
一 十 士 声 声 壳 壳 壳 殻 殻 殻

㉔ **チカク**[a]変動が急速に進む。
ちきゅうの表層部を形成する岩石層。

㉕ 自分の**カラ**[a]に閉じこもる。
外界から自分を隔てるもののたとえ。

11 **麻**
マ
あさ
a あさ。クワ科の一年草。
b しびれる。しびれ。
丶 亠 广 广 广 庁 床 床 府 麻 麻

㉖ 快刀**ランマ**[a]を断つ。
もつれた事柄をあざやかに解決すること。

㉗ **マスイ**[b]をして歯の治療をする。
薬剤で一時的に知覚を失わせること。

11 **痕**
コン
あと
a きずあと。
b あと。あとかた。
丶 亠 广 广 疒 疒 疔 疔 疸 痕 痕

㉘ 膝に**ショウコン**[a]が残っている。
きずのあと。

㉙ 侵入された**コンセキ**[b]はない。
過去にあったことを示すあと。

11 **貪**
ドン
むさぼ(る)
a むさぼる。よくばる。よくばり。
ノ 𠆢 𠆢 今 今 含 含 含 貪 貪 貪

㉚ 技術を**ドンヨク**[a]に吸収する。
むさぼって飽くことを知らないこと。

据 ⑰ 据える ▼訓 座《すわ》る p.35

累 ⑱ 累積 ⑲ 累進 ⑳ 係累 ▼類 塁

渓 ㉑ 渓谷 ㉒ 渓流

惧 ㉓ 危惧 ▼類 具

殻 ㉔ 地殻 ㉕ 殻 ▼類 穀

麻 ㉖ 乱麻 ㉗ 麻酔

痕 ㉘ 傷痕 ㉙ 痕跡 ▼訓 跡《あと》 p.69・後《あと》

貪 ㉚ 貪欲 ▼類 貧 p.13

斬 11
ザン
き(る)
a 刀で切る。切りころす。
b きわだつ。ぬきんでる。

①**ザンサツ**[a]死体が発見された。
刃物できりころすこと。

②**ザンシン**[b]な提案をする。
きわだってあたらしいさま。

疎 12
ソ
うと(い・む)
a うとむ。うとい。親しくない。
b まばら。あらい。
c おろそか。なおざり。
d とおる。とおす。つうじる。

③**ソガイ**[a]感を味わう。
のけものにすること。

④友人と**ソエン**[a]になる。
親しくないこと。

⑤去る者は日日《ひび》に**ウトシ**[a]。
親しかった者もとおざかれば次第に交情が薄れる。

⑥**クウソ**[b]な議論を繰り返す。
見せかけだけで内容がないさま。

⑦学童**ソカイ**[b]の体験談を聞く。
都市部の人や物を地方に分散すること。

⑧準備に**ソロウ**[c]はない。
いいかげんで手抜かりのあること。

⑨意思の**ソツウ**[d]を図る。
お互いの考えが理解されること。

廃 12
ハイ
すた(れる・る)
a すたれる。おとろえる。だめになる。
b すてる。やめる。

⑩流行語はすぐに**スタレル**[a]。
使われなくなる。

⑪**タイハイ**[a]した文化。
道徳や健全な気風が崩れること。

⑫**ハイオク**[a]と化したホテル。
荒れ果てた建物。

⑬古い資料を**ハイキ**[b]処分する。
不用な物としてすてること。

⑭赤字路線の**ハイシ**[b]を検討する。
やめること。

媒 12
バイ
a なかだち。関係をとりもつ。

⑮宣伝広告の**バイタイ**[a]を選ぶ。
伝達のなかだちとなるもの。

⑯光**ショクバイ**[a]を使用する研究。
自身は変化せず反応を進める物質。

⑰**バイシャク**[a]人の挨拶。
結婚のなかだちをする人。

詐 12
サ
a いつわる。あざむく。だます。

⑱年齢**サショウ**[a]疑惑がある。
氏名・職業などをいつわって言うこと。

正解

読んでみよう

斬 ①斬殺 ②斬新
▼類 漸p.140・暫

疎 ③疎外 ④疎遠 ⑤疎し ⑥空疎 ⑦疎開 ⑧疎漏 「粗漏」とも書く ⑨疎通

廃 ⑩廃れる ⑪退廃 ⑫廃屋 ⑬廃棄 ⑭廃止

媒 ⑮媒体 ⑯触媒 ⑰媒酌
▼類 謀p.112・某

詐 ⑱詐称

惰 12
ダ
a なまける。おこたる。
b それまでの習慣や状態が続くこと。
丶 忄 忄 忄 怍 怍 惰 惰 惰 惰 惰
惰

⑲ **ダミン**[a]をむさぼる毎日。
なまけてねむること。

⑳ **ダセイ**[b]に流された生活をする。
今までの習慣や勢い。

裕 12
ユウ
a ゆたか。ゆとりがある。
丶 ラ ネ ネ ネ 衤 衤 衤 衫 衫 裕 裕
裕

㉑ 平日なら席に**ヨユウ**[a]がある。
あまりがあること。

㉒ **ユウフク**[a]な家庭に生まれる。
財産が多くて生活がゆたかなこと。

㉓ **フユウ**[a]層に向けたビジネス。
財産が多くあってゆたかなこと。

遍 12
ヘン
a あまねく。すみずみまで行き渡る。
b 回数を数える語。
一 ㇇ ㇋ 戸 戸 肩 肩 扁 扁 扁 遍 遍
遍

㉔ 僧侶が諸国を**ヘンレキ**[a]する。
各地を巡り歩くこと。

㉕ 広く世界に**ヘンザイ**[a]している。
広く行き渡ってあること。

㉖ **ナンベン**[b]も同じ質問をする。
多くの回数。

愉 12
ユ
a たのしい。たのしむ。よろこぶ。
丶 忄 忄 忄 怜 怜 怜 恰 愉 愉 愉 愉
愉

㉗ **ユカイ**[a]な出来事があった。
たのしくておもしろいこと。

㉘ 勝利の**ユエツ**[a]を味わう。
心からよろこびたのしむこと。

閑 12
カン
a ひま。いとま。
b のどか。しずか。
c なおざり。おろそか。
丨 冂 冂 冂 門 門 門 門 門 閑 閑 閑
閑

㉙ **カンショク**[a]に回された。
仕事が少なくひまな任務。

㉚ **カンセイ**[b]な住宅地に住む。
ものしずかなさま。

㉛ 平日は**カンサン**[b]としている。
ひっそりとしていること。

㉜ **カンキャク**[c]できない問題だ。
なおざりにすること。

隅 12
グウ
すみ
a すみ。かたすみ。かど。はて。
フ 了 阝 阝 阝 阝 阝 阻 隅 隅 隅 隅
隅

㉝ 庭の**イチグウ**[a]に咲く花。
かたすみ。

㉞ 都会の**カタスミ**[a]で生きる。
目立たない端。

惰 ⑲ 惰眠 ⑳ 惰性

裕 ㉑ 余裕 ㉒ 裕福 ㉓ 富裕

遍 ㉔ 遍歴 ㉕ 遍在 ㉖ 何遍
▼類 編 p.24・偏 p.127

愉 ㉗ 愉快 ㉘ 愉悦
▼類 諭 p.144・癒 p.147・輸・喩

閑 ㉙ 閑職 ㉚ 閑静 ㉛ 閑散 ㉜ 閑却

隅 ㉝ 一隅 ㉞ 片隅
▼類 偶 p.99・遇 p.100

喪 12
ソウ も
a 近親者が死者をとむらう儀礼。
b うしなう。なくす。

①黒いモフク[a]に身を包む。
葬儀や法事などに着るふく。

②失敗して自信をソウシツ[b]する。
うしなうこと。

③試合に敗れ意気ソソウ[b]する。
元気をうしなうこと。

雰 12
フン
a 大気。気分。気配。

④静かでフンイキ[a]のいい店。
自然に作り出している感じ。

堕 12
ダ
a おちる。くずれおちる。おとす。

⑤ダラク[a]した生活を送る。
品行が悪くなること。

循 12
ジュン
a したがう。よりそう。
b めぐる。

⑥インジュン[a]な態度にいらつく。
古い習慣にしたがって改めないさま。

⑦血液が体内をジュンカン[b]する。
ひとまわりすること。

猶 12
ユウ
a ためらう。ぐずぐずする。

⑧一刻のユウヨ[a]も許されない。
ぐずぐずと引き延ばして決断しないこと。

渦 12
カ うず
a うず。うずまき。うずまく。

⑨疑惑のカチュウ[a]にいる人物。
もめている状態のなか。

琴 12
キン こと
a こと。弦楽器の一つ。

⑩心のキンセン[a]に触れる言葉。
よいものに触れて感銘を受けること。

葛 12
カツ くず
a くず。かずら(つる性の植物)。

藤 18
トウ ふじ
a ふじ。かずら(つる性の植物)。

⑪親子のカットウ[a][a]を描いた小説。
人と人が互いに争い憎み合うこと。

正解 読んでみよう

喪 ①喪服 ②喪失 ③阻喪

雰 ④雰囲気

堕 ⑤堕落 ▼類 墜

循 ⑥因循 ⑦循環 ▼類 盾 p.47

猶 ⑧猶予

渦 ⑨渦中 ▼類 過 p.15・禍 p.137

琴 ⑩琴線

葛 藤 ⑪葛藤

粧 12

ショウ

a よそおう。つくろう。めかす。

丶 丷 ⺌ 半 米 米 粁 粁 粧 粧 粧

⑫ 薄くケショウ[a]をする。
顔を美しく見えるようにすること。

献 13

ケン
コン

a ささげる。奉る。さしあげる。
b かしこい人。
c 料理や酒。

一 十 十 冇 冇 南 南 南 南 献 献 献 献

⑬ 反戦運動にケンシン[a]する。
自らを犠牲にして尽くすこと。

⑭ 君主に新米をケンジョウ[a]する。
貴人にさしあげること。

⑮ 図書館でブンケン[b]をあさる。
参考となる書物。

⑯ 夕食のコンダテ[c]を考える。
料理の種類や組み合わせ。

⑰ 友とイッコン[c]かたむける。
酒の杯をすすめる度数。

煩 13

ハン
ボン
わずら(う・わす)

a わずらう。なやむ。苦しむ。
b わずらわしい。うるさい。

丶 丷 火 火 灯 灯 炉 焎 煩 煩 煩 煩 煩

⑱ 人間のボンノウ[a]を断ち切る。
心身の苦しみを生み出す精神作用。

⑲ ハンザツ[b]な手続きを代行する。
こみいっていてわずらわしいこと。

⑳ 担当者の手をワズラワス[b]。
迷惑をかける。

漠 13

バク

a 広々としたすなはら。荒野。
b ひろい。果てしないさま。
c はっきりしない。とりとめのない。

丶 氵 氵 汁 汁 芦 芦 芦 浩 漠 漠 漠 漠

㉑ サバク[a]の緑化事業に携わる。
すなばかりの痩せた土地。

㉒ コウバク[b]とした大平原。
ひろびろとして果てしないさま。

㉓ バクゼン[c]とした不安がある。
はっきりしないさま。

奨 13

ショウ

a すすめる。はげます。力づける。

丨 丬 丬 丬 丬 丬 丬 丬 将 将 将 奨 奨

㉔ 資源の回収をショウレイ[a]する。
人にすすめること。

㉕ ショウガク[a]金を支給する。
研究などをすすめはげますこと。

嫌 13

ケン
ゲン
きら(う)
いや

a きらう。いやがる。にくむ。
b うたがう。うたがわしい。

く 女 女 女 女 女 婵 婵 婵 嫌 嫌 嫌 嫌

㉖ 自己ケンオ[a]にさいなまれる。
ひどくきらうこと。

㉗ 今日は朝からキゲン[a]が悪い。
気分のよしあし。

㉘ 脱税のケンギ[b]をかけられる。
犯罪の事実があるのではというたがい。

粧 ⑫ 化粧

献 ⑬ 献身 ⑭ 献上 ⑮ 文献 ⑯ 献立 ⑰ 一献

煩 ▼訓 患《わずら》う ▼類 頒 p.137・頻 p.145
⑱ 煩悩 ⑲ 煩雑 ⑳ 煩わす

漠 ▼類 模 p.42・膜
㉑ 砂漠 ㉒ 広漠 ㉓ 漠然

奨 ㉔ 奨励 ㉕ 奨学

嫌 ▼類 謙 p.145
㉖ 嫌悪 ㉗ 機嫌 ㉘ 嫌疑

頑

13

ガン

a かたくな。融通がきかない。
b 強い。じょうぶな。

① ガンコ[a]で融通がきかない。
かたくなに態度や考えを守ること。

② 改革にガンキョウ[a]に抵抗する。
かたくなで容易に屈しないさま。

③ ガンジョウ[b]な扉を備え付ける。
がっしりとしていてつよいさま。

愁

13

シュウ
うれ(える・い)

a なげき悲しむ。思いなやむ。うれい。

④ キョウシュウ[a]に駆られる。
ふるさとや昔の物を懐かしむ気持ち。

⑤ アイシュウ[a]を帯びた後ろ姿。
もの悲しい感じ。

⑥ ユウシュウ[a]に満ちた音楽。
気分が晴れず沈むこと。

⑦ ウレイ[a]を含んだ目。
もの悲しい思い。

寛

13

カン

a 心がひろい。ゆとりがある。

⑧ 慈悲とカンヨウ[a]の精神。
他人をよく受け入れること。

⑨ カンダイ[a]な処置を求める。
心がひろく思いやりのあるさま。

酬

13

シュウ

a むくいる。こたえる。返礼する。

⑩ 弁護士にホウシュウ[a]を支払う。
謝礼の金品。

⑪ 活発な意見のオウシュウ[a]。
互いにやりとりすること。

督

13

トク

a みる。見張る。率いる。かしら。
b うながす。せきたてる。
c いえを継ぐ者。長男。

⑫ 野球部のカントク[a]に就任する。
グループをまとめ指揮する人。

⑬ 借金の返済をトクソク[b]する。
早くするようせきたてること。

⑭ 長男にカトク[c]を譲る。
相続すべき跡目。

傑

13

ケツ

a すぐれる。まさる。すぐれた人。

⑮ 多くのケッサク[a]を生んだ人物。
非常にすぐれたできばえの品。

⑯ ケッシュツ[a]した能力を示す。
抜きんでてすぐれていること。

正解

頑 ①頑固 ②頑強 ③頑丈

愁 ④郷愁 ⑤哀愁 ⑥憂愁 ⑦愁い

▼訓 憂《うれ》い p.109

寛 ⑧寛容 ⑨寛大

酬 ⑩報酬 ⑪応酬

督 ⑫監督 ⑬督促 ⑭家督

傑 ⑮傑作 ⑯傑出

読んでみよう

禍 13
カ
a わざわい。不幸せ。

⑰ 将来にカコン[a]を残す。
不幸な出来事が起こる原因。

⑱ 台風によるサイカ[a]に遭う。
思いがけないわざわい。

践 13
セン
a ふむ。ふみ行う。実行する。

⑲ 計画をジッセン[a]に移す。
理論や理念を行動に移すこと。

痴 13
チ
a おろか。おろかもの。
b 男女間の色欲に迷う。

⑳ 仕事のグチ[a]をこぼす。
言ってもしかたのないことを嘆くこと。

㉑ オンチ[a]を直したい。
歌を正確に歌えないこと。

㉒ チジョウ[b]のもつれ。
理性を失い男女間の色欲に迷う心。

頒 13
ハン
a わけ与える。広く行き渡らせる。

㉓ 試供品をハンプ[a]する。
広く配ること。

傲 13
ゴウ
a おごる。あなどる。人を見下す。

㉔ ゴウマン[a]な態度をとる。
おごりたかぶって横柄なさま。

塞 13
サイ
ソク
ふさ(ぐ・がる)
a ふさぐ。ふさがる。とざす。
b とりで。

㉕ ヘイソク[a]感に覆われた社会。
先行きが見えないこと。

㉖ 両手で耳をフサグ[a]。
ふたをする。

㉗ ヨウサイ[b]を築く。
敵を防ぐためのとりで。

彙 13
イ
a なかま。あつめる。あつまる。

㉘ ゴイ[a]の豊富な人。
ある範囲の単語のあつまり。

遮 14
シャ
さえぎ(る)
a さえぎる。ふさぐ。はばむ。

㉙ 車の流れをシャダン[a]する。
さえぎること。

㉚ 視界をサエギル[a]物はない。
さまたげること。

禍 ⑰ 禍根 ⑱ 災禍 ▼類 過 p.15・渦 p.134
践 ⑲ 実践
痴 ⑳ 愚痴 ㉑ 音痴 ㉒ 痴情
頒 ㉓ 頒布 ▼類 煩 p.135・頻 p.145
傲 ㉔ 傲慢
塞 ㉕ 閉塞 ㉖ 塞ぐ ㉗ 要塞
彙 ㉘ 語彙
遮 ㉙ 遮断 ㉚ 遮る

酷

14 画

コク

a むごい。手厳しい。ひどい。
b はなはだしい。非常に。

一 丁 丂 丙 西 酉 酉 酉 酎 酉 酷 酷 酷 酷

①**カコク**[a]な労働条件を改善する。（厳しすぎるさま。）

②仕事で肉体を**コクシ**[a]する。（手加減をしないでつかうこと。）

③**ザンコク**[a]な事件が起こる。（平気で苦しめるさま。）

④**レイコク**[a]な仕打ちを受ける。（思いやりがなくむごいこと。）

⑤二人の作風が**コクジ**[b]している。（そっくりなこと。）

⑥**コクショ**[b]への対策をとる。（非常にあついこと。）

寡

14 画

カ

a すくない。
b ひとり者。連れ合いをなくした人。

丶 丷 宀 宀 宀 宁 宙 宙 宜 宜 寘 寡 寡 寡

⑦真面目で**カモク**[a]な青年だ。（言葉数がすくないこと。）

⑧収入の**タカ**[a]は問わない。（おおいことと、すくないこと。）

⑨**カブン**[a]にして存じません。（自分の知識がすくないこと。）

⑩母は**カフ**[b]控除を受けている。（夫を失って再婚しないでいる女性。）

緒

14 画

ショ
チョ
お

a いとぐち。物事の起こりはじめ。
b すじ。つづき。つながり。
c こころ。
d ひも。お。

𠂤 幺 幺 糸 糸 紀 紀 紗 紗 紗 緒 緒 緒 緒

⑪問題解決の**タンショ**[a]となる。（物事の手がかり。）

⑫**ユイショ**[a]正しい家柄だ。（物事のそもそもの起こり。）

⑬学校まで**イッショ**[b]に行く。（ともに同じ行動をするさま。）

⑭**ジョウチョ**[c]豊かな町並み。（しみじみとした雰囲気。）

⑮下駄の**ハナオ**[d]をすげる。（親指と次の指とで挟む部分。）

彰

14 画

ショウ

a あきらか。あきらかにする。

丶 亠 ㇒ 立 立 产 音 音 音 音 章 章 彰

⑯偉人を**ケンショウ**[a]する石碑。（功績などをたたえ世間に知らせること。）

⑰功労者を**ヒョウショウ**[a]する。（褒めたたえ人々に知らせること。）

綻

14 画

タン
ほころ(びる)

a ほころびる。ほころぶ。

𠂤 幺 糸 糸 紀 紀 紵 紵 綻 綻 綻 綻

⑱金融機関が経営**ハタン**[a]する。（うまくいかなくなること。）

正解　読んでみよう

酷 ①過酷 ②酷使 ③残酷 ④冷酷 ⑤酷似 ⑥酷暑

寡 ⑦寡黙 ⑧多寡 ⑨寡聞 ⑩寡婦

緒 ⑪端緒 ⑫由緒 ⑬一緒 ⑭情緒 ⑮鼻緒　▼類 諸 p.43

彰 ⑯顕彰 ⑰表彰

綻 ⑱破綻　▼類 錠

銘

14

メイ

a金石に文字を刻む。しるす。
b製作者の名前。
c深く心に刻む。
d上等なもの。一流の。

銘

⑲石に刻まれた**ヒメイ**。[a]（せきひに彫り刻んだ文字。）

⑳正真**ショウメイ**の純金だ。[b]（うそ偽りのないこと。）

㉑講演に**カンメイ**を受けた。[c]（深く心に刻み込まれること。）

㉒先人の苦労を**メイキ**する。[c]（心に深く刻んで忘れないこと。）

㉓地元の**メイカ**を土産にする。[d]（名を知られている上等なかし。）

駄

14

ダ

aウマに荷物を背負わせる。荷物。
bつまらない。値打ちがない。
cはきもの。

駄

㉔お使いをして**ダチン**をもらう。[a]（手伝いをした子供へのほうび。）

㉕彼に援助を頼んでも**ムダ**だ。[b]（したただけの効果がないこと。）

㉖この小説は**ダサク**だ。[b]（出来の悪いさくひん。）

㉗あとは彼に**ゲタ**を預けよう。[c]（一切を相手に任せること。）

僚

14

リョウ

aとも。同じ仕事のなかま。
bつかさ。役人。

僚

㉘**ドウリョウ**と食事に行く。[a]（職場がおなじで地位もおなじ人。）

㉙**カンリョウ**出身の国会議員。[b]（上級の役人。）

㉚**カクリョウ**名簿を発表する。[b]（国務大臣。）

寧

14

ネイ

aやすらかに落ち着いている。
bねんごろ。心がこもっているさま。

寧

㉛社会の**アンネイ**を維持する。[a]（無事でやすらかなこと。）

㉜**テイネイ**な対応を心がける。[b]（細かい点にまで注意の行き届いているさま。）

誓

14

セイ
ちか(う)

aちかう。神仏や人にやくそくする。

誓

㉝主将が選手**センセイ**をする。[a]（ちかいの言葉を述べること。）

㉞**セイヤク**書に署名する。[a]（固くやくそくすること。）

㉟神仏にかけて**チカウ**。[a]（固くやくそくする。）

銘 ⑲碑銘 ⑳正銘 ㉑感銘 ㉒銘記 ㉓銘菓

駄 ㉔駄賃 ㉕無駄 ㉖駄作 ㉗下駄

僚 ㉘同僚 ㉙官僚 ㉚閣僚

寮 ▼類 療p.81・瞭p.146・

寧 ㉛安寧 ㉜丁寧

誓 ㉝宣誓 ㉞誓約 ㉟誓う

漸（14）
ゼン
a ようやく。しだいに。
b 進む。少しずつ移ってゆく。

① 病状が**ゼンジ**[a]快方に向かう。（しだいに。）
② 仏教が**トウゼン**[b]する。（ひがしへ広がり伝わること。）

閥（14）
バツ
a 出身や利害を共にする者の集まり。
b 家柄。

③ 党内にいくつか**ハバツ**[a]がある。（出身や縁故などで結びついた集団。）
④ **モンバツ**[b]にこだわった争い。（家の格付け。）

遡（遡）（14）
ソ
さかのぼ(る)
a さかのぼる。

⑤ 産卵のため川を**サカノボル**[a]魚。（流れと逆に進む。）
⑥ 四月に**ソキュウ**[a]して適用する。（さかのぼって効力をおよぼすこと。）

賠（15）
バイ
a つぐなう。

⑦ 損害**バイショウ**[a]を求める。（他人に与えた損害をつぐなうこと。）

徹（15）
テツ
a とおる。とおす。つらぬきとおす。

⑧ 戸締まりを**テッテイ**[a]する。（中途半端ではないこと。）
⑨ 初志を**カンテツ**[a]した生き方。（つらぬきとおすこと。）
⑩ **テツヤ**[a]で数学の勉強をする。（一晩中寝ないでいること。）
⑪ **レイテツ**[a]に状況を見通す。（感情に左右されず落ち着いて物事を見通すこと。）

窮（15）
キュウ
きわ(める・まる)
a きわめる。きわまる。つきつめる。
b 行きづまる。苦しむ。

⑫ **ムキュウ**[a]の天。（きわまりのないこと。）
⑬ **キュウチ**[b]に立たされる。（追いつめられた苦しい状況。）
⑭ **ヒンキュウ**[b]した生活を送る。（まずしくて生活に苦しむこと。）
⑮ 財政の**キュウジョウ**[b]を訴える。（困り果てている様子。）
⑯ **キュウヨ**[b]の一策を講じる。（苦し紛れに思いついた手段や方法。）
⑰ 進退ここに**キワマル**[b]。（行きつまる。）

正解　読んでみよう

漸 ▼類 斬 p.132・暫
① 漸次　② 東漸

閥 ▼類 伐 p.85
③ 派閥　④ 門閥

遡（遡）▼類 塑
⑤ 遡る　⑥ 遡及

賠 ▼類 陪 p.100・培 p.127・剖 p.125
⑦ 賠償

徹 ▼類 撤 p.141
⑧ 徹底　⑨ 貫徹　⑩ 徹夜　⑪ 冷徹

窮 ▼訓 極《きわ》める・究《きわ》める
⑫ 無窮　⑬ 窮地　⑭ 貧窮　⑮ 窮状　⑯ 窮余　⑰ 窮まる

15 **撤**

テツ

a取りさる。取り除く。引き上げる。

撤

⑱ 前回の発言を**テッカイ**[a]する。（文書や発言を取り下げること。）

⑲ 放置自転車を**テッキョ**[a]する。（取りさること。）

⑳ あらゆる差別を**テッパイ**[a]する。（制度などをやめること。）

㉑ 外国企業が**テッタイ**[a]する。（引き払ってしりぞくこと。）

㉒ テントを**テッシュウ**[a]する。（取り払ってしまいこむこと。）

15 **弊**

ヘイ

aよくない。がいになる。
bやぶれる。ぼろぼろになる。
cつかれる。よわる。たおれる。
d自分のことにつける謙称。

弊

㉓ 改革には**ヘイガイ**[a]が伴う。（他に悪い影響を与える物事。）

㉔ こう言うと少し**ゴヘイ**[a]がある。（誤解を招きやすい言い方。）

㉕ **ヘイイ**[b]を身にまとう。（ぼろぼろになった服。）

㉖ 地方財政が**ヒヘイ**[c]している。（状態が苦しくなること。）

㉗ **ヘイシャ**[d]の製品を紹介します。（自分のかいしゃをへりくだっていう語。）

15 **遷**

セン

a場所・地位がうつる。うつす。
bうつりかわる。時がうつる。
cしりぞく。しりぞける。

遷

㉘ 京都から東京へ**セント**[a]する。（みやこを他の地にうつすこと。）

㉙ 時代とともに**ヘンセン**[b]する。（うつりかわること。）

㉚ 地方の支店に**サセン**[c]された。（低い地位に落とすこと。）

15 **憤**

フン
いきどお(る)

aいきどおる。激しく腹を立てる。

憤

㉛ 政治の腐敗を**イキドオル**[a]。（非難の気持ちをもって怒る。）

㉜ 待遇の悪さに**ギフン**[a]を覚える。（不公正なことに対するいきどおり。）

㉝ **フンゼン**[a]と席を立つ。（激しく怒るさま。）

15 **稼**

カ
かせ(ぐ)

aかせぐ。かせぎ。はたらき。

稼

㉞ **カドウ**[a]人口の実態を調査する。（かせぎはたらくこと。）

㉟ アルバイトで学費を**カセグ**[a]。（はたらいて収入を得る。）

撤 ⑱撤回 ⑲撤去 ⑳撤廃 ㉑撤退 ㉒撤収 ▼類 徹 p.140

弊 ㉓弊害 ㉔語弊 ㉕弊衣 ㉖疲弊 ㉗弊社 ▼類 幣 p.142

遷 ㉘遷都 ㉙変遷 ㉚左遷

憤 ㉛憤る ㉜義憤 ㉝憤然 ▼類 噴 p.78・墳

稼 ㉞稼働 ㉟稼ぐ ▼類 嫁 p.107

履 (15)
リ
は(く)

a はきもの。靴。はきものをはく。
b ふむ。実際におこなう。

① ゴムゾウリ[a]を持参する。
鼻緒がすげてあるはきもの。

② 約束のリコウ[b]を強く求める。
決めたことを実際におこなうこと。

③ 前もってリレキ[b]書を郵送する。
今までに経てきた学業や職業。

④ 規定の科目をリシュウ[b]する。
学びおさめること。

幣 (15)
ヘイ

a お金。銭。
b 神に供える布。

⑤ 記念カヘイ[a]を発行する。
商品の交換を媒介するもの。

⑥ 外国のシヘイ[a]を収集する。
かみ製のお金。

⑦ ゴヘイ[b]を担ぐようになった。
つまらない縁起や迷信を気にかける。

摩 (15)
マ

a する。さする。こする。
b せまる。とどく。

⑧ 毎日乾布マサツ[a]をする。
すり合わせること。

⑨ マテンロウ[b]が林立している。
超高層ビル。

罷 (15)
ヒ

a やめる。やすむ。
b 役目をやめさせる。しりぞける。

⑩ 労働者がヒギョウ[a]する。
継続して行う仕事を中止すること。

⑪ 外務大臣がヒメン[b]される。
職務をやめさせること。

稽 (15)
ケイ

a くらべてかんがえる。

⑫ お茶のケイコ[a]に通う。
武芸や芸事を習うこと。

摯 (15)
シ

a まこと。まじめ。

⑬ シンシ[a]な態度で取り組む。
まじめでひたむきなさま。

蔽 (15)
ヘイ

a おおう。おおいかくす。おおい。

⑭ 事実をインペイ[a]する。
故意にかくしおおうこと。

⑮ 見えないようにシャヘイ[a]する。
おおいかくすこと。

正解 読んでみよう

履 ①草履 ②履行 ③履歴 ④履修
幣 ⑤貨幣 ⑥紙幣 ⑦御幣 ▼類 弊 p.141
摩 ⑧摩擦 ⑨摩天楼 ▼類 魔 p.115・磨 p.144
罷 ⑩罷業 ⑪罷免
稽 ⑫稽古
摯 ⑬真摯 ▼類 撃 p.77
蔽 ⑭隠蔽 ⑮遮蔽

還（16）

カン

a かえる。かえす。もとへ戻る。

⑯ 利益を消費者にカンゲン[a]する。（もとの状態に戻すこと。）
⑰ 宇宙から無事にキカン[a]する。（基地などにかえること。）
⑱ 主将が優勝旗をヘンカン[a]する。（もとの所有者にかえすこと。）
⑲ 奇跡的にセイカン[a]する。（いきて戻ること。）
⑳ 東京と大阪をオウカン[a]する。（行き来すること。）
㉑ 税金のカンプ[a]を受ける。（国や政府が持ち主にかえすこと。）

融（16）

ユウ

a とける。とかす。とけて一つになる。
b とおる。つうじる。

㉒ 東西の文化がユウゴウ[a]する。（とけて一つになること。）
㉓ 近隣諸国とのユウワ[a]を図る。（うちとけて仲良くすること。）
㉔ 開店資金をユウズウ[b]する。（必要な金や物をやりくりすること。）
㉕ キンユウ[b]機関に勤めている。（おかねをやりとりすること。）
㉖ 銀行にユウシ[b]を依頼する。（おかね貸すこと。）

懐（16）

カイ
ふところ
なつ(かしい・かしむ・く・ける)

a 思いをいだく。心にいだく思い。
b なつかしい。なつかしむ。
c なつく。なつける。親しむ。
d ふところ。
e 中に包みいだく。身にもつ。

㉗ 経済対策へのカイギ[a]的な見方。（うたがいをいだくこと。）
㉘ カイコ[b]の情に駆られる。（昔をなつかしむこと。）
㉙ 犬はよく人にナツク[c]動物だ。（なれて親しくなる。）
㉚ カイチュウ[d]電灯を常備する。（ふところに入れること。）
㉛ 敵のフトコロ[d]に飛び込む。（物の内部。）
㉜ めでたくカイニン[e]する。（みごもること。）

衡（16）

コウ

a はかり。つりあい。たいら。
b よこ。

㉝ 一対一のキンコウ[a]が破れる。（つりあいが取れていること。）
㉞ 運動に必要なヘイコウ[a]感覚。（安定を保っていること。）
㉟ 合従レンコウ[b]を繰り返す。（時に応じてついたり離れたりすること。）

還：⑯ 還元　⑰ 帰還　⑱ 返還　⑲ 生還　⑳ 往還　㉑ 還付
▼類 環 p.81

融：㉒ 融合　㉓ 融和　㉔ 融通　㉕ 金融　㉖ 融資

懐：㉗ 懐疑　㉘ 懐古　㉙ 懐く　㉚ 懐中　㉛ 懐　㉜ 懐妊
▼類 壊 p.79

衡：㉝ 均衡　㉞ 平衡　㉟ 連衡
▼類 衝 p.108

磨 16
マ
みが(く)
aみがく。とぐ。
丶 亠 广 广 庐 庐 麻 麻 摩 摩 磨 磨

① 毎食後丁寧に歯を**ミガク**[a]。
こすってつやを出す。

② 宝石を**ケンマ**[a]する。
とぎみがくこと。

諭 16
ユ
さと(す)
aさとす。言いきかせる。おしえ導く。
丶 亠 言 言 言 訃 訃 訃 諭 諭 諭 諭

③ 父親が子供を厳しく**サトス**[a]。
言いきかせる。

憾 16
カン
aうらむ。うらみ。心残りに思う。
丶 丶 忄 忄 忄 怀 恄 恄 憾 憾 憾 憾

④ 高校の**キョウユ**[a]を目ざす。
きょういんの職名。

⑤ 今回の不祥事を**イカン**[a]に思う。
残念であること。

薫 16
クン
かお(る)
aかおる。よいかおり。
b人を感化する。
一 艹 艹 艹 芒 苦 菁 菁 董 董 董 薫

⑥ **クンプウ**[a]が気持ちよく吹く。
爽やかに吹く初夏の快いかぜ。

⑦ 先生の**クントウ**[b]のたまもの。
徳により感化しすぐれた人間にすること。

壌 16
ジョウ
aつち。耕作に適したとち。大地。
一 十 土 圹 圹 垆 垆 垆 堙 壌 壌 壌

⑧ **ドジョウ**[a]改良に取り組む。
作物を生育させるつち。

薦 16
セン
すす(める)
aすすめる。人を選び出す。
一 艹 艹 艹 芦 芦 芦 芦 芦 薦 薦 薦

⑨ 自信を持って**スイセン**[a]する。
他人にすすめること。

⑩ 彼を会長として**ススメル**[a]。
人や物をほめて採用を促す。

償 17
ショウ
つぐな(う)
aつぐなう。報いる。つぐない。
亻 亻 亻 亻 亻 偿 偿 偿 僧 償 償 償

⑪ 高価な**ダイショウ**[a]を払う。
目的達成のために必要な犠牲。

⑫ 国が損害を**ホショウ**[a]する。
損害をお金で埋め合わせること。

⑬ 制服を**ムショウ**[a]で貸与する。
料金を払わなくていいこと。

⑭ 被害者の損害を**ツグナウ**[a]。
金品を出して埋め合わせをする。

⑮ 紛失した本を**ベンショウ**[a]する。
損害を金品でつぐなうこと。

⑯ 国債を**ショウカン**[a]する。
金銭債務を返済すること。

正解　読んでみよう

磨 ▼類 魔 p.115・摩 p.142
① 磨く
② 研磨

諭 ▼類 愉 p.133・癒 p.147・輸・喩
③ 諭す
④ 教諭

憾
⑤ 遺憾

薫 ▼訓 香《かお》る
⑥ 薫風
⑦ 薫陶

壌 ▼類 譲 p.115・醸 p.148・嬢
⑧ 土壌

薦 ▼訓 勧《すす》める p.70
⑨ 推薦
⑩ 薦める

償
⑪ 代償
⑫ 補償
⑬ 無償
⑭ 償う
⑮ 弁償

頻 17
ヒン
a しきりに。しばしば。何回も。

⑰ **ヒンパン**[a]に自動車が往来する。
ひっきりなしであること。

⑱ 出題**ヒンド**[a]が高い熟語。
物事が繰り返し行われるどあい。

⑲ 事故が**ヒンパツ**[a]する交差点。
たびたび起こること。

謙 17
ケン
a へりくだる。態度を控えめにする。

⑳ 褒められて**ケンソン**[a]する。
へりくだること。

擬 17
ギ
a なぞらえる。まねる。似る。

㉑ 枯れ葉に**ギタイ**[a]する昆虫。
形や色を周囲の環境に似せること。

㉒ **ギジン**[a]法を用いて表現する。
ひと以外のものをひとに見立てること。

轄 17
カツ
a とりしまる。とりまとめる。

㉓ 外務省が**カンカツ**[a]する機関。
権限をもって支配すること。

購 17
コウ
a 金銭を払って手にいれる。

㉔ 電化製品を**コウニュウ**[a]する。
かいいれること。

㉕ **コウバイ**[a]意欲を高める工夫。
かうこと。

㉖ 雑誌を定期**コウドク**[a]する。
かってよむこと。

懇 17
コン
ねんご(ろ)
a まごころを尽くす。本心からする。
b うちとける。したしくする。

㉗ **コンセツ**[a]丁寧に指導する。
心を尽くし、行き届いているさま。

㉘ 資金援助を**コンガン**[a]する。
心からおねがいすること。

㉙ 父が**コンイ**[b]にしている人。
したしくつきあっているさま。

醜 17
シュウ
みにく(い)
a みにくい。けがらわしい。わるい。

㉚ 旅先で**シュウタイ**[a]をさらす。
見苦しいさま。

㉛ 心が**ミニクイ**[a]人もいる。
見苦しい。

㉜ **シュウアク**[a]な争いが続く。
けがらわしく憎むべきさま。

---

⑯ 償還

頻
⑰ 頻繁
⑱ 頻度
⑲ 頻発
▼類 煩 p.135・頒 p.137

謙
⑳ 謙遜
▼類 嫌 p.135

擬
㉑ 擬態
㉒ 擬人
▼類 疑 p.41・凝 p.111

轄
㉓ 管轄

購
㉔ 購入
㉕ 購買
㉖ 購読
▼類 構 p.20・講 p.25

懇
㉗ 懇切
㉘ 懇願
㉙ 懇意
▼類 墾 p.113

醜
㉚ 醜態
㉛ 醜い
㉜ 醜悪

繊 (17)	
セン	a ほそい糸。糸すじ。 b ほそい。かぼそい。ちいさい。

① カセン[a]のシャツを着る。（人工的に作られる糸状のもの。）

② センサイ[b]な感受性の持ち主。（感情が鋭くこまやかな様子。）

謹 (17)	
キン つつし(む)	a つつしむ。かしこまる。

③ キンシン[a]処分を受ける。（家にこもり反省すること。）

④ キンゲン[a]実直な職人。（つつしみ深く真面目で正直であること。）

⑤ 著書を恩師にキンテイ[a]する。（つつしんで差し上げること。）

矯 (17)	
キョウ た(める)	a ためる。ただす。まっすぐにする。 b いつわる。だます。 c いさましい。はげしい。

⑥ 歯並びをキョウセイ[a]する。（欠点をただしく直すこと。）

⑦ 悪癖をタメル[a]。（悪いところをただす。）

⑧ キョウショク[b]に満ちた人生。（表面だけをいつわってかざること。）

⑨ キキョウ[c]な行動が多い。（言動が普通とひどく違っていること。）

嚇 (17)	
カク	a いかる。大声でしかる。 b おどす。おどかす。

⑩ 父がカクド[a]した。（かっとなっておこること。）

⑪ 不審船にイカク[b]射撃をする。（おどかすこと。）

曖 (17)	
アイ	a かげる。日がかげってくらい。

昧 (9)	
マイ	a はっきりしない。あやふや。 b 道理にくらい。おろか。

⑫ アイ[a]マイ[a]な態度を批判する。（はっきりしないさま。）

⑬ グマイ[b]な人間。（おろかで道理にくらいさま。）

瞭 (17)	
リョウ	a あきらか。はっきりしている。

⑭ 発音にメイリョウ[a]さが欠ける。（はっきりしていること。）

⑮ 両者の差は一目リョウゼン[a]だ。（ひとめ見てはっきりわかること。）

正解　読んでみよう

繊　① 化繊　② 繊細

謹　▼訓 慎《つつし》む p.71　③ 謹慎　④ 謹厳　⑤ 謹呈

矯　▼類 橋　⑥ 矯正　⑦ 矯める　⑧ 矯飾　⑨ 奇矯

嚇　⑩ 嚇怒　⑪ 威嚇

曖　▼類 愛

昧　▼類 味　⑫ 曖昧　⑬ 愚昧

瞭　▼類 療 p.81・僚 p.139・寮　⑭ 明瞭　⑮ 瞭然

濯 17
タク
a あらう。すすぐ。きよめる。

⑯ 晴れた日に**センタク**[a]する。
あらってきれいにすること。

顕 18
ケン
a あきらか。はっきりしている。
b あらわれる。あきらかになる。
c 名高い。地位・身分が高い。

⑰ 環境問題が**ケンザイ**[a]化する。
はっきりと形にあらわれること。

⑱ 自己**ケンジ**[a]欲が強い。
はっきりとしめすこと。

⑲ 神の啓示が**ケンゲン**[a]する。
はっきりとした形であらわれること。

⑳ 悪事が**ロケン**[b]する。
隠していたことがあらわれること。

㉑ **ケンヨウ**[c]な職を務める。
地位、職責がきわめて大切であること。

懲 18
チョウ
こ(りる・らす・らしめる)
a こりる。こらす。こらしめる。

㉒ **チョウカイ**[a]処分の対象となる。
不当な行為に制裁を加えること。

㉓ **チョウエキ**[a]十年の刑に処す。
刑務所に入れて労に服させる刑。

㉔ 不当な**チョウバツ**[a]を受ける。
こらしめばっすること。

癒 18
ユ
い(える・やす)
a いえる。いやす。病気がなおる。

㉕ 擦過傷は数日で**チユ**[a]した。
病気やけがなおること。

㉖ 政界と財界が**ユチャク**[a]する。
不正な関係で結びついていること。

㉗ 音楽を聴いて心を**イヤス**[a]。
苦痛などをなくす。

襟 18
キン
えり
a 衣服のえり。
b むね。心の中。

㉘ **カイキン**[a]シャツを着る。
えりをひらくこと。

㉙ **キョウキン**[b]を開いて話し合う。
心中隠すところなく打ち明ける。

羅 19
ラ
a あみ。とりあみ。あみで捕らえる。
b つらなる。ならべる。
c うすもの。うすぎぬの織物。

㉚ 近代の名作を**モウラ**[a]した全集。
残らず取り入れること。

㉛ 世の中の**シンラ**[b]万象。
この世のすべてのもの。

㉜ 数字の**ラレツ**[b]にすぎない。
つらねならべること。

㉝ **イッチョウラ**[c]を着て参列する。
持っている衣服の中で最もよいもの。

濯 ▼類 躍 p.83・曜
⑯ 洗濯

顕
⑰ 顕在
⑱ 顕示
⑲ 顕現
⑳ 露顕 「露見」とも書く
㉑ 顕要

懲 ▼類 徴 p.73
㉒ 懲戒
㉓ 懲役
㉔ 懲罰

癒 ▼類 愉 p.133・諭 p.144・輸・喩
㉕ 治癒
㉖ 癒着
㉗ 癒やす

襟 ▼類 禁 p.19
㉘ 開襟
㉙ 胸襟

羅
㉚ 網羅
㉛ 森羅
㉜ 羅列
㉝ 一張羅

壁 (18)	ヘキ
a	たま。たまのように立派なもの。

① カンペキ[a]な人間はいない。
欠点がまったくないこと。

覇 (19)	ハ
a	はたがしら。力で天下を統一する。
b	勝者。競技などで優勝すること。

② ハドウ[a]によって国を治める。
力によって天下を治める方法。

③ 悲願の全国セイハ[b]を果たす。
勝ち抜いて優勝すること。

譜 (19)	フ
a	系統立てて記す。記したもの。
b	おんがくを符号で記したもの。

④ 徳川家のケイフ[a]を研究する。
血縁などのつながりを示すもの。

⑤ 最初はガクフ[b]を見て歌う。
曲を書き表したもの。

韻 (19)	イン
a	響き。美しい響き。音。
b	詩歌で同じ響きの語を用いること。

⑥ 興奮のヨイン[a]が冷めない。
物事が終わった後に残る風情。

⑦ 和歌や俳句はインブン[b]だ。
規律に従って書かれた表現。

懸 (20)	ケン ケ か(ける・かる)
a	かける。かかる。ぶらさげる。
b	遠くへだたる。かけはなれる。

⑧ 国の将来がケネン[a]される。
危ぶみ心にかけること。

⑨ ケンメイ[a]に努力する。
いのちがけで物事にあたるさま。

⑩ 雑誌のケンショウ[a]に応募する。
金品をかけて募ること。

⑪ 両者間の大きなケンカク[b]。
二つがかけはなれていること。

醸 (20)	ジョウ かも(す)
a	発酵させて酒などをつくる。
b	ある状態をつくりだす。

⑫ 日本酒をジョウゾウ[a]する。
発酵させてつくること。

⑬ よい雰囲気をジョウセイ[b]する。
気運をつくりだすこと。

⑭ 不用意な発言が物議をカモス[b]。
ある雰囲気をつくりだす。

騰 (20)	トウ
a	あがる。のぼる。たかくあがる。

⑮ 野菜の価格がコウトウ[a]する。
たかくなること。

⑯ やかんの湯がフットウ[a]する。
わきあがり煮え立つこと。

正解 読んでみよう

壁 ▼類 壁 p.80
① 完璧

覇
② 覇道
③ 制覇

譜 ▼類 普 p.66
④ 系譜
⑤ 楽譜

韻 ▼類 員
⑥ 余韻
⑦ 韻文

懸 ▼訓 架《か》ける p.92・掛《か》ける・賭《か》ける
⑧ 懸念
⑨ 懸命
⑩ 懸賞
⑪ 懸隔

醸 ▼類 譲 p.115・壌 p.144・嬢
⑫ 醸造
⑬ 醸成
⑭ 醸す

騰 ▼類 謄
⑮ 高騰
⑯ 沸騰

第Ⅱ章
漢字応用編の使い方

- 対義語
- 類義語
- 同音異義語
- 異字同訓
- 類似字
- 大学入学共通テスト対策問題
- 難読語
- 常用漢字表付表

第Ⅱ章では、漢字学習のまとめとして、さまざまな分野・出題形式の問題を用意しました。実践形式の問題を多く解き、漢字の総合的な力を養成しましょう。

用例の左側に意味がついている語については、意味も確認しておきましょう。

一 □の語を漢字に直して入れ、対義語を作りなさい。

① 専業 ↔ □業
② 加害 ↔ □害
③ 恒例 ↔ □例
④ 必然 ↔ □然
⑤ 同居 ↔ □居
⑥ 歴然 ↔ □然
⑦ 相対 ↔ □対
⑧ 合法 ↔ □法
⑨ 直接 ↔ □接
⑩ 散文 ↔ □文
⑪ 文語 ↔ □語
⑫ 豊作 ↔ □作
⑬ 消極 ↔ □極
⑭ 終盤 ↔ □盤
⑮ 是認 ↔ □認

ぐう　ばく　いん　べっ　きょう　かん　ぜっ　ひ　けん　こう　じょ　い　ひ　せっ　とく

二 次の語の対義語を□から選び、漢字に直しなさい。

① 多弁 ↔ □
② 原因 ↔ □
③ 精密 ↔ □
④ 就寝 ↔ □
⑤ 拘束 ↔ □
⑥ 老巧 ↔ □
⑦ 美麗 ↔ □
⑧ 隆起 ↔ □
⑨ 不足 ↔ □
⑩ 理論 ↔ □
⑪ 需要 ↔ □
⑫ 難解 ↔ □

けっか・きしょう・しゅうあく・よじょう
かいほう・へいい・そざつ・じっせん
ちせつ・かんぼつ・きょうきゅう・かもく

正解

一 ①兼 ②被 ③特 ④偶 ⑤別 ⑥漢 ⑦絶 ⑧違 ⑨間 ⑩韻 ⑪口 ⑫凶 ⑬積 ⑭序 ⑮否

二 ①寡黙 ②結果 ③粗雑 ④起床 ⑤解放 ⑥稚拙 ⑦醜悪 ⑧陥没 ⑨余剰 ⑩実践 ⑪供給 ⑫平易

三 次の□にそれぞれ漢字を入れて、対義語を作りなさい。

① 十対一で**圧**□する。 一方的にかつこと。
無得点のまま□**敗**した。 徹底的に負けること。

② 動物**愛**□週間。 かわいがって大切にすること。
□**待**を禁止する。 むごい扱いをすること。

③ **地**□な色を好む。 落ち着いているさま。
□**手**な柄のシャツ。 目立って華やかであるさま。

④ **単**□な仕事から始める。 簡単であること。
□**雑**な構造になっている。 こみいっていてわかりにくいこと。

⑤ リスクを**分**□させる。 わけてちらすこと。
人口が都心に□**中**する。 一箇所にあつまること。

⑥ 雨で試合が**中**□する。 一時途絶えること。
□**続**して審議する。 そのままつづけること。

⑦ **軽**□に値する言動。 さげすむこと。
□**敬**の念を抱く。 とうとびうやまうこと。

圧□ □敗　愛□ □待　地□ □手　単□ □雑　分□ □中　中□ □続　軽□ □敬

⑧ **創**□性に富む作品。 新しい物をつくりだすこと。
西洋文化を□**倣**する。 まねること。

⑨ インフレを**抑**□する。 おさえとどめること。
雇用を□**進**する。 はかどるようながすこと。

⑩ **高**□に人を見下す。 人より優れていると思い、他をあなどること。
□**虚**に反省する。 控えめでつつましいこと。

⑪ 労働時間を**短**□する。 ちぢめること。
高速道路を□**長**する。 ながくのばすこと。

⑫ 環境を**破**□する。 こわすこと。
高層ビルを□**設**する。 新たにつくること。

⑬ こちらに**過**□はない。 しくじり。
□**意**に取り違える。 わざとすること。

⑭ **軽**□な判断だった。 かるはずみなさま。
□**重**に検討を重ねる。 注意深くするさま。

創□ □倣　抑□ □進　高□ □虚　短□ □長　破□ □設　過□ □意　軽□ □重

三
① 圧勝 ↔ 完敗
② 愛護 ↔ 虐待
③ 地味 ↔ 派手
④ 単純 ↔ 複雑
⑤ 分散 ↔ 集中
⑥ 中断 ↔ 継続
⑦ 軽蔑 ↔ 尊敬
⑧ 創造 ↔ 模倣
⑨ 抑制 ↔ 促進
⑩ 高慢 ↔ 謙虚
⑪ 短縮 ↔ 延長
⑫ 破壊 ↔ 建設
⑬ 過失 ↔ 故意
⑭ 軽率 ↔ 慎重

一 □の語を漢字に直して入れ、類義語を作りなさい。

① 空費＝［　］費
② 節約＝［　］約
③ 自然＝［　］然
④ 異議＝異［　］
⑤ 頓挫＝挫［　］
⑥ 実行＝［　］行
⑦ 列挙＝［　］列
⑧ 泰然＝［　］然
⑨ 絶無＝［　］無
⑩ 未来＝［　］来
⑪ 熟読＝［　］読
⑫ 倒産＝［　］産
⑬ 特別＝［　］別
⑭ 潮路＝［　］路
⑮ 直前＝［　］前

てん　せつ　ろう　ゆう　は　けん　かく　ぞん　り　ら　かい　こう　せい　すん　しょう

二 次の語の類義語を□から選び、漢字に直しなさい。

① 感心＝［　］
② 瞬間＝［　］
③ 方法＝［　］
④ 面倒＝［　］
⑤ 快活＝［　］
⑥ 残念＝［　］
⑦ 来歴＝［　］
⑧ 激励＝［　］
⑨ 虚構＝［　］
⑩ 排斥＝［　］
⑪ 公表＝［　］
⑫ 困苦＝［　］

めいろう・けいふく・ゆいしょ・かくう
しゅだん・そがい・ひろう・せつな
こぶ・しんさん・いかん・やっかい

正解

一 ①浪 ②倹 ③天 ④存 ⑤折 ⑥履 ⑦羅 ⑧悠 ⑨皆 ⑩将 ⑪精 ⑫破 ⑬格 ⑭航 ⑮寸

二 ①敬服 ②刹那 ③手段 ④厄介 ⑤明朗 ⑥遺憾 ⑦由緒 ⑧鼓舞 ⑨架空 ⑩疎外 ⑪披露 ⑫辛酸

三 次の□にそれぞれ漢字を入れて、類義語を作りなさい。

① 音楽に□**心**がある。
特に心がひかれること。
興□深い記事。
おもしろいと感じること。

② □**成**多数で可決する。
相手の意見をよいと認めること。
提案に**同**□を求める。
相手とおなじ考えであること。

③ 意図が□**然**としない。
はっきりしているさま。
語尾を**明**□に発音する。
はっきりしているさま。

④ 兄と□**較**される。
くらべ合わせること。
表と資料を**対**□する。
てらし合わせてくらべること。

⑤ 研究に□**頭**する。
一つのことだけに熱中すること。
アメリカ文学に**傾**□する。
夢中になること。

⑥ □**月**人を待たず。
としつき。
光□矢のごとし。
時間。

⑦ □**績**をたたえる。
すぐれた成果。
手□を立てる。
目覚ましいはたらき。

興	同	明	対	傾	光	手
心	成	然	較	頭	月	績

⑧ 知っている□**囲**で話す。
特定の広がり。
研究の**領**□を広げる。
かかわりを持つ分野。

⑨ 仕事を□**事**に終える。
ふだんと変わりないこと。
平□な毎日を送る。
変わったことがなくおだやかなこと。

⑩ 秋の□**配**がしのびよる。
漠然と感じられる様子。
景気回復の**兆**□が見える。
きざし。

⑪ 経験□**富**な人。
ふんだんにあること。
潤□な資金を持つ。
ものがゆたかにあること。

⑫ □**着**して連絡しない。
すべきことをなまけること。
職務**怠**□で失職する。
なまけおこたること。

⑬ 日本中を□**泊**する。
あてもなくさまよい歩くこと。
放□の旅に出る。
あてもなくさまよい歩くこと。

⑭ 事件の□**移**を見守る。
うつりかわっていくこと。
幾多の**変**□を経る。
時とともにうつりかわること。

領	平	兆	潤	怠	放	変
囲	事	配	富	着	泊	移

三
① 関心＝興味
② 賛成＝同意
③ 判然＝明瞭
④ 比較＝対照
⑤ 没頭＝傾倒
⑥ 歳月＝光陰
⑦ 功績＝手柄
⑧ 範囲＝領域
⑨ 無事＝平穏
⑩ 気配＝兆候
⑪ 豊富＝潤沢
⑫ 横着＝怠慢
⑬ 漂泊＝放浪
⑭ 推移＝変遷

太字のカタカナを漢字に直しなさい。

①父の**アイセキ**した万年筆。
おしんで大切にすること。

②親友の死を**アイセキ**する。
死を悲しみおしむこと。

③**イギ**を申し立てる。
ある意見と反対の意思を表すこと。

④参加することに**イギ**がある。
価値。

⑤亡き父の**イシ**を継ぐ。
故人の生前のこころざし。

⑥**イシ**の強い人。
何かをする気持ち。

⑦**イシ**の疎通を欠く。
おもい。

⑧今日は**イジョウ**に暑い。
普通と違っていること。

⑨店内に**イジョウ**はない。
普通と違ったありさま。

⑩人事**イドウ**の季節だ。
地位・勤務が変わること。

⑪バスで**イドウ**する。
場所をうつること。

⑫休んで**エイキ**を養う。
生き生きと働こうとするきもち。

⑬相手の**エイキ**をくじく。
するどく勢いのある性質。

⑭**カイコ**趣味がある。
昔をなつかしく思うこと。

⑮学生時代を**カイコ**する。
過去をかえりみること。

⑯**カイシン**して自首する。
悪いこころをあらためること。

⑰**カイシン**の作が完成する。
こころにかなうこと。

⑱人質が**カイホウ**される。
ときはなち自由にすること。

⑲運動場を**カイホウ**する。
出入り自由にすること。

⑳作業の**カテイ**を説明する。
進行する道筋。

㉑大学で教職**カテイ**をとる。
ある期間に割り当てた仕事や学科。

㉒皆の注意を**カンキ**する。
呼びおこすこと。

㉓窓を開けて**カンキ**する。
くうきを入れかえること。

㉔オペラを**カンショウ**する。
芸術作品を味わうこと。

㉕熱帯魚を**カンショウ**する。
見て楽しむこと。

㉖人生を**カンショウ**する。
物事の本当の姿を見ること。

㉗退職を**カンショウ**する。
すすめること。

㉘**カンシン**できない態度。
深くこころにかんじること。

㉙政治に**カンシン**がある。
興味を持つこと。

㉚彼女の**カンシン**を買う。
喜ぶこと。

㉛**カンシン**に堪えない。
恐れや不安でぞっとすること。

正解

①愛惜 ②哀惜 ③異議 ④意義 ⑤遺志 ⑥意志 ⑦意思 ⑧異常 ⑨異状 ⑩異動 ⑪移動 ⑫英気 ⑬鋭気 ⑭懐古 ⑮回顧

⑯改心 ⑰会心 ⑱解放 ⑲開放 ⑳過程 ㉑課程 ㉒喚起 ㉓換気 ㉔鑑賞 ㉕観賞 ㉖観照 ㉗勧奨 ㉘感心 ㉙関心 ㉚歓心 ㉛寒心

32 キカン誌は一年に四回出る。
三か月ごと一年に四回発行されること。

33 第三巻までがキカンだ。
すでに発行されていること。

34 キセイ概念を取り除く。
すでにできていること。

35 キセイ服では大きすぎる。
前もって作ってあること。

36 社内キテイに従う。
おきて。

37 キテイの方針に従う。
すでに決まっていること。

38 戦争のキョウイにさらす。
おびやかしおどかすこと。

39 キョウイ的な記録が出る。
おどろくほどすばらしいさま。

40 生存キョウソウに勝つ。
勝敗・優劣をきそい合うこと。

41 障害物キョウソウに出る。
はしって速さをきそうこと。

42 クジュウに満ちた表情。
くるしくつらい思いをすること。

43 クジュウをなめる。
つらい経験。

44 人格をケイセイする。
かたちをなすこと。

45 ケイセイが逆転する。
様子。

46 手形でケッサイする。
お金を支払うこと。

47 上司のケッサイを仰ぐ。
きめること。

48 ごコウイに感謝します。
思いやりのある心。

49 先輩にコウイを寄せる。
親愛感。

50 贈り物をコウカンする。
取りかえること。

51 他校とコウカン会を開く。
お互いに楽しむこと。

52 この試合最大のコウキだ。
チャンス。

53 コウキな生まれの女性。
身分がたかくとうといこと。

54 コウキを粛正する。
国家を治める大法と細則。

55 運転免許をコウシンする。
改めてあたらしくすること。

56 無線コウシンがとだえる。
連絡をかわすこと。

57 心筋コウソクを予防する。
ふさがること。

58 コウソク時間の長い仕事。
行動の自由を制限すること。

59 一日中シアンに暮れる。
考えを巡らすこと。

60 これはシアンにすぎない。
個人としての考え。

61 口に出すのはジキ尚早だ。
ある区切られたとき。

62 実行のジキを失する。
タイミング。

63 ジキはずれの雪が降る。
シーズン。

32—33 季刊 既刊
34—35 既成 既製
36—37 規定 既定
38—39 脅威 驚異
40—41 競争 競走
42—43 苦渋 苦汁
44—45 形成 形勢
46—47 決済 決裁

48—49 厚意 好意
50—51 交換 交歓
52—53—54 好機 高貴 綱紀
55—56 更新 交信
57—58 梗塞 拘束
59—60 思案 私案
61—62—63 時期 時機 時季

同音異義語②

太字のカタカナを漢字に直しなさい。

①法律が**シコウ**される。
実際におこなうこと。

②新たな方法を**シコウ**する。
ためしにやってみること。

③百科**ジテン**を買う。
ことがらを説明した書。

④英和**ジテン**を借りる。
ことばを説明した書。

⑤漢字の**ジテン**で調べる。
もじの形・音・意味を記した書。

⑥口頭**シモン**を受ける。
しけんのためにとうこと。

⑦政府の**シモン**機関。
意見を尋ね求めること。

⑧情報を**シュウシュウ**する。
取りあつめること。

⑨**シュウシュウ**がつかない。
乱れたものを整えること。

⑩過大に**シュウショク**して話す。
かざりたてること。

⑪銀行に**シュウショク**する。
勤めること。

⑫新聞社**シュサイ**の展覧会。
中心となってもよおすこと。

⑬劇団を**シュサイ**する。
人の上に立ち事に当たること。

⑭論文の**シュシ**をまとめる。
中心となる事柄。

⑮会の**シュシ**に賛同する。
ある事をする理由・目的。

⑯友人を**ショウカイ**する。
人と人とのなかだちをすること。

⑰身元を**ショウカイ**する。
問い合わせをすること。

⑱無理を**ショウチ**でお願いする。
わかっていること。

⑲冬季五輪を**ショウチ**する。
まねき寄せること。

⑳議事の**シンコウ**を妨げる。
物事をはかどらせること。

㉑科学の**シンコウ**を図る。
物事が盛んになること。

㉒守護神として**シンコウ**する。
しんじてあがめること。

㉓**シンチョウ**な態度で臨む。
注意ぶかく大事をとること。

㉔意味**シンチョウ**な発言。
意味ぶかく含みがあること。

㉕才能を**シンチョウ**する。
のばすこと。

㉖卒業後の**シンロ**を考える。
すすんでいく道。

㉗船の**シンロ**を南にとる。
船のすすむべき道。

㉘現金を**スイトウ**する。
だしいれすること。

㉙**スイトウ**にお茶を入れる。
みずなどを入れて携帯する容器。

㉚**セイコン**尽きて倒れる。
気力。

㉛**セイコン**込めた作品。
たましい。

正解

①施行 ②試行 ③事典 ④辞典 ⑤字典 ⑥試問 ⑦諮問 ⑧収集 ⑨収拾 ⑩修飾 ⑪就職 ⑫主催 ⑬主宰 ⑭主旨 ⑮趣旨

⑯紹介 ⑰照会 ⑱承知 ⑲招致 ⑳進行 ㉑振興 ㉒信仰 ㉓慎重 ㉔深長 ㉕伸長 ㉖進路 ㉗針路 ㉘出納 ㉙水筒 ㉚精根 ㉛精魂

32 卒業**セイサク**に取り組む。 — 芸術品などをつくること。
33 家具を**セイサク**する工場。 — 道具を使ってものをつくること。
34 運賃を**セイサン**する。 — 細かくけいさんし直すこと。
35 **セイサン**は全くない。 — せいこうする見込み。
36 借金を**セイサン**する。 — 賃借を整理すること。
37 酒の量を**セッセイ**する。 — 控えめにすること。
38 日ごろから**セッセイ**する。 — 健康に注意すること。
39 ハンドルを**ソウサ**する。 — あやつって動かすこと。
40 殺人事件を**ソウサ**する。 — さがして調べること。
41 技術の発展を**ソガイ**する。 — 妨げること。
42 自己**ソガイ**の状態に陥る。 — うとんじること。
43 学生を**タイショウ**とした本。 — 目標となるもの。
44 **タイショウ**的な性格。 — 他とてらし合わせること。
45 左右**タイショウ**の形。 — つりあうこと。
46 会費を**チョウシュウ**する。 — 金銭を取り立てること。
47 兵士を**チョウシュウ**する。 — 人を呼びあつめること。

48 利益を**ツイキュウ**する。 — おいもとめること。
49 真理を**ツイキュウ**する。 — 尋ねきわめること。
50 責任を**ツイキュウ**する。 — 食い下がって問い詰めること。
51 地価が**トウキ**する。 — 物価や相場が上がること。
52 ゴミの不法**トウキ**。 — なげすてること。
53 犯人の**トクチョウ**を告げる。 — とくに目立つところ。
54 製品の**トクチョウ**を述べる。 — とくにすぐれたところ。
55 **ヘイコウ**する二直線。 — 交わらないこと。
56 心の**ヘイコウ**を保つ。 — つりあいがとれること。
57 二試合を**ヘイコウ**して行う。 — 同時におこなうこと。
58 品質を**ホショウ**する。 — 確かであると請け合うこと。
59 損害を**ホショウ**する。 — 損害を埋め合わすこと。
60 人の世は**ムジョウ**だ。 — 一定しないこと。
61 **ムジョウ**にも鼻で笑う。 — 思いやりがないこと。
62 単純**メイカイ**な論理だ。 — 筋道がはっきりしていること。
63 **メイカイ**な説明をする。 — はっきりとときあかすこと。

32 制作 — 33 製作
34 精算 — 35 成算 — 36 清算
37 節制 — 38 摂生
39 操作 — 40 捜査
41 阻害 — 42 疎外
43 対象 — 44 対照 — 45 対称
46 徴収 — 47 徴集

48 追求 — 49 追究 — 50 追及
51 騰貴 — 52 投棄
53 特徴 — 54 特長
55 平行 — 56 平衡 — 57 並行
58 保証 — 59 補償
60 無常 — 61 無情
62 明快 — 63 明解

異字同訓①

太字のカタカナを漢字に直しなさい。

①夜が**ア**けて朝になる。
②時間を**ア**けてもらう。
③窓を**ア**けて風を入れる。
④日ごとに**アタタ**かくなる。
⑤**アタタ**かい料理をいただく。
⑥今年の夏はとても**アツ**い。
⑦**アツ**いお風呂に入りたい。
⑧手**アツ**いもてなしを受ける。
⑨寄付金を建築費に**ア**てる。
⑩学校に**ア**てて書類を送る。
⑪どうもあの男が**アヤ**しい。
⑫**アヤ**しい魅力を持つ女性。
⑬漢字の使い方を**アヤマ**る。
⑭仕事の不手際を**アヤマ**る。
⑮金遣いが**アラ**い。
⑯網の目が**アラ**い。
⑰喜びを言葉で**アラワ**す。
⑱とうとう本性を**アラワ**した。
⑲民話を集めて書物を**アラワ**す。
⑳雨の日は膝が**イタ**む。
㉑暑さで果物が**イタ**む。
㉒知人の死を**イタ**む。
㉓義士の**ウ**ち入り。
㉔いのししを猟銃で**ウ**つ。
㉕板書をノートに**ウツ**す。
㉖画像をスクリーンに**ウツ**す。
㉗国の将来を**ウレ**える。
㉘我が身の不幸を**ウレ**える。
㉙罪を**オカ**す。
㉚学問の自由を**オカ**す。
㉛危険を**オカ**して行く。
㉜荷物を家に**オク**る。
㉝お祝いの品を**オク**る。

正解

①明 ②空 ③開 ④暖 ⑤温 ⑥暑 ⑦熱 ⑧厚 ⑨充 ⑩宛 ⑪怪 ⑫妖 ⑬誤 ⑭謝 ⑮荒 ⑯粗

⑰表 ⑱現 ⑲著 ⑳痛 ㉑傷 ㉒悼 ㉓討 ㉔撃 ㉕写 ㉖映 ㉗憂 ㉘愁 ㉙犯 ㉚侵 ㉛冒 ㉜送 ㉝贈

㉞成功を**オサ**める。
㉟税金を**オサ**める。
㊱領地を**オサ**める。
㊲ラテン語を**オサ**める。
㊳玄関の呼び鈴を**オ**す。
㊴彼を会長に**オ**す。
㊵失敗を**オソ**れるな。
㊶神仏に対する**オソ**れ。
㊷音楽にのって**オド**る。
㊸興奮して胸が**オド**る。
㊹家庭を**カエリ**みる余裕がない。
㊺わが身を**カエリ**みる。
㊻明日は振り**カ**え休日だ。
㊼電車を乗り**カ**える。
㊽書面をもって挨拶に**カ**える。
㊾梅の花が**カオ**る。
㊿風**カオ**る五月。

(51)**カゲ**で悪口を言う。
(52)**カゲ**も形もない。
(53)椅子に腰を**カ**ける。
(54)神に**カ**けて誓う。
(55)川に橋を**カ**ける。
(56)社運を**カ**けた大事業。
(57)クラスの団結が**カタ**い。
(58)彼は口が**カタ**い。
(59)モデルの表情が**カタ**い。
(60)化けの**カワ**が剥がれる。
(61)**カワ**製品を買う。
(62)洗濯物が**カワ**く。
(63)喉が**カワ**いた。
(64)機転が**キ**く。
(65)痛み止めの薬が**キ**く。
(66)質問に的確に**コタ**える。
(67)時代の要請に**コタ**える。

㉞収 ㉟納 ㊱治 ㊲修 ㊳押 ㊴推 ㊵恐 ㊶畏 ㊷踊 ㊸躍 ㊹顧 ㊺省 ㊻替 ㊼換 ㊽代 ㊾香 ㊿薫

(51)陰 (52)影 (53)掛 (54)懸 (55)架 (56)賭 (57)固 (58)堅 (59)硬 (60)皮 (61)革 (62)乾 (63)渇 (64)利 (65)効 (66)答 (67)応

異字同訓②

太字のカタカナを漢字に直しなさい。

①借家を**サガ**す。
②行方不明者を**サガ**す。

③二人の仲を**サ**く。
④特別に時間を**サ**く。

⑤日傘を**サ**して歩く。
⑥西を**サ**して進む。
⑦鼻を**サ**すような嫌な臭い。
⑧花瓶に花を**サ**す。

⑨眠気を**サ**ます。
⑩湯を**サ**ます。

⑪展示品には**サワ**らない。
⑫気に**サワ**る言い方をされる。

⑬雑巾を**シボ**る。
⑭牛の乳を**シボ**る。

⑮友人に入部を**スス**める。
⑯良書を**スス**める。

⑰各部屋に消火器を**ソナ**える。
⑱霊前に花を**ソナ**える。

⑲困苦欠乏に**タ**える。
⑳見るに**タ**えない作品。

㉑快刀乱麻を**タ**つ。
㉒雪山で消息を**タ**つ。
㉓はさみで生地を**タ**つ。

㉔墨が顔に**ツ**く。
㉕自分の席に**ツ**く。
㉖新しい職に**ツ**く。

㉗言動を**ツツシ**む。
㉘**ツツシ**んで祝意を表する。

㉙問題の解決に**ツト**める。
㉚父は銀行に**ツト**めている。
㉛会議の議長を**ツト**める。

㉜乱れた髪を**トトノ**える。
㉝料理の味を**トトノ**える。

正解

①—②　探　捜
③—④　裂　割
⑤—⑥—⑦—⑧　差　指　刺　挿
⑨—⑩　覚　冷
⑪—⑫　触　障
⑬—⑭　絞　搾
⑮—⑯　勧　薦
⑰—⑱　備　供
⑲—⑳　耐　堪
㉑—㉒—㉓　断　絶　裁
㉔—㉕—㉖　付　着　就
㉗—㉘　慎　謹
㉙—㉚—㉛　努　勤　務
㉜—㉝　整　調

㉞水中で息を**ト**める。
㉟服のボタンを**ト**める。
㊱友達を家に**ト**める。
㊲勉強して資格を**ト**る。
㊳会議で決を**ト**る。
㊴会社で事務を**ト**る。
㊵猫がねずみを**ト**る。
㊶記念写真を**ト**る。
㊷口車に**ノ**せられる。
㊸自動車に荷物を**ノ**せる。
㊹世界の平和を**ノゾ**む。
㊺決勝戦に**ノゾ**む。
㊻生徒の個性を**ノ**ばす。
㊼出発を明日に**ノ**ばす。
㊽損害が一億円に**ノボ**る。
㊾遠足で山に**ノボ**る。
㊿東の空に朝日が**ノボ**る。

51 タイミングを**ハカ**る。
52 土地の面積を**ハカ**る。
53 バケツの容積を**ハカ**る。
54 合理化を**ハカ**る。
55 会社の乗っ取りを**ハカ**る。
56 議案を委員会に**ハカ**る。
57 心地よい風が**フ**く。
58 火山が煙を**フ**く。
59 夜が**フ**ける。
60 ここ数年で急に**フ**けた。
61 人間は法の**モト**に平等だ。
62 口は災いの**モト**。
63 データを**モト**に判断する。
64 すばらしい演技に場内が**ワ**く。
65 新しいアイデアが**ワ**く。
66 進路のことで思い**ワズラ**う。
67 大病を**ワズラ**う。

㉞—㉟—㊱ 止 留 泊
㊲—㊳—㊴—㊵—㊶ 取 採 執 捕 撮
㊷—㊸ 乗 載
㊹—㊺ 望 臨
㊻—㊼ 伸 延
㊽—㊾—㊿ 上 登 昇

51—52—53—54—55—56 計 測 量 図 謀 諮
57—58 吹 噴
59—60 更 老
61—62—63 下 元 基
64—65 沸 湧
66—67 煩 患

類似字①

〈注意すべき字体〉太字のカタカナを漢字に直しなさい。

甫 と 叀

①彼は**ハク**識な人だ。
②鉄道を**フ**設する。
③**ハッ**幸の美少女。
④親が子供を束**バク**する。
⑤**ボ**記三級の資格を持つ。
⑥**セン**門学校に進学する。
⑦自然の恩**ケイ**に浴する。
⑧稲の出**スイ**の季節。

矢 と 失

⑨着地に**シッ**敗する。
⑩**テッ**筋コンクリートの建物。
⑪学校の**チツ**序を守る。
⑫閣僚を更**テツ**する。
⑬会長に立**コウ**補する。
⑭**イ**学の発展に尽力する。
⑮仲のよい家**ゾク**。
⑯他人の出世を**シッ**妬する。

易 と 昜

⑰容器を熱**トウ**消毒する。
⑱春らしい**ヨウ**気になる。
⑲胃**チョウ**が弱い。
⑳仲間を中**ショウ**する。
㉑景気が浮**ヨウ**する。
㉒脳に腫**ヨウ**ができた。
㉓安**イ**な道を選ぶ。
㉔学会の恩**シ**賞をもらう。

于 と 干

㉕内政**カン**渉に反対する。
㉖父の**カン**牛充棟の蔵書。
㉗祖父は**カン**臓が悪い。
㉘週**カン**誌を買う。
㉙宴会の**カン**事になる。
㉚畑の中の一**ケン**家。
㉛川の対**ガン**に渡る。
㉜**ウ**宙旅行がしてみたい。
㉝焼き**イモ**を食べる。

正解

①博 ②敷 ③薄 ④縛 ⑤簿 ⑥専 ⑦恵 ⑧穂 ⑨失 ⑩鉄 ⑪秩 ⑫迭 ⑬候 ⑭医 ⑮族 ⑯嫉

⑰湯 ⑱陽 ⑲腸 ⑳傷 ㉑揚 ㉒瘍 ㉓易 ㉔賜 ㉕干 ㉖汗 ㉗肝 ㉘刊 ㉙幹 ㉚軒 ㉛岸 ㉜宇 ㉝芋

菫と莫

㉞**ナン**関を突破する。
㉟悲**タン**の涙にくれる。
㊱**カン**字の勉強をする。
㊲**キン**賀新年。
㊳**キン**勉な学生。

卬と卯

㊴鶏が産**ラン**する。
㊵川**リュウ**を詠む。
㊶信**コウ**の厚い人。
㊷転校生を歓**ゲイ**する。
㊸自由を**ヨク**圧する。

ヨとヨ

㊹法**リツ**違反の行為。
㊺奴**レイ**解放のため戦う。
㊻企画部長を**ケン**任する。
㊼プライバシーの**シン**害。
㊽二階に**シン**室がある。
㊾犯人を**ジン**問する。
㊿平**オン**無事を祈る。

氏と氐

51住所と**シ**名を書く。
52本の表**シ**が破れる。
53景気が**テイ**迷する。
54海**テイ**にすむ魚。
55家を**テイ**当に入れる。
56首相が官**テイ**に入る。

⺍と⺌

57光**キ**ある伝統。
58予算を**サク**減する。
59政権を**ショウ**握する。
60生徒会役員の選**キョ**。
61事件が発**カク**する。
62各国の首**ノウ**が集まる。

㇏と㇏

63**リョウ**犬が野鳥を追う。
64**ジン**速に救助を行う。
65新しい問題が**ハ**生する。
66**コ**立無援で戦う。
67修学**リョ**行に行く。

㉞難 ㉟嘆 ㊱漢 ㊲謹 ㊳勤 ㊴卵 ㊵柳 ㊶仰 ㊷迎 ㊸抑 ㊹律 ㊺隷 ㊻兼 ㊼侵 ㊽寝 ㊾尋 ㊿穏

51氏 52紙 53低 54底 55抵 56邸 57輝 58削 59掌 60挙 61覚 62脳 63猟 64迅 65派 66孤 67旅

〈同音類似字〉太字のカタカナを漢字に直しなさい。

①**オク**万長者になりたい。
②事故で記**オク**を失う。
③**オク**面もなくしゃしゃり出る。
④環境破**カイ**を防ぐ。
⑤**カイ**疑の念を抱く。
⑥象を捕**カク**する。
⑦小麦を収**カク**する。
⑧高校から**キ**宿舎に入る。
⑨**キ**抜な服装をした人。
⑩定期的に会**ギ**を開く。
⑪正**ギ**の味方に憧れる。
⑫厳粛な雰囲気で**ギ**式が始まる。
⑬災害で多くの**ギ**牲者が出る。
⑭**グウ**像を崇拝する。
⑮待**グウ**が悪い。
⑯庭の一**グウ**に咲く花。

⑰さまざまな経**ケン**を積む。
⑱夜道の一人歩きは危**ケン**だ。
⑲所持品を**ケン**査する。
⑳食費を**ケン**約する。
㉑年**コウ**序列制度が廃止される。
㉒**コウ**妙な手段を用いる。
㉓公平な**サイ**判が行われる。
㉔雑誌に連**サイ**中の小説。
㉕温室でトマトを**サイ**培する。
㉖入学金を免**ジョ**される。
㉗**ジョ**行運転をする。
㉘春の**ジョ**勲を発令する。
㉙祝賀会に**ショウ**待される。
㉚自己**ショウ**介をする。
㉛国会召集の**ショウ**書。
㉜**ゾウ**器移植を行う。
㉝米を貯**ゾウ**しておく。

正解

①億―②憶―③臆　④壊―⑤懐　⑥獲―⑦穫　⑧寄―⑨奇　⑩議―⑪義―⑫儀―⑬犠　⑭偶―⑮遇―⑯隅

⑰験―⑱険―⑲検―⑳倹　㉑功―㉒巧　㉓裁―㉔載―㉕栽　㉖除―㉗徐―㉘叙　㉙招―㉚紹―㉛詔　㉜臓―㉝蔵

㉞老後に備えて貯**チク**する。
㉟**チク**産業の盛んな地域。
㊱このチームは天下無**テキ**だ。
㊲**テキ**当な広さの家。
㊳脱税を**テキ**発する。
㊴窓についた水**テキ**を拭く。
㊵**テツ**夜で試験勉強をする。
㊶障害物を**テツ**去する。
㊷圧**トウ**的な支持を得る。
㊸目的地に無事**トウ**着する。
㊹予習と**フク**習を欠かさない。
㊺彼は**フク**心の部下だ。
㊻**フク**雑な思いを語る。
㊼**フク**面をした強盗。
㊽薬の**フク**作用に苦しむ。
㊾全**プク**の信頼を得る。
㊿会社の**フク**利厚生。

(51)花**フン**症に悩まされる。
(52)**フン**争が続く地帯。
(53)雑誌の**ヘン**集の仕事。
(54)彼は**ヘン**屈な性格で困る。
(55)普**ヘン**的な考え方。
(56)**ボ**地を整備する。
(57)お歳**ボ**を贈る。
(58)思**ボ**の念を抱く。
(59)アルバイトを**ボ**集する。
(60)甘い物を我**マン**する。
(61)注意力が散**マン**だ。
(62)人口**ミツ**度が高い。
(63)蜂**ミツ**をかけて食べる。
(64)遠**リョ**がちに話しかける。
(65)**リョ**囚の身となる。
(66)痛**レツ**な皮肉を言う。
(67)風船が破**レツ**する。

㉞—㉟ 蓄 畜　㊱ 敵　㊲—㊳—㊴ 適 摘 滴　㊵—㊶ 徹 撤　㊷—㊸ 倒 到　㊹—㊺—㊻—㊼ 復 腹 複 覆　㊽—㊾—㊿ 副 幅 福

(51)—(52) 粉 紛　(53)—(54)—(55) 編 偏 遍　(56)—(57)—(58)—(59) 墓 暮 慕 募　(60)—(61) 慢 漫　(62)—(63) 密 蜜　(64)—(65) 慮 虜　(66)—(67) 烈 裂

〈異音類似字〉太字のカタカナを漢字に直しなさい。

①**アイ**愁を帯びたメロディー。
②病気のため**スイ**弱する。
③和洋折**チュウ**の料理。
④士気が阻**ソウ**する。
⑤**イ**失物を管理する。
⑥派**ケン**社員として働く。
⑦無作**イ**に選び出す。
⑧**ギ**名を使って電話する。
⑨店を娘に譲って**イン**居する。
⑩**オン**健な思想の持ち主。
⑪肺**エン**を起こす。
⑫無病息**サイ**であることを願う。
⑬雑誌の**カン**頭特集。
⑭新幹線の乗車**ケン**を買う。
⑮彼は着**ガン**点がよい。
⑯睡**ミン**不足を解消する。
⑰時**ギ**にかなった企画。
⑱開会式で選手**セン**誓をする。
⑲**ギ**音語を多用した文章。
⑳血液が**ギョウ**固する。
㉑偶然二人を目**ゲキ**した。
㉒失敗を真**シ**に受け止める。
㉓女性に勝手な**ゲン**想を抱く。
㉔**ヨウ**稚園の先生になりたい。
㉕彼女は**コウ**運の女神だ。
㉖香**シン**料からカレーを作る。
㉗貧**コン**に苦しむ。
㉘事故の原**イン**を調査する。
㉙**シュウ**人を護送する車。
㉚書**サイ**で書き物をする。
㉛一**セイ**に立ち上がる。
㉜機械で**サイ**石する。
㉝純**スイ**な心を持ち続ける。

正解

①哀—②衰—③衷—④喪　⑤遺—⑥遣　⑦為—⑧偽　⑨隠—⑩穏　⑪炎—⑫災　⑬巻—⑭券　⑮眼—⑯眠

⑰宜—⑱宣　⑲擬—⑳凝　㉑撃—㉒摯　㉓幻—㉔幼　㉕幸—㉖辛　㉗困—㉘因—㉙囚　㉚斎—㉛斉　㉜砕—㉝粋

㉞謝**ザイ**の言葉がない。
㉟違反者を処**バツ**する。
㊱小論文の添**サク**。
㊲体力の**ショウ**耗。
㊳**ザン**定的に料金を据え置く。
㊴老齢人口が**ゼン**次増加する。
㊵期末試験を実**シ**する。
㊶**セン**風を巻き起こす。
㊷体育教**シ**を目ざす。
㊸陸軍を統**スイ**する。
㊹**シャク**用書を書く。
㊺善戦むなしく**セキ**敗した。
㊻万全の**ソ**置をとる。
㊼資料を取**シャ**選択する。
㊽事態の収**シュウ**を図る。
㊾意見の**ショウ**突を避ける。
㊿勢力の均**コウ**を保つ。

(51)謹**シン**処分を受ける。
(52)政界の重**チン**と呼ばれる人。
(53)赤字を補**テン**する。
(54)殺人未**スイ**容疑で逮捕する。
(55)上司に**チク**次報告する。
(56)**ダン**炉のある家に住みたい。
(57)被災者を**エン**助する。
(58)動きが**カン**慢だ。
(59)**ダ**落した生活を送る。
(60)会社の信用が失**ツイ**する。
(61)首位を**ダッ**回する。
(62)小遣いを**フン**発する。
(63)手続きが**ハン**雑だ。
(64)出題**ヒン**度が高い熟語。
(65)**リョウ**収書を受け取る。
(66)ヨットが転**プク**する。
(67)着信**リ**歴を確認する。

㉞罪 ㉟罰 ㊱削 ㊲消 ㊳暫 ㊴漸 ㊵施 ㊶旋 ㊷師 ㊸帥 ㊹借 ㊺惜 ㊻措 ㊼捨 ㊽拾 ㊾衝 ㊿衡

(51)慎 (52)鎮 (53)塡 (54)遂 (55)逐 (56)暖 (57)援 (58)緩 (59)堕 (60)墜 (61)奪 (62)奮 (63)煩 (64)頻 (65)領 (66)覆 (67)履

太字のカタカナを漢字に直し、傍線部と同じ漢字を含むものの番号を黒く塗りつぶしなさい。

①熊に**オソ**われる。
- ①万葉の**シュウカ**。
- ②前の方針を**トウシュウ**する。
- ③**タイシュウ**に人気の音楽。
- ④**シュウトウ**な準備を重ねる。

②そこが彼の**エラ**いところだ。
- ①**イギョウ**を達成する。
- ②自転車で**イドウ**する。
- ③差は**イゼン**縮まらない。
- ④気持ちが**イシュク**する。

③**スルド**い刃物を持つ。
- ①身に余る**コウエイ**です。
- ②**エイセイ**状態が悪い。
- ③**エイタン**の声を漏らす。
- ④期待の**シンエイ**作家。

④横**ナグ**りの雨が降る。
- ①その道の**オウギ**を極める。
- ②**オウベイ**諸国を歴訪する。
- ③**オウセイ**な食欲。
- ④やじに**オウシュウ**する。
- ⑤頭部を**オウダ**する。

⑤**クヤ**し涙を流す。
- ①**コウカイ**先に立たず。
- ②校則を**カイセイ**する。
- ③余計なお**セッカイ**だ。
- ④**カイリキ**の持ち主。
- ⑤**カイガ**教室に通う。

⑥大声で**サケ**ぶ。
- ①博覧会は大**セイキョウ**だ。
- ②**カンキョウ**を整える。
- ③思わず**ゼッキョウ**する。
- ④苦しい**キョウチュウ**を語る。
- ⑤**キョウツウ**の趣味が多い。

正解

①襲　①秀歌・❷踏襲・③大衆・④周到

②偉　❶偉業・②移動・③依然・④萎縮

③鋭　①光栄・②衛生・③詠嘆・❹新鋭

④殴　①奥義・②欧米・③旺盛・④応酬・❺殴打

⑤悔　❶後悔・②改正・③節介・④怪力・⑤絵画

⑥叫　①盛況・②環境・❸絶叫・④胸中・⑤共通

⑦伊勢神宮にモウでる。
①大きなケイヤクを結ぶ。
②二十分がケイカする。
③旅行の日程をケイジする。
④歌舞伎にゾウケイが深い。
⑤ケイビを厳重にする。

⑧大は小をカねる。
①辞書は妹とケンヨウだ。
②勝利にコウケンする。
③足首を痛めてキケンする。
④日本国ケンポウ。
⑤暴風雨のケンナイに入る。

⑨輝かしい実績をホコる。
①鳥が空にエンコを描く。
②ジコ記録を更新する。
③コモン弁護士に相談する。
④権力をコジする。
⑤コキョウに錦を飾る。

⑩わが子のようにイツクしむ。
①ソウジの関係にある図形。
②ジョウのある食べ物。
③ジシャクにつく金属。
④トウジ客でにぎわう。
⑤ジヒ深い人だ。

⑪親ユズりの無鉄砲。
①水分がジョウハツする。
②互いにジョウホする。
③ジョウケンをつける。
④ドジョウが肥えている。
⑤ジョウザイの薬を飲む。

⑫木に竹をツぐ。
①チセツな文章を書く。
②美術館をケンセツする。
③担当者とチョクセツ話す。
④転んでコッセツした。
⑤セットウ犯を捕まえる。

---

⑦詣 ①契約・②経過・③掲示・❹造詣・⑤警備
⑧兼 ❶兼用・②貢献・③棄権・④憲法・⑤圏内
⑨誇 ①円弧・②自己・③顧問・❹誇示・⑤故郷
⑩慈 ①相似・②滋養・③磁石・④湯治・❺慈悲
⑪譲 ①蒸発・❷譲歩・③条件・④土壌・⑤錠剤
⑫接 ①稚拙・②建設・❸直接・④骨折・⑤窃盗

太字のカタカナを漢字に直し、傍線部と同じ漢字を含むものの番号を黒く塗りつぶしなさい。

① **トク**<u>**イ**</u>な才能を示す。
①**イダイ**な先人。
②彼が犯人に**ソウイ**ない。
③現状**イジ**が精一杯だ。
④ひときわ**イサイ**を放つ。

② 莫大《ばくだい》な**リ**<u>**エキ**</u>を上げる。
①**ムエキ**な争いはやめよう。
②万古**フエキ**な摂理を知る。
③**メンエキ**力を高める。
④無色透明な**エキタイ**。

③ 時代を**チョウ**<u>**エツ**</u>した作品。
①資料を**エツラン**する。
②ご**マンエツ**の表情。
③国王に**エッケン**する。
④**エッキョウ**して亡命する。

④ 娘の<u>**エン**</u>**ダン**が持ち上がる。
①**エンピツ**で書く。
②**エンカイ**を盛り上げる。
③**エンガワ**で昼寝する猫。
④見事な**エンギ**を披露する。
⑤新作の発売を**エンキ**する。

⑤ **スン**<u>**カ**</u>を惜しんで勉強する。
①疑惑の**カチュウ**にある人。
②**カコ**の事例を参考にする。
③誤りの**カショ**を直す。
④長期**キュウカ**をとる。
⑤**ツウカ**偽造を防ぐ。

⑥ 台風で家屋が**ゼン**<u>**カイ**</u>する。
①真相を**カイメイ**する。
②環境を**ハカイ**する。
③**カイショ**で丁寧に書く。
④**カイセキ**料理をいただく。
⑤**キカイ**的に手を動かす。

正解

① 特異　①偉大・②相違・③維持・❹異彩
② 利益　❶無益・②不易・③免疫・④液体
③ 超越　①閲覧・②満悦・③謁見・❹越境
④ 縁談　①鉛筆・②宴会・❸縁側・④演技・⑤延期
⑤ 寸暇　①渦中・②過去・③箇所・❹休暇・⑤通貨
⑥ 全壊　①解明・❷破壊・③楷書・④懐石・⑤機械

⑦いたずらも**タイガイ**にしろ。

①**ガイトウ**募金をする。

②**ダンガイ**絶壁の下は海だ。

③**ガイヨウ**を説明する。

④**ケイガイ**化した制度。

⑤**カンガイ**無量の面持ち。

⑧**カクショウ**が得られない。

①**サッカク**を起こす。

②**カクチョウ**高い文章。

③一定の**カンカク**をあける。

④**セイカク**な時刻を告げる。

⑤**チカク**変動が起こる。

⑨文字を記号に**チカン**する。

①入院**カンジャ**のカルテ。

②昔ながらの**カンシュウ**。

③品物を**カンキン**する。

④会計を**カンサ**する。

⑤扱いの**カンベン**な道具。

⑩**シンキ**で社員を募集する。

①人生の**キロ**に立つ。

②**スウキ**な運命をたどる。

③**キリツ**を守る。

④**キホン**に忠実に動く。

⑤経営**キキ**を乗り切る。

⑪半信**ハンギ**で話を聞く。

①彼は**ギゼン**者だ。

②幼児がお**ユウギ**をする。

③**サギ**をはたらく。

④話の内容に**ギモン**を抱く。

⑤社会的**イギ**のある仕事。

⑫大企業の**ケイレツ**。

①利根川《とねがわ》**スイケイ**のダム。

②**ケイリュウ**を下る小舟。

③**ケイソツ**な行動をするな。

④十分間**キュウケイ**する。

⑤円の**チョッケイ**を測る。

---

⑦大概 ①街頭 ②断崖 ❸概要 ④形骸 ⑤感慨

⑧確証 ①錯覚 ②格調 ③間隔 ❹正確 ⑤地殻

⑨置換 ①患者 ②慣習 ❸換金 ④監査 ⑤簡便

⑩新規 ①岐路 ②数奇 ❸規律 ④基本 ⑤危機

⑪半疑 ①偽善 ②遊戯 ③詐欺 ❹疑問 ⑤意義

⑫系列 ❶水系 ②渓流 ③軽率 ④休憩 ⑤直径

太字のカタカナを漢字に直し、傍線部と同じ漢字を含むものの番号を黒く塗りつぶしなさい。

① 多くの**コウノウ**がある温泉。
- ① **コウバイ**が緩やかな坂。
- ② 親に**ハンコウ**する年ごろ。
- ③ 事件の**ジコウ**が成立する。
- ④ 医療費が**コウジョ**される。

② 頭の中が**コンラン**する。
- ① **コンチュウ**採集が趣味だ。
- ② 先生と父兄が**コンダン**する。
- ③ 新旧の魅力が**コンザイ**する。
- ④ **ノウコン**の制服を着る。

③ **ケンサク**機能を活用する。
- ① 解決方法を**モサク**する。
- ② 生産性向上の**ホウサク**。
- ③ 試行**サクゴ**を重ねる。
- ④ 予算を**サクゲン**する。

④ 別冊資料を**サンショウ**する。
- ① 大企業の**サンカ**に入る。
- ② 男女共同**サンカク**社会。
- ③ **サンミ**の強いみかん。
- ④ **サンバシ**から船に乗る。
- ⑤ **ヨウサン**の盛んな地域。

⑤ 信頼関係を**シュウフク**する。
- ① 会長に**シュウニン**する。
- ② 要求を**イッシュウ**する。
- ③ 水分を**キュウシュウ**する。
- ④ 新入社員の**ケンシュウ**。
- ⑤ 五万人の**カンシュウ**。

⑥ 大相撲の地方**ジュンギョウ**。
- ① もう三月**ジョウジュン**だ。
- ② 前後で**ムジュン**した意見。
- ③ **ヒョウジュン**的な大きさ。
- ④ 事実を**ジュンショク**する。
- ⑤ 打者が**イチジュン**する。

正解

① 効能　① 勾・配　② 反・抗　❸ 時・効　④ 控・除

② 混乱　① 昆・虫　② 懇・談　❸ 混・在　④ 濃・紺

③ 検索　❶ 模・索　② 方・策　③ 錯・誤　④ 削・減

④ 参照　① 傘・下　❷ 参・画　③ 酸・味　④ 桟・橋　⑤ 養・蚕

⑤ 修復　① 就・任　② 一・蹴　③ 吸・収　❹ 研・修　⑤ 観・衆

⑥ 巡業　① 上・旬　② 矛・盾　③ 標・準　④ 潤・色　❺ 一・巡

⑦事の経緯をショウジュツする。
①体力をショウモウする。
②薄くケショウをする。
③雪のケッショウを見る。
④相手のリョウショウを得る。
⑤年齢フショウな女性。

⑧患者をシンサツする。
①膝のクッシン運動。
②店のシンヨウに傷がつく。
③シンシ服売り場で働く。
④健康シンダンを受ける。
⑤所得をシンコクする。

⑨スイリョウの助動詞。
①スイリ小説を読む。
②毎日ジスイする。
③必死にスイマと戦う。
④任務をスイコウする。
⑤行進曲をスイソウする。

⑩セイジツな対応を心がける。
①攻撃タイセイをとる。
②眠りからカクセイする。
③心からハンセイする。
④悪党どもをセイバツする。
⑤セイイのこもった贈り物。

⑪未開の地をタンケンする。
①タンイ制の学校に通う。
②イッタン帰宅する。
③長男がタンジョウする。
④経営ハタンをきたす。
⑤宇宙タンサ機。

⑫潜水艦がフジョウする。
①ホウフな地下資源。
②町から町へフロウする。
③知人のフホウに接する。
④ヒフがかゆい。
⑤トウフを食べる。

⑦詳述 ①消耗 ②化粧 ③結晶 ④了承 ❺不詳
⑧診察 ①屈伸 ②信用 ③紳士 ❹診断 ⑤申告
⑨推量 ❶推理 ②自炊 ③睡魔 ④遂行 ⑤吹奏

⑩誠実 ①態勢 ②覚醒 ③反省 ④征伐 ❺誠意
⑪探検 ①単位 ②一旦 ③誕生 ④破綻 ❺探査
⑫浮上 ①豊富 ❷浮浪 ③訃報 ④皮膚 ⑤豆腐

太字の読みを答えなさい。

① 桜の花が強風に**煽**られる。
風を受けて物が動く。

② **暗澹**とした気持ちになる。
明るい見通しがなく、絶望的なさま。

③ 他の事象にも**演繹**する。
一つの事柄から、他に広めて述べること。

④ 欧米文化の**淵源**を探る。
物事の起こり基づくところ。

⑤ **厭世**的な気分に陥る。
この世や人生を疎ましく思うこと。

⑥ **鷹揚**に構える必要がある。
ゆったりとしておおらかなさま。

⑦ 人目も気にせず**嗚咽**する。
むせび泣くこと。

⑧ 重要文化財が**灰燼**に帰す。
灰と燃え殻。

⑨ 故国に**凱旋**する。
勝利を収めて帰ること。

⑩ この**界隈**には書店が多い。
そのあたりの地域。

⑪ 良心の**呵責**に苦しむ。
責めさいなむこと。

⑫ 自由**闊達**な校風が誇りだ。
度量が大きく物事にこだわらないさま。

⑬ 思わぬ**陥穽**にはまる。
計略。わな。

⑭ 高層ビルが**屹立**する街。
高く堂々とそびえたつこと。

⑮ 故障した車を**牽引**する。
大きな力でひっぱること。

⑯ 海外で**研鑽**を積む若者。
学問などを深く究めること。

⑰ 豪華**絢爛**たる平安絵巻。
きらびやかに輝いて美しいさま。

⑱ **堅牢**なつくりの書棚。
堅くて頑丈なさま。

⑲ 試合が**膠着**状態に入る。
動きがなくなること。

⑳ 目の前に広がる**紺碧**の空。
黒みがかった紺色。

㉑ 彼の耳元で答えを**囁**く。
ひそひそと小さな声で話す。

㉒ 住民を無差別に**殺戮**する。
多くの人をむごたらしく殺すこと。

㉓ 部員全員の前で**懺悔**する。
罪を打ち明け、許しを請うこと。

㉔ **惨憺**たる状態の火災現場。
見るも無残なさま。

㉕ 出処進退を**逡巡**する。
決断がつかずためらうこと。

㉖ 大学からの**招聘**を受ける。
礼儀を尽くして丁寧に人を招くこと。

㉗ 戦闘は**熾烈**をきわめた。
勢いが盛んで激しいさま。

正解

① あお
② あんたん
③ えんえき
④ えんげん
⑤ えんせい
⑥ おうよう
⑦ おえつ
⑧ かいじん
⑨ がいせん
⑩ かいわい
⑪ かしゃく
⑫ かったつ
⑬ かんせい
⑭ きつりつ
⑮ けんいん
⑯ けんさん
⑰ けんらん
⑱ けんろう
⑲ こうちゃく
⑳ こんぺき
㉑ ささや
㉒ さつりく
㉓ ざんげ
㉔ さんたん
㉕ しゅんじゅん
㉖ しょうへい
㉗ しれつ

㉘ **静謐**なひとときを過ごす。 静かで落ち着いているさま。
㉙ **寂寥**とした荒野を走る。 ひっそりしているさま。
㉚ **僭越**な言い方で恐縮です。 出すぎたことをするさま。
㉛ 青白い**閃光**を発する。 瞬間的にきらめく光。
㉜ 事業計画に**齟齬**をきたす。 物事がうまくかみ合わないこと。
㉝ 窓辺に**佇**む少女。 そこにじっと立っている。
㉞ **躊躇**なく事を行う。 ためらうこと。
㉟ 世界情勢を**鳥瞰**する。 全体を大きく見渡すこと。
㊱ **凋落**の一途をたどる。 おちぶれること。
㊲ 恩師の訃報に**慟哭**する。 悲しみのあまり大声で泣くこと。
㊳ 実験結果を**捏造**する。 事実でないことをでっち上げること。
㊴ 工場の**煤煙**に悩まされる。 不完全燃焼で発生するすすと煙。
㊵ **煩瑣**な手続きが必要だ。 こまごまとして煩わしいさま。
㊶ **卑怯**な振る舞いをする。 正々堂々と立ち向かわないさま。

㊷ 同僚を**誹謗**中傷する。 他人を悪く言うこと。
㊸ 猫の**敏捷**な身のこなし。 動作や理解、判断が早いさま。
㊹ 自分なりに**敷衍**して話す。 例などをあげて詳しく説明すること。
㊺ 物思いに**耽**る。 一つの事柄に深く心を奪われる。
㊻ 神を**冒瀆**する行為。 神聖なものを冒し汚すこと。
㊼ 交通機関が**麻痺**する。 通常のはたらきが停止すること。
㊽ 高熱で意識が**朦朧**とする。 意識が確かでないさま。
㊾ 地震に**脆**い建物が多い。 壊れやすい。
㊿ 怠け者の**烙印**を押される。 消しようのない汚名。
(51) **流暢**な英語で話す。 言葉が滑らかでよどみがないこと。
(52) **輪廻**転生の考え方を持つ。 生あるものが死後、生死を繰り返すこと。
(53) 近代科学の**黎明**を告げる。 新しい事柄が始まろうとすること。
(54) 思わず**憐憫**の情を催す。 あわれむこと。
(55) 個人情報が**漏洩**する。 もれること。

㉘ せいひつ
㉙ せきりょう
㉚ せんえつ
㉛ せんこう
㉜ そご
㉝ たたず
㉞ ちゅうちょ
㉟ ちょうかん
㊱ ちょうらく
㊲ どうこく
㊳ ねつぞう
㊴ ばいえん
㊵ はんさ
㊶ ひきょう
㊷ ひぼう
㊸ びんしょう
㊹ ふえん
㊺ ふけ
㊻ ぼうとく
㊼ まひ
㊽ もうろう
㊾ もろ
㊿ らくいん
(51) りゅうちょう
(52) りんね
(53) れいめい
(54) れんびん
(55) ろうえい

読みを答えなさい。

①明日
②小豆
③海女・海士
④硫黄
⑤意気地
⑥田舎
⑦息吹
⑧海原
⑨乳母
⑩浮気
⑪浮つく
⑫笑顔
⑬叔父・伯父
⑭大人
⑮乙女
⑯叔母・伯母
⑰お巡りさん
⑱お神酒
⑲母屋・母家
⑳母さん
㉑神楽
㉒河岸
㉓鍛冶
㉔風邪
㉕固唾
㉖仮名
㉗蚊帳
㉘為替
㉙河原・川原
㉚昨日
㉛今日
㉜果物
㉝玄人
㉞今朝
㉟景色
㊱心地
㊲居士
㊳今年
㊴早乙女

正解

①あす
②あずき
③あま
④いおう
⑤いくじ
⑥いなか
⑦いぶき
⑧うなばら
⑨うば
⑩うわき
⑪うわつく
⑫えがお
⑬おじ
⑭おとな
⑮おとめ
⑯おば
⑰おまわりさん
⑱おみき
⑲おもや
⑳かあさん
㉑かぐら
㉒かし
㉓かじ
㉔かぜ
㉕かたず
㉖かな
㉗かや
㉘かわせ
㉙かわら
㉚きのう
㉛きょう
㉜くだもの
㉝くろうと
㉞けさ
㉟けしき
㊱ここち
㊲こじ
㊳ことし
㊴さおとめ

㊵雑魚
㊶桟敷
㊷差し支える
㊸五月
㊹早苗
㊺五月雨
㊻時雨
㊼尻尾
㊽竹刀
㊾老舗
㊿芝生
51 清水
52 三味線
53 砂利
54 数珠
55 上手
56 白髪
57 素人
58 師走
59 数寄屋・数奇屋

60 相撲
61 草履
62 山車
63 太刀
64 立ち退く
65 七夕
66 足袋
67 稚児
68 一日
69 築山
70 梅雨
71 凸凹
72 手伝う
73 伝馬船
74 投網
75 父さん
76 十重二十重
77 読経
78 時計
79 友達

㊵ざこ
㊶さじき
㊷さしつかえる
㊸さつき
㊹さなえ
㊺さみだれ
㊻しぐれ
㊼しっぽ
㊽しない
㊾しにせ
㊿しばふ
51 しみず
52 しゃみせん
53 じゃり
54 じゅず
55 じょうず
56 しらが
57 しろうと
58 しわす(しはす)
59 すきや

60 すもう
61 ぞうり
62 だし
63 たち
64 たちのく
65 たなばた
66 たび
67 ちご
68 ついたち
69 つきやま
70 つゆ
71 でこぼこ
72 てつだう
73 てんません
74 とあみ
75 とうさん
76 とえはたえ
77 どきょう
78 とけい
79 ともだち

⑧⓪ 仲人
⑧① 名残
⑧② 雪崩
⑧③ 兄さん
⑧④ 姉さん
⑧⑤ 野良
⑧⑥ 祝詞
⑧⑦ 博士
⑧⑧ 二十・二十歳
⑧⑨ 二十日
⑨⓪ 波止場
⑨① 一人
⑨② 日和
⑨③ 二人
⑨④ 二日
⑨⑤ 吹雪
⑨⑥ 下手
⑨⑦ 部屋
⑨⑧ 迷子
⑨⑨ 真面目

⑩⓪ 真っ赤
⑩① 真っ青
⑩② 土産
⑩③ 息子
⑩④ 眼鏡
⑩⑤ 猛者
⑩⑥ 紅葉
⑩⑦ 木綿
⑩⑧ 最寄り
⑩⑨ 八百長
⑪⓪ 八百屋
⑪① 大和
⑪② 弥生
⑪③ 浴衣
⑪④ 行方
⑪⑤ 寄席
⑪⑥ 若人

---

⑧⓪ なこうど
⑧① なごり
⑧② なだれ
⑧③ にいさん
⑧④ ねえさん
⑧⑤ のら
⑧⑥ のりと
⑧⑦ はかせ
⑧⑧ はたち
⑧⑨ はつか
⑨⓪ はとば
⑨① ひとり
⑨② ひより
⑨③ ふたり
⑨④ ふつか
⑨⑤ ふぶき
⑨⑥ へた
⑨⑦ へや
⑨⑧ まいご
⑨⑨ まじめ
⑩⓪ まっか
⑩① まっさお
⑩② みやげ
⑩③ むすこ
⑩④ めがね
⑩⑤ もさ
⑩⑥ もみじ
⑩⑦ もめん
⑩⑧ もより
⑩⑨ やおちょう
⑪⓪ やおや
⑪① やまと
⑪② やよい
⑪③ ゆかた
⑪④ ゆくえ
⑪⑤ よせ
⑪⑥ わこうど

第Ⅲ章 語彙力養成編の使い方

●四字熟語
●故事成語
●慣用表現
●ことわざ
●現代文重要語彙

第Ⅲ章では、漢字に限定せず、高校生が身につけておくべき語彙力を養成するための問題を用意しました。

実際に文章を読解したり、自身で文章を書いたりする際にも役立てられるよう、しっかり語彙力を養いましょう。

四字熟語①

空欄に漢字一字を入れて四字熟語を完成させなさい。

①一日《いちじつ》□《せん》秋《しゅう》の思いで待つ。
ひどく待ち遠しく思うさま。

②捜査は五里《ごり》□《む》中《ちゅう》だ。
どうしたらいいかわからなくなること。

③今は隠忍自《いんにんじ》□《ちょう》してほしい。
じっと我慢して軽はずみな行動をしないこと。

④絶《ぜっ》□《たい》絶命《ぜつめい》の大ピンチ。
進退のきわまった状態。

⑤七転八《しちてんばっ》□《とう》してのたうち回る。
苦痛のあまり転げ回ること。

⑥真冬に扇子とは夏《か》□《ろ》冬扇《とうせん》だ。
季節はずれで役に立たないもの。

⑦快刀乱《かいとうらん》□《ま》を断つごとく解決した。
もつれた出来事を明快に処理するさま。

⑧温《おん》□《こ》知新《ちしん》の精神に基づく。
古いことを研究して新しい知識を開くこと。

⑨蔵書を二束三《にそくさん》□《もん》で売り払う。
大量にあるのに値段がきわめて安いこと。

⑩解決策を暗中模《あんちゅうも》□《さく》する。
手がかりのないことを探し求めること。

⑪親と学校と地域が三《さん》□《み》一体《いったい》となる。
三つのことが一つになること。

⑫無病《むびょう》□《そく》災《さい》を祈念する。
病気にかからず健康なこと。

⑬多数派に□《ふ》和雷同《わらいどう》する。
むやみに他人の意見に従うこと。

⑭白《はく》□《しゃ》青松《せいしょう》の景勝地。
美しい海岸の景色。

⑮世情が千変《せんぺん》□《ばん》化《か》する。
さまざまに変化すること。

⑯一心不《いっしんふ》□《らん》に勉強する。
一つのことに集中して気を散らさないこと。

⑰一《いっ》□《き》当千《とうせん》の選手だ。
能力が人並み以上に高いこと。

⑱温厚《おんこう》□《とく》実《じつ》な人柄で慕われている。
穏やかで情けが深く実直で誠実なこと。

⑲速戦《そくせん》□《そっ》決《けつ》で処理する。
短期間で決着をつけること。

⑳起《き》□《しょう》転結《てんけつ》という文章の展開。
漢詩の構成法の一つ。

㉑規則が次第に有名《ゆうめい》□《む》実《じつ》化する。
名だけあって、実質が伴っていないこと。

㉒電光石《でんこうせっ》□《か》の早業だ。
行動などが瞬時に行われること。

㉓少ない人数で悪戦苦《あくせんく》□《とう》する。
困難に打ちかとうとがんばること。

正解

①千 ②霧 ③重 ④体 ⑤倒 ⑥炉 ⑦麻 ⑧故 ⑨文 ⑩索 ⑪位 ⑫息 ⑬付 ⑭砂 ⑮万 ⑯乱 ⑰騎 ⑱篤 ⑲即 ⑳承 ㉑無 ㉒火 ㉓闘

㉔ 有《う》□《い》転変《てんぺん》は世の習い。
世の中は絶えず移り変わること。

㉕ 疾風《しっぷう》□《じん》雷《らい》の勢いで駆け抜ける。
非常に素早くすさまじいこと。

㉖ 人《じん》□《せき》未踏《みとう》の秘境を探検する。
まだ誰も足を踏み入れたことのない場所。

㉗ 私はいつも□《せい》天白日《てんはくじつ》の心境だ。
心にやましいことがないさま。

㉘ 一《いっ》□《とう》両断《りょうだん》の裁きを下す。
物事を思い切って決断すること。

㉙ 彼は志《し》□《そう》堅固《けんご》な人だ。
志をしっかりと定めて変えないこと。

㉚ 暖衣《だんい》□《ほう》食《しょく》の社会となった。
満ち足りた暮らし。

㉛ 順風満《じゅんぷうまん》□《ぱん》な人生を送る。
物事が順調であること。

㉜ 作品を自画自《じがじ》□《さん》する。
自分のことを自分で褒めること。

㉝ 疑惑の念も□《うん》散霧消《さんむしょう》した。
あとかたもなく消えてしまうこと。

㉞ 自縄自《じじょうじ》□《ばく》に陥る。
自分で自分を苦しめること。

㉟ □《い》心伝心《しんでんしん》でわかり合う。
互いに心が通じ合うこと。

㊱ 起死《きし》□《かい》生《せい》の一打となる。
絶望的な状態から立て直すこと。

㊲ 場所がわからず右往《うおう》□《さ》往《おう》する。
慌てふためいて混乱するさま。

㊳ □《たん》刀直入《とうちょくにゅう》にきく。
ただちに要点に入ること。

㊴ 人生は一《いち》□《ご》一会《いちえ》の連続だ。
一生に一度しかない出会い。

㊵ □《し》葉末節《ようまっせつ》にこだわるな。
中心から外れたつまらない事柄。

㊶ 正月に心《しん》□《き》一転《いってん》を図る。
ある事柄を契機に気持ちが変わること。

㊷ 初志貫《しょしかん》□《てつ》して偉業を成し遂げる。
初めの考えを貫きとおすこと。

㊸ 勝手に決めるとは言語《ごんご》□《どう》断《だん》だ。
もってのほかで、言いようのないこと。

㊹ 時期《じき》□《しょう》早《そう》な判断だ。
行うにはまだ早すぎること。

㊺ 晴《せい》□《こう》雨読《うどく》の生活を送る。
悠然と心のままに生活すること。

㊻ □《き》色満面《しょくまんめん》の表情。
喜びを顔じゅうに表すこと。

㊼ □《い》風堂々《ふうどうどう》と行進する。
近寄りがたいほど厳かで立派であること。

㉔為 ㉕迅 ㉖跡 ㉗青 ㉘刀 ㉙操 ㉚飽 ㉛帆 ㉜賛 ㉝雲 ㉞縛 ㉟以 ㊱回 ㊲左 ㊳単 ㊴期 ㊵枝 ㊶機 ㊷徹 ㊸道 ㊹尚 ㊺耕 ㊻喜 ㊼威

四字熟語②

空欄に漢字二字を入れて四字熟語を完成させなさい。

①□《へん》□《げん》隻語《せきご》も聞き漏らさない。（　　　　）
わずかな言葉。一言。

②□《ふん》□《れい》努力《どりょく》して成功を期す。（　　　　）
気力を奮い起こして努めること。

③現代は□《た》□《き》亡羊《ぼうよう》の時代である。（　　　　）
事が多くて真実をつかみにくいこと。

④汗牛《かんぎゅう》□《じゅう》□《とう》の本に埋もれた生活。（　　　　）
蔵書が非常に多いこと。

⑤□《たい》□《ぎ》名分《めいぶん》がないと駄目だ。（　　　　）
行動の基準となる道理。

⑥□《てん》□《い》無縫《むほう》に振る舞う。（　　　　）
純真で無邪気なさま。

⑦群雄《ぐんゆう》□《かっ》□《きょ》の世を制する。（　　　　）
英雄が各地に点在し競い合っていること。

⑧前代《ぜんだい》□《み》□《もん》の大事件が起こる。（　　　　）
今まで一度も聞いたことがないこと。

⑨□《が》□《でん》引水《いんすい》の説だ。（　　　　）
自分に都合のいいように言ったり行ったりすること。

⑩□《すい》□《せい》夢死《むし》の生涯を送る。（　　　　）
何もせずむなしく一生を過ごすこと。

⑪□《ほん》□《まつ》転倒《てんとう》した考えだ。（　　　　）
重要なこととそうでないことを取り違えること。

⑫無味《むみ》□《かん》□《そう》な数字の羅列。（　　　　）
単調でおもしろみのないこと。

⑬□《めい》□《きょう》止水《しすい》の心境だ。（　　　　）
かげりのない澄んだ心。

⑭失敗して意気《いき》□《そ》□《そう》する。（　　　　）
意気込みがくじけ弱ること。

⑮内憂《ないゆう》□《がい》□《かん》こもごも至る。（　　　　）
内外ともに心配事があるさま。

⑯堅忍《けんにん》□《ふ》□《ばつ》の精神で精進する。（　　　　）
堅くじっとこらえて心のぐらつかないこと。

⑰一朝《いっちょう》□《いっ》□《せき》には完成しない。（　　　　）
わずかな期間。

⑱面従《めんじゅう》□《ふく》□《はい》の性向がある人。（　　　　）
服従のそぶりをして心中では背くこと。

⑲勇猛《ゆうもう》□《か》□《かん》に攻め立てる。（　　　　）
性質が勇ましく決断力に富んでいるさま。

⑳□《はく》□《し》弱行《じゃっこう》の自分が嫌になる。（　　　　）
意志が弱く物事を断行する気力が乏しいこと。

㉑□《あん》□《うん》低迷《ていめい》の時期が続く。（　　　　）
前途が不安な状態が続くさま。

㉒□《へい》□《しん》低頭《ていとう》してわびる。（　　　　）
身をかがめ、頭を下げて恐縮すること。

㉓資金調達に□《とう》□《ほん》西走《せいそう》する。（　　　　）
あちこち忙しく走り回るさま。

正解

①片言　②奮励　③多岐　④充棟　⑤大義　⑥天衣　⑦割拠　⑧未聞　⑨我田　⑩酔生　⑪本末　⑫乾燥　⑬明鏡　⑭阻（沮）喪　⑮外患　⑯不抜　⑰一夕　⑱腹背　⑲果敢　⑳薄志　㉑暗雲　㉒平身　㉓東奔

㉔ **天涯**《てんがい》□《こ》□《どく》の身になる。
身寄りが一人もいないこと。

㉕ 彼は**直情**《ちょくじょう》□《けい》□《こう》な性格だ。
思ったとおりを言ったり行ったりすること。

㉖ 失業して**自暴**《じぼう》□《じ》□《き》になる。
自分を粗末にし、やけくそになること。

㉗ **大言**《たいげん》□《そう》□《ご》する癖がある。
大きなことを言うこと。

㉘ **一汁**《いちじゅう》□《いっ》□《さい》を基本とした食事。
汁一品、おかず一品だけの食事。粗食。

㉙ 師の教えを□《きん》□《か》**玉条**《ぎょくじょう》とする。
価値ある大切な規則、きまり。

㉚ □《はく》□《らん》**強記**《きょうき》と呼ばれる人。
広く書物を読み、よく記憶していること。

㉛ あの人は**神出**《しんしゅつ》□《き》□《ぼっ》だ。
行動が自由自在で居所が容易にわからないこと。

㉜ □《せい》□《れん》**潔白**《けっぱく》な政治家。
心清く正しく後ろ暗いところがないこと。

㉝ □《せん》□《し》**万紅**《ばんこう》の春の花壇。
さまざまの色。さまざまな色の花。

㉞ □《ゆい》□《が》**独尊**《どくそん》の態度をとる。
世界で自分がいちばん尊い存在だということ。

㉟ 結局のところ**同工**《どうこう》□《い》□《きょく》だ。
違って見えても実際はほぼ同じであること。

㊱ **意気**《いき》□《しょう》□《てん》の勢いで取り組む。
意気込みが天をつくほど盛んなさま。

㊲ **公明**《こうめい》□《せい》□《だい》な裁決を下す。
心が潔白で、少しも私心がなく正しいさま。

㊳ **不偏**《ふへん》□《ふ》□《とう》を旨とする。
偏らないこと。中立公正。

㊴ **終始**《しゅうし》□《いっ》□《かん》して反対する。
始めから終わりまで変わらないこと。

㊵ 科学技術は**日進**《にっしん》□《げっ》□《ぽ》だ。
絶えず進歩すること。

㊶ **意味**《いみ》□《しん》□《ちょう》な言い方だ。
裏に深い意味が隠されているさま。

㊷ **試行**《しこう》□《さく》□《ご》を重ねる。
失敗を重ねながら目的に迫っていくこと。

㊸ □《じ》□《ごう》**自得**《じとく》だからやむを得ない。
自分の行為の報いを自身が受けること。

㊹ □《しゅ》□《かく》**転倒**《てんとう》した議論。
物事の軽重や本末を取り違えること。

㊺ **眉目**《びもく》□《しゅう》□《れい》な好青年。
容姿がすぐれて美しい男性。

㊻ □《いっ》□《ち》**半解**《はんかい》の知識しかない。
生かじりなこと。

㊼ 情報を□《しゅ》□《しゃ》**選択**《せんたく》する。
必要なものを選び不要なものを捨てること。

㉔孤独 ㉕径行 ㉖自棄 ㉗壮語 ㉘一菜 ㉙金科 ㉚博覧 ㉛鬼没 ㉜清廉 ㉝千紫 ㉞唯我 ㉟異曲 ㊱衝天 ㊲正大 ㊳不党 ㊴一貫 ㊵月歩 ㊶深長 ㊷錯誤 ㊸自業 ㊹主客 ㊺秀麗 ㊻一知 ㊼取捨

次の四字熟語の読みを答えなさい。

①**曖昧模糊**とした状態だ。
物事がはっきりせずぼんやりしているさま。
［　　　］

②**阿鼻叫喚**の巷《ちまた》と化す。
地獄の苦しみに泣き叫ぶこと。
［　　　］

③権力者に**阿諛追従**する。
相手に気に入られようとこびへつらうこと。
［　　　］

④**一蓮托生**の仲間。
行動や運命をともにすること。
［　　　］

⑤目標に**一路邁進**する。
目的達成のために、ひたすら進むこと。
［　　　］

⑥小説を**一気呵成**に書く。
ひといきに仕事を完成すること。
［　　　］

⑦仕事が**一瀉千里**に済む。
物事が速やかにはかどり進むこと。
［　　　］

⑧**因循姑息**なやり方だ。
旧習に頼って、その場をしのごうとすること。
［　　　］

⑨**右顧左眄**して煮え切らない。
周囲を気にしてなかなか決断しないこと。
［　　　］

⑩**紆余曲折**を経て完成した。
事情がこみいって、いろいろ変化すること。
［　　　］

⑪**隔靴掻痒**の感がある。
はがゆくじれったいこと。
［　　　］

⑫**侃侃諤諤**の話し合い。
正しいと思うことを遠慮なく主張すること。
［　　　］

⑬不況で**気息奄奄**になる。
息も絶え絶えなさま。
［　　　］

⑭**拱手傍観**するな。
手を出さないでただ眺めていること。
［　　　］

⑮**毀誉褒貶**を気にしない。
ほめることと、けなすこと。
［　　　］

⑯合格に**欣喜雀躍**する。
小躍りして喜ぶこと。
［　　　］

⑰**軽佻浮薄**な行動。
軽率で言動がしっかりしていないこと。
［　　　］

正解

①あいまいもこ
②あびきょうかん
③あゆついしょう
④いちれんたくしょう
⑤いちろまいしん
⑥いっきかせい
⑦いっしゃせんり
⑧いんじゅんこそく
⑨うこさべん
⑩うよきょくせつ
⑪かっかそうよう
⑫かんかんがくがく
⑬きそくえんえん
⑭きょうしゅぼうかん
⑮きよほうへん
⑯きんきじゃくやく
⑰けいちょうふはく

⑱ **牽強付会**な言い分だ。
道理に合わないことを無理にこじつけること。

⑲ **乾坤一擲**の企画だ。
運命を賭けるような大勝負。

⑳ **豪放磊落**な性格の母。
度量が広く、小事にこだわらないこと。

㉑ **虎視眈眈**と上位を狙う。
じっとチャンスを狙うこと。

㉒ **古色蒼然**とした山寺。
年月を経ていかにも古びて見えるさま。

㉓ 味が**渾然一体**となる。
全体が溶け合って一つのものになること。

㉔ **才気煥発**な人がそろう。
頭のはたらきがはやく、活発で目立つこと。

㉕ 理論が**自家撞着**する。
同じ人の言動や文章が矛盾すること。

㉖ **獅子奮迅**の働きを見せる。
激しい勢いで物事に対処するさま。

㉗ **魑魅魍魎**が跋扈《ばっこ》する。
いろいろな妖怪変化。

㉘ **彫心鏤骨**の作品。
非常に苦労して詩文などを練り上げること。

㉙ 世の中を**悲憤慷慨**する。
運命や世の不正などを憤慨し嘆くこと。

㉚ **風光明媚**な観光地だ。
自然の景色が美しいこと。

㉛ **不倶戴天**の敵と見なす。
この世に共存できないほど深く憎むこと。

㉜ 敗戦に**茫然自失**する。
あっけにとられて、気が抜けてしまうこと。

㉝ 彼は**満身創痍**の状態だ。
徹底的に痛めつけられること。

㉞ 自身の**無知蒙昧**ぶりを嘆く。
愚かで物事の道理を知らないこと。

㉟ **融通無碍**に対処する。
考え方や行動が自由であること。

---

⑱ けんきょうふかい
⑲ けんこんいってき
⑳ ごうほうらいらく
㉑ こしたんたん
㉒ こしょくそうぜん
㉓ こんぜんいったい
㉔ さいきかんぱつ
㉕ じかどうちゃく
㉖ ししふんじん
㉗ ちみもうりょう
㉘ ちょうしんるこつ
㉙ ひふんこうがい
㉚ ふうこうめいび
㉛ ふぐたいてん
㉜ ぼうぜんじしつ
㉝ まんしんそうい
㉞ むちもうまい
㉟ ゆうずうむげ

次の故事成語の読みを書き、意味を後から選びなさい。

①推敲　［　　・　］
②墨守　［　　・　］
③蛇足　［　　・　］
④白眉　［　　・　］
⑤助長　［　　・　］
⑥杜撰　［　　・　］
⑦杞憂　［　　・　］
⑧完璧　［　　・　］

ア　固く自説を持ち続けて譲らない。
イ　不足や欠点が全くない。
ウ　無用の心配。取り越し苦労。
エ　多数ある中で最も優れているものや人。
オ　不必要なもの。
カ　文章の中に誤りが多い。粗雑である。
キ　詩文の字句をさまざまに練り考える。
ク　力を添えて発展・育成をたすける。

⑨傾城　［　　・　］
⑩守株　［　　・　］
⑪知音　［　　・　］
⑫破天荒　［　　・　］
⑬画竜点睛　［　　・　］
⑭圧巻　［　　・　］
⑮紅一点　［　　・　］
⑯矛盾　［　　・　］

ア　最後の大事な仕上げ。
イ　多くの男性の中の、ただ一人の女性。
ウ　書物や催し物の中で最もすぐれている部分。
エ　つじつまが合わない。
オ　親友。互いに知り尽くした仲。
カ　絶世の美人。
キ　今まで誰もしなかったことを成し遂げる。
ク　旧習にこだわり臨機応変に対処できない。

正解

①すいこう・キ
②ぼくしゅ・ア
③だそく・オ
④はくび・エ
⑤じょちょう・ク
⑥ずさん・カ
⑦きゆう・ウ
⑧かんぺき・イ
⑨けいせい・カ
⑩しゅしゅ・ク
⑪ちいん・オ
⑫はてんこう・キ
⑬がりょうてんせい・ア
⑭あっかん・ウ
⑮こういってん・イ
⑯むじゅん・エ

⑰朝令暮改 [　　・　　]
⑱嚆矢 [　　・　　]
⑲太公望 [　　・　　]
⑳白眼視 [　　・　　]
㉑孟母三遷 [　　・　　]
㉒断腸 [　　・　　]
㉓呉越同舟 [　　・　　]
㉔泰斗 [　　・　　]

ア　仲の悪い者どうしが同じ場所・境遇にある。
イ　人を冷たい目で見る。冷淡な態度であしらう。
ウ　その道で最も権威のある人。大家。
エ　方針などが絶えず変わって定まらない。
オ　物事のはじめ。
カ　はらわたがちぎれるほど悲しくつらい。
キ　子供の教育には、良い環境を選ぶことが大切だ。
ク　釣りをする人。釣りの大好きな人。

㉕千里眼 [　　・　　]
㉖四面楚歌 [　　・　　]
㉗臥薪嘗胆 [　　・　　]
㉘桃源 [　　・　　]
㉙私淑 [　　・　　]
㉚登竜門 [　　・　　]
㉛竜頭蛇尾 [　　・　　]
㉜画餅 [　　・　　]

ア　何の役にも立たないもの。
イ　直接教わらずともひそかに師として尊敬し学ぶ。
ウ　初めは勢いがよいが、終わりになると振るわない。
エ　遠方の出来事などを直感的に知る能力。
オ　周囲が敵ばかりで助けがない。
カ　目的を達するために苦労を重ねる。
キ　俗世間を離れた平和な世界。
ク　立身出世のための難しい関門。

---

⑰ちょうれいぼかい・エ
⑱こうし・オ
⑲たいこうぼう・ク
⑳はくがんし・イ
㉑もうぼさんせん・キ
㉒だんちょう・カ
㉓ごえつどうしゅう・ア
㉔たいと・ウ
㉕せんりがん・エ
㉖しめんそか・オ
㉗がしんしょうたん・カ
㉘とうげん・キ
㉙ししゅく・イ
㉚とうりゅうもん・ク
㉛りゅうとうだび・ウ
㉜がべい(がへい)・ア

故事成語②

空欄に入る漢字を後から選び、故事成語を完成させなさい。

①漁夫の□
両者が争っているすきに第三者が利益を横取りする。
[　　]

②蛍雪の□
苦労して勉学に励んだその成果。
[　　]

③一炊の□
人生の栄華ははかない。
[　　]

④他山の□
他人のどんな言行も自分を磨く助けになる。
[　　]

⑤禍福は糾《あざな》える□のごとし
人の世の幸・不幸は表裏一体である。
[　　]

⑥同□相憐《あい》れむ
同じ境遇に苦しむ者は互いに同情する念が強い。
[　　]

⑦蟷螂《とうろう》の□
弱者が力量もわきまえず強敵に立ち向かう。
[　　]

⑧敗軍の将は□を語らず
失敗した者はそのことについて発言する資格はない。
[　　]

⑨□に縁《よ》りて魚を求む
方法を誤ると目的は達せられない。
[　　]

夢・利・兵・木・病・功・縄・石・斧《おの》

⑩竹馬の□
幼なじみ。
[　　]

⑪犬馬の□
主君や他人のために全力を尽くして働く。
[　　]

⑫背水の□
一歩も後にはひけない状況の中で全力を尽くす。
[　　]

⑬□に漱《くちすす》ぎ流れに枕《まくら》す
負け惜しみが強い。ひどいこじつけ。
[　　]

⑭邯鄲《かんたん》の□
人の世の栄華ははかない。
[　　]

⑮□牛の一毛
多数の中のごくわずかな部分。
[　　]

⑯覆水□に返らず
一度してしまったことは取り返しがつかない。
[　　]

⑰□に刻みて剣を求む
古い物事にこだわって変化に応じることができない。
[　　]

⑱虎の□を借る狐《きつね》
強者の陰で威張る人。
[　　]

⑲水□の交わり
きわめて親密な交際。
[　　]

労・夢・陣・魚・九・友・舟・威・石・盆

正解

①利 ②功 ③夢 ④石 ⑤縄 ⑥病 ⑦斧 ⑧兵 ⑨木 ⑩友 ⑪労 ⑫陣 ⑬石 ⑭夢 ⑮九 ⑯盆 ⑰舟 ⑱威 ⑲魚

漢字学習編
漢字応用編
語彙力養成編

⑳座右の□
いつも心にとめて戒めとする文句。

㉑三顧の□
目上の人がある人を信任して手厚く迎える。

㉒□耳を執る
ある集団の主導権を握ること。

㉓烏合《うごう》の□
規律も統制もない人々の集まり。

㉔窮鼠《きゅうそ》□を噛《か》む
窮地に立った弱者は強者に逆襲することがある。

㉕愚公□を移す
怠ることなく努力すれば、何事も成し遂げられる。

㉖宋襄《そうじょう》の□
無用の情け。

㉗玉琢《みが》かざれば□を成さず
よい素質があっても修養を積まねば立派になれない。

㉘□を逐《お》う者は山を見ず
利欲に迷う者は道理を忘れる。

㉙心頭を滅却すれば□も亦《また》涼し
どんな苦痛も心の持ちようで苦痛に感じなくなる。

礼・鹿・猫・火・牛・器・銘・山・衆・仁

㉚焦眉の□
危険が差し迫っている。

㉛青雲の□
功名を立て、立身出世しようと望む心。

㉜□の中の蛙《かわず》
見聞や見識が狭い。

㉝好事□多し
よいことには邪魔が入りやすい。

㉞自家薬籠《やくろう》中の□
自分の思うままに使える物、または人。

㉟愁□を開く
心配がなくなってほっとした顔つきになる。

㊱前門の□後門の狼《おおかみ》
一つの災いを逃れても別の災いに遭う。

㊲李下《りか》に□を整《ただ》さず
人に少しでも疑われるような行動はすべきではない。

㊳人間万事塞翁が□
人生の吉凶、幸・不幸は予測できない。

㊴□口と為《な》るも牛後と為る無《な》かれ
大きなものに従うより、小なりといえども長となれ。

眉・井・鶏・虎・志・物・冠・急・馬・魔

⑳銘 ㉑礼 ㉒牛 ㉓衆 ㉔猫 ㉕山 ㉖仁 ㉗器 ㉘鹿 ㉙火 ㉚急 ㉛志 ㉜井 ㉝魔 ㉞物 ㉟眉 ㊱虎 ㊲冠 ㊳馬 ㊴鶏

故事成語③

空欄に漢字を入れて故事成語を完成させなさい。

①青は□《あい》より出《い》でて□《あい》より青し
弟子が師よりもすぐれた存在になる。

②羹《あつもの》に□《こ》りて膾《なます》を吹《ふ》く
前の失敗にこりて、必要以上に警戒心を強くする。

③言うは易《やす》く行うは□《かた》し
口で言うのはたやすいが実行するのはむずかしい。

④□《い》□《しょく》足りて礼節を知る
人は生活が安定して初めて名誉や恥を知るようになる。

⑤屋下《おくか》に屋《おく》を□《か》す
すでにあるものに同じ物を重ねるような無駄な行為。

⑥蝸牛《かぎゅう》□《かく》□《じょう》の争い
つまらない争いごと。

⑦□《かつ》すれど盗泉《とうせん》の水を飲まず
どんなに困窮しても不正には手を出さない。

⑧鼎《かなえ》の□《けい》□《ちょう》を問う
権力者の実力を疑って代わって天下を取ろうとする。

⑨眼光紙背《しはい》に□《てっ》す
書物から著者の深意を鋭くつかみ取る。

⑩□《かん》□《たん》相照らす
互いに心の中を打ち明けて親しく交わる。

⑪間《かん》□《はつ》を容《い》れず
少しの時間も置かない。

⑫□《きゅう》すれば通ず
どうにもならなくなると案外なんとかなるものである。

⑬逆鱗《げきりん》に□《ふ》れる
目上の人をひどく怒らせる。

⑭□《こ》□《けつ》に入《い》らずんば虎子《こし》を得ず
危険を冒さなければ大きな成功は得られない。

⑮□《ご》□《じっ》歩百歩《ぽひゃっぽ》
どちらもあまり変わりがない。

⑯先《さき》んずれば即《すなわ》ち□《ひと》を制す
他より先に手を下せば形勢を有利にできる。

⑰□《し》□《が》にも掛けず
問題にしない。無視して相手にしない。

⑱□《しゅう》□《か》敵せず
少数のものは多数のものにかなわない。

⑲柔能《よ》く□《ごう》を制す
柔弱なものがかえって剛強なものに勝つ。

⑳□《しゅん》□《じゅう》に富む
年が若くて将来の年月が十分にある。

㉑□《じん》□《かん》到《いた》る処青山《ところせいざん》有《あ》り
故郷を出ておおいに活躍すべきである。

正解

①藍 ②懲 ③難 ④衣食 ⑤架 ⑥角上 ⑦渇 ⑧軽重 ⑨徹 ⑩肝胆 ⑪髪 ⑫窮 ⑬触 ⑭虎穴 ⑮五十 ⑯人 ⑰歯牙 ⑱衆寡 ⑲剛 ⑳春秋 ㉑人間

㉒ □《じん》□《こう》に膾炙《かいしゃ》す
世間の人の話題にのぼってもてはやされ広く知れ渡る。

㉓ 人事を尽くして□《てん》□《めい》を待つ
できるかぎりの努力をして、結果は運命に任せる。

㉔ □《せい》□《てん》の霹靂《へきれき》
急に起きる変動・大事件。突然受けた衝撃。

㉕ □《せん》□《りょ》の一失
十分配慮していても思いがけない失敗はある。

㉖ 天網恢恢《てんもうかいかい》□《そ》にして漏らさず
悪事を行えば必ず捕らえられ天罰をこうむる。

㉗ □《とう》□《かく》を現《あらわ》す
才能・力量などが周囲の人より一段とすぐれている。

㉘ □《ど》□《はつ》天《てん》を衝《つ》く
激しい怒りの形相になる。

㉙ 習い□《せい》と成る
ある行いが習慣になると生来の性格のようになる。

㉚ 鶏を□《さ》くに焉《いずく》ぞ牛刀《ぎゅうとう》を用いん
小事を処理するのに大げさな方法を用いる必要はない。

㉛ □《ば》□《きゃく》を露《あらわ》す
隠していた本性や悪事が発覚する。

㉜ □《は》□《ちく》の勢い
勢いが盛んで抑えがたい。猛烈な勢いで進む。

㉝ 万事□《きゅう》す
もはや施す手段がなく万策尽きる。

㉞ □《ひ》暮れて途《みち》遠し
年をとって先がないのに目的が達せられない。

㉟ □《ひゃく》□《ぶん》は一見に如《し》かず
何度も聞くより一度実際に見たほうがよくわかる。

㊱ 百里を行く者は九十を□《なか》ばとす
最後まで気を緩めてはいけない。

㊲ 風樹の□《たん》
親孝行しようとしても親は死んでいないことの嘆き。

㊳ 先《ま》ず隗《かい》より□《はじ》めよ
遠大な計画は身近なことから始めるべきだ。

㊴ □《まん》を持《じ》す
用意を十分にして好機の到来を待つ。

㊵ 水清ければ□《うお》棲《す》まず
清廉潔白すぎるとかえって人に親しまれない。

㊶ 病膏肓《こうこう》に□《い》る
病気が重くなって治る見込みがない。

㊷ □《よう》□《とう》を懸《か》けて狗肉《くにく》を売る
見かけが立派でも実質がそれに伴わない。

㊸ □《りょう》□《やく》は口に苦し
よい忠告は受け入れにくいものだが身のためになる。

㉒人口 ㉓天命 ㉔青天 ㉕千慮 ㉖疎 ㉗頭角 ㉘怒髪 ㉙性 ㉚割 ㉛馬脚 ㉜破竹 ㉝休 ㉞日 ㉟百聞 ㊱半 ㊲嘆 ㊳始 ㊴満 ㊵魚 ㊶入 ㊷羊頭 ㊸良薬

慣用表現① ア〜オ

空欄に語句を入れて慣用表現を完成させなさい。

①約束を破る弟に□が尽きる。（すっかり嫌になる。）

②開いた□が塞がらない発言だ。（あきれて何も言えない。）

③話を聞きながら相槌《あいづち》を□。（相手の話に合わせてうなずく。）

④名字は同じだが□の他人だ。（全く血縁関係のない他人。）

⑤大勢の前で転んで□恥をかく。（ひどく恥ずかしい思いをする。）

⑥優秀だが灰汁《あく》が□のが難点だ。（特有の癖が感じられる。）

⑦揚げ□を取るのは悪い癖だ。（人の言い間違いを取り上げてからかう。）

⑧一度味を□とやめられない。（一度経験したことのうまみを忘れない。）

⑨今ごろ後悔しても後の□だ。（手遅れ。）

⑩三十代は仕事に□が乗る時期だ。（調子が出て仕事や勉強がはかどる。）

⑪法の□の目をくぐる巧妙な手口。（法律などの規制から逃れる。）

⑫予期せぬ出来事に□を食う。（ひどくうろたえて慌てる。）

⑬彼の横柄な態度に怒り心頭に□。（激しく怒る。）

⑭授賞式の参列者が□を正す。（身なりを整えておもおもしい態度をとる。）

⑮クラスの中で□を放つ存在だ。（特別に目立ってすぐれて見える。）

⑯怠けていたので痛い□を見る。（つらい思いをさせられる。）

⑰痒《かゆ》し□でどちらとも決めかねる。（どちらの方法をとっても具合が悪くて困る。）

⑱□尽くせりのもてなしを受けた。（よく行き届いている。）

⑲音楽界では誰もが一目《いちもく》□人物。（自分よりすぐれている者に対して一歩譲る。）

⑳ここで失敗したら□の終わりだ。（物事の結末がついてしまう。）

㉑選手たちは□乱れず行進する。（秩序正しく整然としている。）

㉒最終戦で何とか□を報いる。（相手に反撃を加えて、わずかでも仕返しをする。）

㉓私の提案を経営陣が一笑に□。（ばかにして相手にしない。）

正解

①愛想 ②口 ③打つ ④赤 ⑤赤 ⑥強い ⑦足 ⑧占める ⑨祭り ⑩脂 ⑪網 ⑫泡 ⑬発する ⑭威儀 ⑮異彩 ⑯目 ⑰痛し ⑱至れり ⑲置く ⑳一巻 ㉑一糸 ㉒一矢 ㉓付す

㉔現在の医療制度に□を投じる。
反響を呼ぶ問題を投げかける。

㉕今度ばかりは□食わされた。
うまくだます。

㉖事件には陰で□を引く人がいる。
陰から人を操る。

㉗友人との旅行で命の□をする。
ふだんの苦労から解放され、のんびり楽しむ。

㉘観光地は□を洗うような混雑だ。
大勢の人が混み合っている。

㉙勝手な態度に激怒して□をなす。
怒りのため顔色を変える。

㉚見込みのない弟子に□を渡す。
最後の宣告をして諦めさせる。

㉛会場は上を□への大騒ぎだ。
入り乱れて混乱する。

㉜倒産のうわさに社員が浮き足□。
不安や恐れで落ち着かなくなる。

㉝後ろ□を引かれる思いで出た。
心残りがしてなかなか思い切れない。

㉞後ろ□をさされる行動はするな。
陰で悪口を言われる。

㉟仕事もせず趣味に現《うつ》を□。
ある物事に心を奪われて夢中になる。

㊱打てば□受け答えができる。
即座に反応を示す。

㊲特定の人だけがうまい□を吸う。
自分は苦労せずに利益だけを得る。

㊳□を言わせず参加させる。
無理やりに。

㊴勝つために相手の□をかく。
相手の予想や計略を出し抜く。

㊵人の恨みを□ような言動。
人に恨まれるようなことをする。

㊶父と祖父は顔立ちが□二つだ。
顔かたちがよく似ている。

㊷□を正して話を聞く。
それまでの態度を改め、気持ちを引き締める。

㊸先輩のお株を□働きをする。
ある人の得意技を他の人がする。

㊹土壇場で□の手を使う。
とっておきの手段。

㊺苦労を□にも出さない人。
口に出さず、素振りすら見せない。

㊻彼ならば押さえが□だろう。
全体をしっかり統率している。

㊼最後は□が強い人の意見が通る。
自分の意見を強引に押し通す。

㉔一石　㉕一杯　㉖糸　㉗洗濯　㉘芋　㉙色　㉚引導　㉛下　㉜立つ　㉝髪　㉞指　㉟抜かす　㊱響く　㊲汁　㊳有無　㊴裏　㊵買う　㊶瓜《うり》　㊷襟　㊸奪う　㊹奥　㊺おくび　㊻利く　㊼押し

慣用表現② オ〜コ

空欄に語句を入れて慣用表現を完成させなさい。

①簡単な報告をして□を濁す。（いい加減にその場をごまかす。）［　］
②うわさに尾鰭《おひれ》が□。（話が大げさになる。）［　］
③次は必ず汚名を□つもりだ。（悪評や不名誉を消し去る。）［　］
④ここで慌てたら相手の思う□だ。（予期した状態。）［　］
⑤恩師に□に触れて手紙を書く。（機会があるごとに。）［　］
⑥話に夢中で手もとが□になる。（大事なことがおろそかになる。）［　］
⑦いちばん□が薄い人物。（存在が目立たない。）［　］
⑧古い家は壊され□も形もない。（跡形もない。）［　］
⑨父親の権力を□に着る息子。（権威を利用して他人に圧力を加える。）［　］
⑩どうも話の□が悪い。（形勢が不利である。）［　］
⑪社長が経営の□を取る。（物事がうまくいくように導く。）［　］
⑫知らぬうちに詐欺の□を担ぐ。（ある企ての一部に協力する。）［　］
⑬低迷する経済に□を入れる。（気合を入れて元気づける。）［　］
⑭そんな言い方をしたら角《かど》が□。（物事が円満にいかなくなる。）［　］
⑮趣味には金に□を付けない。（惜しげもなく金を使う。）［　］
⑯的確な対応をして□が上がる。（その人の評価が高くなる。）［　］
⑰彼女の演奏技術には兜《かぶと》を□。（降参する。）［　］
⑱真実を聞き出すために鎌を□。（巧みに誘って本音を引き出す。）［　］
⑲□に堪えない面持ちで話を聞く。（非常に感動する。）［　］
⑳敵を□無きまで打ちのめす。（無傷の部分がないほど徹底的に。）［　］
㉑気が□大切な友人。（遠慮したりする必要がない。）［　］
㉒気も□で仕事が手につかない。（あることが気になって落ち着かない。）［　］
㉓新しい環境になじめるか気を□。（心配してやきもきする。）［　］

正解

①お茶 ②付く ③そそぐ（すすぐ） ④壺《つぼ》 ⑤折 ⑥お留守 ⑦影 ⑧影 ⑨笠《かさ》 ⑩風向き ⑪舵《かじ》 ⑫片棒 ⑬活 ⑭立つ ⑮糸目 ⑯株 ⑰脱ぐ ⑱掛ける ⑲感 ⑳完膚 ㉑置けない ㉒そぞろ ㉓揉《も》む

㉔ 仲間が集まり□を上げる。
威勢のいいことを盛んにしゃべる。

㉕ 今は焦らず□が熟するのを待つ。
物事を始めるのに最適の状況となる。

㉖ 早急な対応で他社の機先を□。
先に行動して相手を抑える。

㉗ 彼は機転が□ので司会を任せる。
その場に応じた考えや行動ができる。

㉘ 政府見解と軌を□にする主張。
立場や方法が同じである。

㉙ 髪型で□を衒《てら》う必要はない。
わざと変わったことをして注意を引こうとする。

㉚ 芥川賞を受賞して□を浴びる。
人々から注目される。

㉛ いたずらをした息子に灸《きゅう》を□。
きつく注意したり罰を加えたりして懲らしめる。

㉜ □がいいところまでやって帰る。
ちょうどよい切れ目にきている。

㉝ 聴衆の心の□に触れるスピーチ。
人の心の奥深くに触れて、感動を呼び起こす。

㉞ 的確な指摘にぐうの□も出ない。
一言も反論ができない。

㉟ 画廊で見た絵に□付けになる。
その場から動けなくなる。

㊱ 早く帰宅するように釘《くぎ》を□。
前もって念を押しておく。

㊲ 共犯者と□を合わせる。
他の人と話の筋道を合わせて言う。

㊳ 雲を□ような話で信用できない。
漠然としてとらえどころがない。

㊴ 彼と苦楽を□にする。
苦しみも楽しみも一緒に経験する。

㊵ ただ歌うだけでは□がない。
おもしろくない。

㊶ 会場に集まった人に□を飛ばす。
自分の主張を広く訴える。

㊷ 彼の資産は私とは□が違う。
物事の程度が全く違う。

㊸ 運営のことは君に□を預ける。
相手を信用して処置を任せる。

㊹ 専門用語を使って相手を煙《けむ》に□。
理解しがたいことを言って相手を惑わせる。

㊺ 思ったより早く仕事の□が付く。
物事が決着する。

㊻ 取材依頼をけんも□に断られた。
人の頼みを無愛想に拒絶する。

㊼ 全員の努力が功を□。
事が成就する。

㉔ 気炎　㉕ 機　㉖ 制する　㉗ 利く　㉘ 一　㉙ 奇　㉚ 脚光　㉛ 据える　㉜ 切り　㉝ 琴線　㉞ 音《ね》　㉟ 釘《くぎ》　㊱ 刺す　㊲ 口裏　㊳ つかむ　㊴ 共　㊵ 芸　㊶ 檄《げき》　㊷ 桁　㊸ 下駄　㊹ 巻く　㊺ けり(片)　㊻ ほろろ　㊼ 奏する

慣用表現③ コ〜セ

空欄に語句を入れて慣用表現を完成させなさい。

① 担当者の不十分な答弁に**業を**□。
思うように進まずいらいらする。

② **口角**□**を飛ばす**論議となる。
激しく議論する。

③ 内職をして**糊口《ここう》を**□。
なんとか暮らしを立てる。

④ 子供のために**心を**□**にする**。
相手のために非情な態度をとる。

⑤ 今後については**言葉を**□。
都合が悪いことを曖昧に言う。

⑥ 出世のために上役に**胡麻《ごま》を**□。
自分の利益のために他人にへつらう。

⑦ 締め切り前は□**を詰めて**働く。
没頭する。

⑧ 不適切な発言にすっかり**座が**□。
その場の人々の興味がそがれる。

⑨ 社長自らが展示会の□**を振る**。
人やチームに指図をする。

⑩ 何をするにも**先に**□ものは金だ。
まず最初に必要となる。

⑪ 優勝候補に勝つために**策を**□。
手段・方法を何度も考えて改良する。

⑫ **策を**□とかえって失敗する。
必要以上に策略を用いる。

⑬ 専門家も□**を投げる**難問。
成功の見込みが立たず断念する。

⑭ 十歳若く□**を読む**。
都合のいいように数をごまかす。

⑮ 美人だから何を着ても□**になる**。
それにふさわしい様子になる。

⑯ 小説を**地で**□ような出会い。
想像上の事柄を現実の世界で行う。

⑰ **思案に**□難題を持ち込まれる。
いくら考えてもよい考えが浮かばない。

⑱ 交渉決裂はもはや**時間の**□だ。
近いうちにそうなる。

⑲ 迷惑かけたので実家は□**が高い**。
負い目があって家に入りにくい。

⑳ **下にも**□もてなしを受けた。
非常に丁寧にもてなす。

㉑ 悔しくて□**を踏む**。
怒りや悔しさで激しく地を踏みつける。

㉒ 犯人が**尻尾《しっぽ》を**□のを待つ。
秘密や悪事が発覚する。

㉓ 五人の立候補者が**鎬《しのぎ》を**□。
激しく争う。

正解

①煮やす ②泡 ③しのぐ ④鬼 ⑤濁す ⑥する ⑦根《こん》 ⑧白ける ⑨采配 ⑩立つ ⑪巡らす ⑫弄する ⑬匙《さじ》 ⑭鯖《さば》 ⑮様（絵） ⑯行く ⑰余る ⑱問題 ⑲敷居 ⑳置かない ㉑地団駄 ㉒出す ㉓削る

㉔決断できない彼に□**を切らす。**
待ち疲れていらいらする。

㉕職権を濫用して**私腹を**□。
公の地位を利用して利益をむさぼる。

㉖夏場は葉が茂って**始末に**□。
どうにも処理できない。

㉗親の遅刻は子供に□**がつかない。**
手本にならない。

㉘世間に対して□**に構える。**
正対せず皮肉やからかいなどの態度をとる。

㉙直接対決で□**を決する。**
戦って勝負をつける。

㉚不毛な論争に□**を打つ。**
物事に決着をつける。

㉛この期に及んでまだ**白《しら》を**□のか。
わざと知らないふりをする。

㉜会長として彼に**白羽の**□**が立つ。**
多くの中から選出される。

㉝路上で騒ぐ若者を**白い**□**で見る。**
軽蔑した冷淡な目つきで見る。

㉞裁判で**白黒を**□必要がある。
物事の善悪・真偽をはっきりさせる。

㉟評論家の意見の**尻馬に**□。
軽々しく同調して行動する。

㊱**真に**□演技が高く評価された。
表現されたものが本物のように見える。

㊲俳優たちが稽古に□**を注ぐ。**
全身全霊を注いで打ち込む。

㊳新製品の開発に**身命を**□。
命がけで努力する。

㊴苦労して練った企画が**図に**□。
計画や予想のとおりになる。

㊵妹は褒められるとすぐ**図に**□。
調子にのってつけあがる。

㊶長年の苦労が一瞬で□**に帰する。**
努力が無駄になる。

㊷師匠に□**がよい**と褒められた。
素質がある。

㊸汚職事件を週刊誌が□**抜く。**
隠し事や秘密を不意に暴く。

㊹□**を噛《か》むような**つまらない人生。
味わいやおもしろみが全くない。

㊺彼もなかなか□**に置けない。**
思いのほか力量があって侮れない。

㊻朝早くから農作業に**精が**□。
元気に仕事などに励む。

㊼捨てぜりふを残し□**を蹴る。**
怒ってその場を去る。

㉔しびれ　㉕肥やす　㉖負えない　㉗示し　㉘斜　㉙雌雄　㉚終止符　㉛切る　㉜矢　㉝目　㉞つける　㉟乗る　㊱迫る　㊲心血　㊳賭する　㊴当たる　㊵乗る　㊶水泡　㊷筋　㊸すっぱ　㊹砂　㊺隅　㊻出る　㊼席

空欄に語句を入れて慣用表現を完成させなさい。

① 昨年準優勝の□を果たす。
失った名誉を取り戻す。

② まだ幼いので何かと□が焼ける。
手助けが必要で手数がかかる。

③ 酒に酔って□を忘れる。
自分の置かれている状況がわからなくなる。

④ **先手を**□べく戦略を練る。
相手より先にしかけて優位に立つ。

⑤ 国の未来は若者の□**に掛かる。**
成否などが中心的な人物の活躍にかかっている。

⑥ 孫の顔を見て**相好《そうごう》を**□。
笑いで表情が和らぐ。

⑦ 知識の**底が**□ことが露呈する。
内容に深みがない。

⑧ 彼の絵の才能は**底が**□。
際限がない。

⑨ 子供がつく嘘《うそ》はすぐ**底が**□。
隠そうとした真実が見破られる。

⑩ 長期の旅行で所持金が**底を**□。
蓄えてあるものがなくなる。

⑪ 何をさせても□**がない**男だ。
言動に手抜かりがない。

⑫ 今日見た映画は**ぞっと**□内容だ。
あまり感心しない。

⑬ 美術部に勧誘されたが**袖に**□。
冷淡に扱う。

⑭ 感動的な映画を見て**袖を**□。
ひどく泣く。

⑮ 外面のいい兄とは□**が合わない。**
気が合わない。

⑯ 魅力的な案だが□**が合わない。**
採算が取れない。

⑰ 機械の性能には□**を捺《お》す。**
絶対に確かであるのを保証する。

⑱ 一人でできることは**高が**□。
程度や限度がわかる。

⑲ 皆に賛同してもらえると**高を**□。
安易に予測する。

⑳ 明るくて□**を割ったよう**な性格。
さっぱりしていてわだかまりがない。

㉑ 君に頼りきりでは**立つ**□**がない。**
立場を失って面目が立たない。

㉒ 強い口調で上司に**盾を**□。
反抗する。

㉓ 口が悪いのが□**に瑕《きず》**だ。
立派なものにある一つの惜しい欠点。

正解

①雪辱　②世話　③前後　④打つ　⑤双肩　⑥崩す　⑦浅い　⑧知れない　⑨割れる　⑩突く　⑪そつ（如才）　⑫しない　⑬する　⑭絞る　⑮反り（馬）　⑯そろばん　⑰太鼓判　⑱知れる　⑲くくる　⑳竹　㉑瀬　㉒突く　㉓玉

㉔玉を□ような歌声が魅力だ。
音や声の高く澄んだ響き。

㉕金銭感覚の違いで親友と袂《たもと》を□。
行動をともにしてきた人と別れる。

㉖有名女優の人気が□に落ちる。
盛んであったものが衰える。

㉗血の□ような努力を重ねた。
苦しくつらい努力をする。

㉘血も□もない仕打ちを受ける。
思いやりの気持ちがない。

㉙会を成功させようと知恵を□。
あれこれ苦心して考える。

㉚幻の品を入手するため□になる。
目的の達成に必死になる。

㉛彼は調子が□ことばかり言う。
相手に合わせて機嫌を取るのが上手である。

㉜客の意見に適当に調子を□。
相手の気に入るような言動をとる。

㉝他人の仕事に□を出す。
余計な手出しをする。

㉞夜遅く帰った夫に妻が□を出す。
女性が嫉妬する。やきもちを焼く。

㉟事あるごとに□突き合わせる。
仲が悪くて衝突する。

㊱誰かが□を付ける前に入手する。
欲しいものに前もって手を打っておく。

㊲営業経験者は□が利く。
他にも使い道がある。

㊳担当者の提案がこちらの壺《つぼ》に□。
大切なところを外さない。

㊴責任逃れのため部下に罪を□。
罪や責任を他人になすりつける。

㊵平気で遅刻するとは面の皮が□。
あつかましい。

㊶納得するまで□でも動かない。
いくら説得してもその場から動かない。

㊷百戦錬磨のプロを□に取る。
人を自分の思いどおりに操る。

㊸悪人に鉄槌《てっつい》を□。
厳しい罰を与える。

㊹未熟者の私が出る□ではない。
何かをする場面ではない。

㊺初優勝して天にも□心地だ。
非常にうれしい気持ち。

㊻あの俳優の人気は天井□だ。
どこまで高くなるかわからない。

㊼恋愛と部活とを天秤《てんびん》に□。
優劣や軽重を比べる。

㉔転がす ㉕分かつ ㉖地 ㉗にじむ ㉘涙 ㉙絞る ㉚血眼（躍起） ㉛いい ㉜合わせる ㉝ちょっかい ㉞角《つの》 ㉟角《つの》 ㊱唾 ㊲潰し ㊳はまる ㊴着せる ㊵厚い ㊶梃子《てこ》 ㊷手玉 ㊸下す ㊹幕 ㊺昇る ㊻知らず ㊼掛ける

慣用表現⑤ ト〜ニ

空欄に語句を入れて慣用表現を完成させなさい。

① 親切も**度が**□と迷惑だ。
適当な程度を越える。

② 質問への回答がきちんと**当を**□。
要点をしっかり押さえている。

③ 九月に入って暑さが□**を越す**。
物事の絶頂の時が過ぎる。

④ 旧姓のほうが職場で**通りが**□。
広く世間に通用する。

⑤ ノーベル賞受賞で一躍□**の人**だ。
世間で話題になっている人。

⑥ 計画を立てたら**時を**□実行する。
すぐさま。

⑦ 焦らずに反撃に移る**時を**□。
チャンスの到来をうかがう。

⑧ 丁寧な説明にやっと□**が行く**。
納得して気持ちが落ち着く。

⑨ 熱を出して□**に就く**。
病気になって寝つく。

⑩ □**も行かぬ**子供に家事をさせる。
年若い。幼い。

⑪ のん気な態度に□**を抜かれる**。
驚いてぼうぜんとする。

⑫ □**もない**発言に全員が驚いた。
とんでもなく調子はずれである。

⑬ **飛ぶ鳥を**□**勢い**で勝ち進む。
威勢が盛んである。

⑭ 新製品が□**ように売れる**。
大変よく売れる。

⑮ 道に迷って□**に暮れる**。
どうしてよいか手段に迷う。

⑯ 無愛想で**取り付く**□**もない**。
相手が素っ気なくて近づけない。

⑰ **取り**□**のない**話をして過ごす。
まとまりがない。

⑱ **取るに**□質問ばかりする。
問題として取り上げる価値もない。

⑲ 失敗した部下の□**をかぶる**。
他人の失策の責任を負う。

⑳ 容疑者が**泥を**□まで追及する。
隠していた悪事を白状する。

㉑ 画家としてやっと**名が**□。
有名になる。

㉒ 世界的に**名が**□企業。
有名である。

㉓ **名も**□一介の学生。
特に注目されるほどではない。

正解

①過ぎる ②得る ③峠 ④いい ⑤時 ⑥移さず ⑦待つ ⑧得心 ⑨床 ⑩年端 ⑪毒気 ⑫突拍子 ⑬落とす ⑭飛ぶ ⑮途方 ⑯島 ⑰留め ⑱足りない ⑲泥 ⑳吐く ㉑売れる ㉒通った ㉓ない

㉔実業家として名を□。
有名になる。

㉕大学の創設者として名を□。
名声を後世に伝える。

㉖泣いても□ても明日で終わりだ。
最後の段階に来ていることのたとえ。

㉗宿題ができず、先生に泣きを□。
泣きついて許しを求める。

㉘遊んでいたら後で泣きを□ぞ。
泣きたくなるようなつらい目に遭う。

㉙泣く子も□と評判の怖い先生。
どんな人も押さえつけてしまう力を持った状態。

㉚けんかした友人二人の中に□。
両者の間に入って世話をする。

㉛新人の成長を□目で見る。
将来を見守る。

㉜鳴かず□の時期も毎日練習した。
何の活躍もしないでいること。

㉝西洋近代絵画の流れを□洋画家。
その系譜や流派に連なる。

㉞毎日手紙を送ったが□の礫《つぶて》だ。
音沙汰がない。

㉟五輪開催地に名乗りを□。
立候補する。

㊱製造業が好景気の□に乗る。
勢いに乗る。

㊲失恋して涙に□。
ひどく泣き悲しむ。

㊳予選で敗退して涙を□。
つらい気持ちをこらえる。

㊴政府への批判が□を潜める。
しばらく活動がとだえる。

㊵下手な職人は道具に難癖を□。
些細な欠点を大げさにとがめる。

㊶新入社員には荷が□役目だ。
責任や負担が大きい。

㊷問題を解決してやっと荷を□。
責任を果たす。

㊸逃げを□経営陣を非難する。
責任の追及を逃れようと手段を講じる。

㊹どの作文も似たり□たりだ。
どれも同じようなものである。

㊺煮ても□ても食えないやつだ。
手に負えず持て余す。

㊻洋服の値札を見て二の□を踏む。
どうしようかと迷う。

㊼勝手な要求に二の□が継げない。
あきれて次の言葉が出てこない。

㉔揚げる（成す） ㉕残す ㉖笑っ ㉗入れる ㉘見る ㉙黙る ㉚立つ ㉛長い ㉜飛ばず ㉝くむ ㉞梨 ㉟上げる ㊱波 ㊲暮れる ㊳呑《の》む ㊴鳴り ㊵付ける ㊶重い ㊷下ろす ㊸打つ ㊹寄っ ㊺焼い ㊻足 ㊼句

慣用表現⑥　ニ〜ヒ

空欄に語句を入れて慣用表現を完成させなさい。

① 彼の**二の舞を**□羽目になった。
前の人と同じ失敗を繰り返す。

② この製品は他社の**二番**□だ。
前にあったことの模倣で新鮮さのないもの。

③ 毎日生徒たちに**睨《にら》みを**□。
勝手なことをしないよう監視する。

④ 経営は□**ならない**状況にある。
どうにもならない。

⑤ 同僚に□**を着せる。**
無実の罪に陥れる。

⑥ プロの選手も□**を上げる**厳しさ。
弱音を吐く。降参する。

⑦ 昔のことを今もまだ**根に**□。
恨みを忘れないでいる。

⑧ **根も**□**もない**うわさが立つ。
何の根拠もない、全くのでたらめ。

⑨ 私たちの生活に異文化が**根を**□。
確かな位置を占める。

⑩ **値が**□わりには質が悪い商品。
値段が普通よりかなり高い。

⑪ 厳しく叱った後は**寝覚めが**□。
自分がしたことが気になり心が休まらない。

⑫ 試験が終わって**螺子《ねじ》が**□。
緊張が解けてだらける。

⑬ 映画俳優に**熱を**□。
夢中になる。

⑭ 試合を前に、練習に**熱を**□。
夢中になって打ち込む。

⑮ 重要書類の作成には**念を**□。
不備がないように注意して行う。

⑯ 秘密を口外しないよう**念を**□。
相手に十分に確かめる。

⑰ さまざまな店が□**を連ねる。**
家が建て込んでいる。

⑱ 事件で老舗の□**に傷が付く。**
店の信用が損なわれる。

⑲ ホームランで反撃の□**を上げる。**
きっかけとなる行動を起こす。

⑳ 希望者は**掃いて**□**ほど**いる。
あり余るほど多いことのたとえ。

㉑ 開発計画を□**に戻す。**
元の状態に戻す。

㉒ 景気の低迷に□**を掛ける。**
物事の進行を一段とはやめる。

㉓ **薄氷を**□思いで切り抜けた。
きわめて危ない。

正解

①演じる　②煎じ　③利かせる　④抜き差し（のっぴき）　⑤濡《ぬ》れ衣《ぎぬ》　⑥音　⑦持つ　⑧葉　⑨下ろす　⑩張る　⑪悪い　⑫緩む　⑬上げる　⑭入れる　⑮入れる　⑯押す　⑰軒　⑱暖簾《のれん》　⑲狼煙《のろし》　⑳捨てる　㉑白紙　㉒拍車　㉓ふむ

㉔ **箸にも**□**にも掛からない**怠け者。
どうにも取り扱いようがない。

㉕ 頑張るよう後輩に□**を掛ける**。
強い言葉で励ます。

㉖ 失敗続きで□**塞がり**の状態だ。
手の打ちようがないこと。

㉗ 先輩に□**を持たせる**。
相手を立てる。

㉘ **羽根が**□**よう**に金がなくなる。
物や金などがどんどん減る様子のたとえ。

㉙ 休日は別荘で**羽根を**□。
のびのびと思うように振る舞う。

㉚ 仲間どうしの酒の席で□**を外す**。
調子に乗りすぎて度を越す。

㉛ 特定の生徒が校内で**幅を**□。
威勢を張る。いばる。

㉜ □**の舞台**で失敗してしまった。
大勢の前で何かをする名誉な場面。

㉝ □**に触るよう**な扱いだ。
恐る恐る大切に扱う。

㉞ □**で押したよう**な生活を送る。
同じことの繰り返しで、変化のないさま。

㉟ 話の途中で**半畳を**□。
非難やからかいの言葉をかける。

㊱ □**の当たらない**下積み時代。
注目される機会に乏しい。

㊲ 長年の研究が**日の**□**を見る**。
不遇だったものが世に認められるようになる。

㊳ 何か言っても**火に油を**□だけだ。
一段と激しい勢いにする。

㊴ 閉会後の□**の消えたよう**な広場。
活気を失って寂しくなる。

㊵ 収入が減って家計は**火の**□だ。
家計が非常に苦しい。

㊶ 有力校が優勝を争い□**を散らす**。
互いに激しく争う。

㊷ 二週間の選挙戦が□**を切る**。
戦いや競技を開始する。

㊸ 彼の説明は**微に入り**□**を穿**《うが》**つ**。
きわめて細かな点まで気を配る。

㊹ 業界でも**光を**□業績を持つ。
ひときわすぐれて目立つ。

㊺ 前例を**引き合いに**□までもない。
話の中に参考や例として出す。

㊻ 大儲《おおもう》けして□**で暮らす**のが夢だ。
何の苦労もなく安楽に暮らす。

㊼ 奇襲攻撃で相手に**一泡**□。
不意を突いて驚きうろたえさせる。

㉔ 棒　㉕ 発破　㉖ 八方　㉗ 花　㉘ 生えた　㉙ 伸ばす　㉚ 羽目　㉛ 利かせる　㉜ 晴れ　㉝ 腫れ物　㉞ 判　㉟ 入れる　㊱ 日　㊲ 目　㊳ 注ぐ　㊴ 火　㊵ 車　㊶ 火花　㊷ 火蓋　㊸ 細　㊹ 放つ　㊺ 出す　㊻ 左団扇《ひだりうちわ》　㊼ 吹かせる

慣用表現⑦　ヒ〜ミ

空欄に語句を入れて慣用表現を完成させなさい。

① 温かいお茶を飲んで□**入れる**。
ちょっと休憩する。

② 彼は□**では行かない**相手だ。
普通のやり方では処理できない。

③ 単身で海外へ渡り□**揚げる**。
新しく事業などを起こす。

④ 母校の後輩のために□**脱ぐ**。
本気になって他人に力を貸す。

⑤ 地域の環境を守るために□**買う**。
進んで一つの役割を引き受ける。

⑥ 念を押さなくても□**も承知**だ。
十分よく知っている。

⑦ これは政治腐敗の**氷山の**□だ。
表面に現れている事柄は全体の一部である。

⑧ 大声でしゃべり**顰蹙《ひんしゅく》を**□。
良識に反する言動をして人から嫌われる。

⑨ 説明には**腑《ふ》に**□点がある。
心の底から納得できない。

⑩ これまでの努力が□**になる**。
努力や手にしかけた幸運を駄目にする。

⑪ バントで相手の**不意を**□。
相手が予期していないことを行う。

⑫ 格下の相手に**不覚を**□。
油断をして失敗する。

⑬ **含む**□**がある**物言いが気になる。
心の中に恨み・不満などの気持ちがある。

⑭ この絵は世に**二つと**□お宝だ。
代わりになるものがない。

⑮ 高齢のため有名作家が□**を折る**。
文筆活動をやめる。

⑯ **懐が**□ので何も買えない。
所持金が少ない。

⑰ 後輩に**懐が**□ところを見せる。
度量が広く包容力がある。

⑱ 疲れて授業中に**舟を**□。
居眠りをする。

⑲ 態度の悪さが友人の**不評を**□。
悪い評判を受ける。

⑳ 多数の応募者を□**に掛ける**。
多くの中からすぐれたものを選ぶ。

㉑ **弁が**□ので交渉役となる。
話し方がうまい。

㉒ 政治家が講演会で**弁舌を**□。
熱心によどみなく語る。

㉓ 何の□**もない**小さな店。
普通のものと変わりがない。

正解

① 一息
② 一筋縄
③ 一旗
④ 一肌
⑤ 一役
⑥ 百
⑦ 一角
⑧ 買う
⑨ 落ちない
⑩ ふい（無）
⑪ 突く
⑫ 取る
⑬ 所
⑭ ない
⑮ 筆
⑯ 寒い
⑰ 深い
⑱ 漕《こ》ぐ
⑲ 買う
⑳ ふるい
㉑ 立つ
㉒ 振るう
㉓ 変哲

㉔ 一度の失敗で人生を□**に振る**。
これまでの努力を無駄にする。

㉕ 友人相手だと批判の**矛先が**□。
追及や非難などの勢いが弱まる。

㉖ 被害者に批判の**矛先を**□。
ある物事・人を攻撃の対象とする。

㉗ □**が冷める**まで姿を隠す。
事件などに関する世間の関心が薄れる。

㉘ 若いころから**骨身を**□働いた。
苦労を嫌がらないこと。

㉙ でたらめな話を**真に**□。
言葉どおりに受け取る。

㉚ 空き時間が長すぎて**間が**□。
時間を持て余してどうしたらよいのかわからない。

㉛ 彼は**間が**□ときに入ってきた。
折が悪い。

㉜ 次の授業まで雑談して**間を**□。
空いた時間を何かして過ごす。

㉝ 商売の□**を広げる**。
かかわる分野・領域を広げる。

㉞ この商売は□**に合わない**。
割に合わない。損になる。

㉟ 誰にでも□**が差す**瞬間はある。
ふだんでは考えられない悪心を起こす。

㊱ 似た事例は□**に遑《いとま》がない**。
数え上げられないほど多い。

㊲ 盛大な拍手で文化祭の□**が開く**。
物事が始まる。

㊳ 三十年続いた長期政権の**幕を**□。
物事を終わらせる。

㊴ 死んだ祖父を思い□**を濡《ぬ》らす**。
寝ながらひどく泣き悲しむ。

㊵ **待てど**□**ど**相手が来ない。
いくら長く待っても実現しないさま。

㊶ **的を**□意見を述べる。
要点を正しく捉える。

㊷ 勉強は志望校対策に**的を**□。
目的や対象を一つに決める。

㊸ 話し合いで□**納まる**。
物事が円満に解決する。

㊹ □**で首を絞めるよう**に追及する。
遠回しにじわじわ痛めつける。

㊺ 請求の内容には**身に**□**がある**。
思い当たる記憶がある。

㊻ 祖母の苦労話が**身に**□。
他人の不幸が自分のことのように思われる。

㊼ 勝ち目のない戦いに**身を**□。
思い切って参加する。

㉔棒　㉕鈍る　㉖向ける　㉗ほとぼり　㉘惜しまず　㉙受ける　㉚持てない　㉛悪い　㉜持たす　㉝間口　㉞間尺　㉟魔　㊱枚挙　㊲幕　㊳引く　㊴枕　㊵暮らせ　㊶射た　㊷絞る　㊸丸く　㊹真綿　㊺覚え　㊻つまされる　㊼投じる

慣用表現⑧ ミ～ワ

空欄に語句を入れて慣用表現を完成させなさい。

①長年の修業が□**を結ぶ。**
よい結果となって現れる。

②一人でできると□**を切る。**
自分を誇示する態度をとる。

③恋人の前では□**を張る**人が多い。
必要以上によく見せようとする。

④出来の悪い弟子に□**を付ける。**
見込みがないと判断する。

⑤**見るに**□悲惨な状況。
見ているのが非常につらいさま。

⑥料理の腕なら□**に出る者がない。**
誰よりもすぐれている。

⑦初めての場所で**右も左も**□。
その土地や社会の様子について全く知識がない。

⑧大学に入学したが**水が**□。
環境になじめない。

⑨長年の不満を**水に**□。
いざこざをなかったことにする。

⑩二位以下と大きく**水を**□。
競争相手を引き離す。

⑪会場は**水を**□**ように**なった。
集まった人たちが静まりかえる。

⑫二人の友情に第三者が**水を**□。
うまくいっているのに邪魔をする。

⑬恋人に□**にあげず**手紙を書く。
ひっきりなしに。

⑭あの話にはまだ□**がある。**
望みがある。

⑮欠点を指摘されて□**になる。**
ちょっとしたことに本気で腹を立てる。

⑯せっかくの好意を□**にする。**
台なしにする。

⑰**無駄骨を**□羽目になる。
苦労したことが何の役にも立たないこと。

⑱彼が怒るのも□**もない。**
もっともだ。当然である。

⑲一点の差が合否の□**を分ける。**
勝負などがはっきり決まる。

⑳父親の□**に適《かな》う**男性を選ぶ。
目上の人に気に入られる。

㉑無傷だったのは**もっけの**□だ。
思いがけない幸せ。

㉒ここでやめたら**元も**□**もない。**
これまでの苦労が何にもならない。

㉓地道な努力で英会話を**物に**□。
物事を完成させる。

正解

①実 ②見得 ③見栄 ④見切り ⑤忍びない ⑥右 ⑦わからない ⑧合わない ⑨流す ⑩あける ⑪打った ⑫差す ⑬三日 ⑭脈 ⑮向き ⑯無下 ⑰折る ⑱無理 ⑲明暗 ⑳眼鏡 ㉑幸い ㉒子 ㉓する

㉔ 彼女はきっと将来**物に**□。
一人前の人物になる。

㉕ この案は□**の剣**なので注意する。
効果が出る可能性と危険性を併せ持つ。

㉖ **矢も**□**もたまらず**飛び出した。
勢いがついて抑えきれない。

㉗ 相次ぐ不祥事で批判の□**に立つ**。
非難や攻撃を正面から受ける。

㉘ 議員を辞めて□**に下る**。
官職を退いて、民間の生活に入る。

㉙ □**から棒**の話で驚いた。
だしぬけである。

㉚ マスコミが政府を**槍玉**《やりだま》**に**□。
非難や攻撃の目標にする。

㉛ 三年生は□**の美**を飾った。
最後までやり通して立派な成果をあげる。

㉜ 親の遺産を□**のように使う**。
あるに任せて乱費すること。

㉝ 埋もれていた名作が□**に出る**。
世の中に出現する。

㉞ **横のものを**□**にもしない**性格だ。
簡単なことも面倒くさがってやらない。

㉟ □**が出る**ほど新車が欲しい。
非常に欲しがるさま。

㊱ 非常に**理に**□考え方だと思う。
理屈・道理に合う。

㊲ 相手を言い負かして**溜飲**《りゅういん》**を**□。
胸のつかえが取れ、気が晴れる。

㊳ 罪を犯し親族にまで□**を及ぼす**。
巻き添えにして迷惑をかける。

㊴ 小さくて古いが□**とした**劇場だ。
存在や価値が確かなものとして世間に重んじられている。

㊵ 他人のために□**をいとわない**。
苦労するのを嫌がらない。

㊶ 会社を解雇されて□**に迷う**。
生活の手段がなくなり、ひどく困る。

㊷ 給料が安くても□**も振らず**働く。
集中して行う。

㊸ **渡りに**□の申し出だ。
必要なものがそろって好都合である。

㊹ 詐欺師を信用して**罠**《わな》**に**□。
だまされて相手の計略に陥る。

㊺ **藁**《わら》**にも**□思いで宝くじを買う。
追いつめられて、頼りないものまで頼りにする。

㊻ この仕事は高時給で□**がいい**。
損得を比べて、得になるほうが多い。

㊼ 先生に肩をたたかれ□**に返る**。
正気を取り戻す。

㉔なる　㉕諸刃《もろは》　㉖盾　㉗矢面　㉘野《や》　㉙藪《やぶ》　㉚挙げる　㉛有終　㉜湯水　㉝世　㉞縦　㉟よだれ　㊱かなった　㊲下げる　㊳累　㊴れっき　㊵労　㊶路頭　㊷脇目　㊸船　㊹掛かる（はまる）　㊺すがる　㊻割　㊼我

ことわざ① ア〜シ

空欄に語句を入れてことわざを完成させなさい。

①青菜に□
力なくしおれている。

②□身につかず
悪事で稼いだ金はすぐになくなる。

③後足《あとあし》で□をかける
恩のある人を裏切るばかりか、去り際に迷惑をかける。

④□もえくぼ
ほれていると欠点までも美点に見えるものだ。

⑤雨降って□固まる
もめごとの後は、かえって事態が落ち着いて、基礎が固まる。

⑥医者の□
人に忠告しながら、自分は実行しない。

⑦磯《いそ》の鮑《あわび》の□
自分が慕っているだけで、相手にはその気がない恋。

⑧一寸先は□
少し先のことも全く予知できない。

⑨一寸の虫にも□の魂
どんなにつまらない者も、それなりの思慮や根性を持っている。

⑩命あっての□
死んでは何にもならない。

⑪鰯《いわし》の□も信心から
つまらない物も信心する人にはありがたく思われる。

⑫□が花
口に出さないほうが奥ゆかしくて差し障りもない。

⑬鵜《う》の真似をする□
自分の能力をよく考えず、他人の真似をして失敗する。

⑭魚心あれば□
相手の出方次第で、こちらの応じ方が決まる。

⑮□の筍《たけのこ》
よく似た物事が相次いで現れたり起こったりする。

⑯□に描いた餅
実際には役に立たないもの。

⑰江戸の敵を長崎で□
意外な場所や筋違いなことで、恨みの仕返しをする。

⑱海老《えび》で鯛《たい》を□
わずかな元手、労力で多くの利益を得る。

⑲傍目《おかめ》□目《もく》
第三者のほうが、当事者よりもよく情勢がわかる。

⑳小田原□
いつまでも決まらない相談。

㉑鬼の居ぬ間に□
こわい人がいない間にくつろいで息抜きをする。

㉒鬼の目にも□
無慈悲なものにも一面の情けがある。

㉓帯に短し襷《たすき》に□
物事が中途半端で、結局は役に立たない。

正解

①塩 ②悪銭 ③砂 ④あばた ⑤地 ⑥不養生 ⑦片思い ⑧闇 ⑨五分《ごぶ》 ⑩物種 ⑪頭 ⑫言わぬ ⑬烏《からす》 ⑭水心 ⑮雨後 ⑯絵 ⑰討つ ⑱釣る ⑲八 ⑳評定《ひょうじょう》 ㉑洗濯 ㉒涙 ㉓長し

㉔ □者は藁《わら》をも摑《つか》む
危急に際しては、頼りにならない物にもすがりつく。

㉕ 快刀乱麻《かいとうらんま》を□
もつれた物事を見事に処理する。

㉖ 火中の□を拾う
自分の利益にならないのに、他人のために危険を冒す。

㉗ 壁に耳あり□に目あり
秘密はとかく漏れやすい。

㉘ 亀の甲より□の功
年長者の経験はおろそかにできない。

㉙ 借りてきた□
ふだんとは違って、大変おとなしくしている様子。

㉚ □も山の賑《にぎ》わい
つまらないものでも、ないよりはましだ。

㉛ かわいさ余って憎さ□
愛情が強かっただけ、憎む心も強くなる。

㉜ 勘定合って銭《ぜに》□
理論と実際が一致しない。

㉝ 木に□を接ぐ
物事のつながりが不自然である。

㉞ 木を見て□を見ず
小さいことに心を奪われて、全体を見通さない。

㉟ □につままれる
前後の事情がさっぱりわからず、ぼうぜんとする。

㊱ 清水の□から飛び下りる
思い切って大きな決断を下す。

㊲ 蜘蛛《くも》の子を□
大勢の者が四方八方に逃げまどう。

㊳ 苦しい時の□
信仰心のない者が、困ったときだけ神仏にすがる。

㊴ 怪我《けが》の□
過失や災難と思われたことが、意外によい結果となる。

㊵ 弘法《こうぼう》にも□の誤り
その道に長じた人でも、時には失敗することがある。

㊶ 紺屋《こうや》の□袴《ばかま》
他人のことで忙しく、自分のことまで手が回らない。

㊷ コロンブスの□
誰にでもできそうなことでも、最初に行うことは難しい。

㊸ 猿の□笑い
自分の欠点を知らずに人を笑う。

㊹ 地獄で□に会ったよう
危難や苦しみのときに、思いがけなく助けられたうれしさ。

㊺ 士族の□
急に不慣れな商売などを始めて失敗する。

㊻ 蛇《じゃ》の□は蛇《へび》
同類のすることは、その方面の者にはすぐわかる。

㊼ 釈迦《しゃか》に□
知り尽くしている人にそのことを教える愚かさ。

㉔溺れる ㉕断つ ㉖栗《くり》 ㉗障子 ㉘年 ㉙猫 ㉚枯れ木 ㉛百倍 ㉜足らず ㉝竹 ㉞森 ㉟狐《きつね》 ㊱舞台 ㊲散らす ㊳神頼み ㊴功名 ㊵筆 ㊶白 ㊷卵 ㊸尻 ㊹仏 ㊺商法 ㊻道 ㊼説法

ことわざ② シ〜ノ

空欄に語句を入れてことわざを完成させなさい。

①□の隅を楊枝《ようじ》でほじくる
つまらない事柄にまで口出しをする。

②上手の手から水が□
どんなに上手な人でも、時には失敗することがある。

③住めば□
どんな所でも、住み慣れれば居心地よく思われてくる。

④栴檀《せんだん》は双葉より□
大成する人は幼いころからすぐれたところがある。

⑤船頭多くして船□に上る
指図する者が多くて統一がとれず、物事がうまく進まない。

⑥象牙の□
学者たちの現実離れした研究態度や生活。

⑦袖振り合うも□の縁
道で人と袖が触れ合うことも、前世からの因縁によるものだ。

⑧□の火事
自分には関係がなく、何の苦痛もない物事。

⑨高嶺《たかね》の□
憧れるだけで、自分には程遠いもの。

⑩□の上の水練《すいれん》
理屈や方法を知っているだけで、実際の役に立たない。

⑪立つ鳥跡を□
去り際はきれいにしておくべきだ。

⑫立て板に□
よどみなくすらすらと話す。

⑬蓼《たで》食う□も好き好き
人の好みはさまざまである。

⑭□から牡丹餅《ぼたもち》
思いがけない幸運を得る。

⑮他人の□を食う
世間にもまれて苦しい経験を積む。

⑯提灯《ちょうちん》に□
物事の釣り合いがとれない。

⑰月夜に□
無駄なこと。

⑱角《つの》を矯《た》めて牛を□
小さな欠点を直そうとして、全体を駄目にする。

⑲敵に□を送る
苦境にある敵を助ける。

⑳出る□は打たれる
目立つ言動をする者は、とかく人から妨げられやすい。

㉑□に向かって唾を吐く
他人に危害を加えようとして、かえって自分に災いを招く。

㉒□に鎹《かすがい》
少しも手ごたえがなく、効き目がない。

㉓十日の□、六日の菖蒲《あやめ》
時期遅れで役に立たない。

正解

①重箱 ②漏れる ③都 ④芳し ⑤山 ⑥塔 ⑦多生《たしょう》 ⑧対岸 ⑨花 ⑩畳 ⑪濁さず ⑫水 ⑬虫 ⑭棚 ⑮飯 ⑯釣り鐘 ⑰提灯 ⑱殺す ⑲塩 ⑳杭《くい》 ㉑天 ㉒豆腐 ㉓菊

㉔毒を食らわば□まで
一度悪に手を染めたからには、最後まで悪に徹しよう。

㉕隣の花は□
他人のものは何でもよく見える。

㉖飛ぶ□の献立
あてにならないものをあてにする。

㉗虎の□を踏む
きわめて危険なことをする。

㉘泥棒を捕らえて□を綯《な》う
準備を怠って、事が起こってから慌てて用意する。

㉙飛んで□に入る夏の虫
自分から進んで災いの中に飛び込む。

㉚鳶《とんび》に□をさらわれる
大事なものを横から奪われる。

㉛無い□は振れない
実際にないものはどうしようもない。

㉜□には巻かれよ
勢力・権力がある者には、逆らわないほうが得である。

㉝泣き面《つら》に□
不運や不幸が重なる。

㉞泣く子と地頭《じとう》には□
道理の通じない相手には、黙って従うしかない。

㉟無くて□癖
誰にでも癖はある。

㊱□は人のためならず
人に親切にしておけば、必ず自分にもよい報いがある。

㊲怠け者の□働き
ふだん怠けている者に限って休日になると働くものだ。

㊳二階から□
回りくどくて効果がない。

㊴二足の□を履く
二つの職を兼ねる。

㊵二兎《にと》を追う者は一兎をも□
欲を出して二つ同時にすると、どちらも成功しない。

㊶糠《ぬか》に□
何の手ごたえもなく、効き目がない。

㊷□で粟《あわ》
苦労せずに大きな利益を得る。

㊸□にかつおぶし
過ちが起きやすい状態。

㊹猫も□も
誰もかれも。みんな。

㊺寝た□を起こす
収まっていることに余計な手出しをして、問題を引き起こす。

㊻□に水
思いがけない出来事。

㊼能ある鷹《たか》は爪を□
実力のある人はそれをひけらかすようなことはしない。

㉔皿　㉕赤い　㉖鳥　㉗尾　㉘縄　㉙火　㉚油揚げ　㉛袖　㉜長い物　㉝蜂　㉞勝てぬ　㉟七　㊱情け　㊲節句　㊳目薬　㊴わらじ　㊵得ず　㊶釘《くぎ》　㊷濡《ぬ》れ手　㊸猫　㊹杓子《しゃくし》　㊺子　㊻寝耳　㊼隠す

空欄に語句を入れてことわざを完成させなさい。

①喉元過ぎれば□を忘れる
苦しい経験も、過ぎ去ってしまえばその苦しさを忘れる。

②乗り掛かった□
一度関わった以上、途中で身を引くことはできない。

③掃き溜《だ》めに□
つまらない場所に似合わぬすぐれたものがある。

④裸足《はだし》で□
その道の専門家も及ばないほどすぐれている。

⑤蜂の□をつついたよう
大騒ぎとなって収拾がつかない。

⑥鳩《はと》が□を食ったよう
思いがけないことに驚いてきょとんとする。

⑦花も□もある
外見も内容もともにすぐれている。

⑧花より□
外観よりも実質を尊ぶ。

⑨□の穴から天を覗《のぞ》く
自分の狭い見識をもとに、大きな事柄について勝手に推測する。

⑩火の無い所に□は立たぬ
うわさが出るのは何か原因があるからだ。

⑪庇《ひさし》を貸して□を取られる
保護してやった相手に、恩をあだで返される。

⑫人の褌《ふんどし》で□を取る
他人の物を利用して自分のことに役立てる。

⑬人を呪わば□二つ
人を陥れようとすれば、自分にも悪いことが起こる。

⑭瓢箪《ひょうたん》から□が出る
冗談半分のことが事実となってしまう。

⑮風前の□
危険が迫っていて、消えたり滅びたりする寸前。

⑯笛吹けども□
手を尽くしても、人がこちらの思いどおり動かない。

⑰□の考え休むに似たり
よい知恵もないのにずっと考えているのは無駄だ。

⑱□贔屓《びいき》
弱者・敗者に同情し、声援する感情。

⑲□憎けりゃ袈裟《けさ》まで憎い
その人を憎むあまり、その人が関係したものまで憎くなる。

⑳仏の顔も□まで
慈悲深い人でも無法なことを何度もされると怒る。

㉑蒔《ま》かぬ□は生えぬ
何もしないではよい結果は得られない。

㉒馬子《まご》にも□
つまらない者でも外見を飾れば立派に見える。

㉓待てば海路の□あり
焦らずに待っていれば、そのうちよいことがある。

正解

①熱さ ②船 ③鶴 ④逃げる ⑤巣 ⑥豆鉄砲 ⑦実 ⑧団子 ⑨針 ⑩煙 ⑪母屋 ⑫相撲 ⑬穴 ⑭駒 ⑮灯火《ともしび》 ⑯踊らず ⑰下手 ⑱判官《ほうがん》 ⑲坊主 ⑳三度 ㉑種 ㉒衣装 ㉓日和

㉔ □の鯉《こい》
相手の意向や運命に任せるほかに方法がない状態。

㉕ 丸い卵も切りようで□
物事は扱い方によって円満にもなり、角も立つ。

㉖ □から出た錆《さび》
自分の犯した過ちのせいで不幸な目に遭う。

㉗ ミイラ取りが□になる
はたらきかけた者が逆に相手方に引き入れられる。

㉘ 水と□
性質が合わず、しっくりと調和しない。

㉙ 三つ子の魂□まで
幼いころの性質は、年をとっても変わらない。

㉚ 昔□杵柄《きねづか》
若いころに身につけたことは後まで使える。

㉛ 虫の□
弱り果てて、今にも絶えそうな呼吸。

㉜ 虫の□が悪い
機嫌が悪く、少しのことでも気に障る状態にある。

㉝ □の長物《ちょうぶつ》
あっても役に立たず、かえって邪魔なもの。

㉞ 目と□の先
距離が非常に近い。

㉟ □の木阿弥《もくあみ》
いったんよくなったものが、再び悪い状態に戻る。

㊱ 焼け□に水
努力や援助が少なくて、何の役にも立たない。

㊲ 安物買いの銭《ぜに》□
安価な物を買うと、品質が悪くてかえって損になる。

㊳ 柳に□なし
柔らかいものは、堅いものよりかえってよく持ちこたえる。

㊴ 柳の下にいつも泥鰌《どじょう》は□
偶然得た幸運を再び得ようとするのは甘い。

㊵ 藪《やぶ》をつついて蛇を□
余計なことをしてかえって災いを受ける。

㊶ 湯の□は水になる
遠慮をするのも時と場合によりけりである。

㊷ 横板に□
つまりながらしゃべる。

㊸ 寄らば□の陰
同じ頼るならば、勢力のある人のほうがよい。

㊹ □に祟《たた》り目
不運の上に不運が重なる。

㊺ 類は□を呼ぶ
気のあった者や似通った者は自然に寄り集まる。

㊻ ローマは□にして成らず
何事も長い間の努力なしには成し遂げることはできない。

㊼ 笑う門には□来《きた》る
にこにこしている人には、自然と幸福が訪れる。

㉔まな板 ㉕四角 ㉖身 ㉗ミイラ ㉘油 ㉙百 ㉚取った ㉛息 ㉜居所 ㉝無用 ㉞鼻 ㉟元 ㊱石 ㊲失い ㊳雪折れ ㊴いない ㊵出す ㊶辞儀 ㊷雨垂れ ㊸大樹 ㊹弱り目 ㊺友 ㊻一日 ㊼福

現代文重要語彙①〈基本語〉

一〈基本語〉太字の語の意味を後から選びなさい。

①**普遍的**な法則を導き出す。〔　〕
②豊かな**感性**を育む。〔　〕
③**主観的**な意見を述べる。〔　〕
④この制度はもはや**形骸化**している。〔　〕
⑤動揺のあまり**理性**を失う。〔　〕
⑥発言の**ニュアンス**をくみ取る。〔　〕
⑦理想と現実のはざまで**葛藤**する。〔　〕
⑧**客観的**に描写する。〔　〕

ア　特定の立場にとらわれずに物事を捉えるさま。
イ　物事を心に深く感じ取るはたらき。
ウ　自分一人の見方・感じ方によっているさま。
エ　言葉や色彩などの微妙な差異。
オ　道理に基づいて考えたり判断したりする能力。
カ　本来の意義が失われて形だけになってしまうこと。
キ　きわめて多くの物事にあてはまるさま。
ク　相反する動機・欲求などの間で迷うこと。

⑨**合理的**な作業手順を踏む。〔　〕
⑩物事の**本質**を見極める。〔　〕
⑪ミステリーの**カテゴリー**に属する映画。〔　〕
⑫**恣意的**な判断を下すべきではない。〔　〕
⑬自分とは異なる**価値観**を受け入れる。〔　〕
⑭この案は**妥当性**に欠ける。〔　〕
⑮民主主義の**原理**に従う。〔　〕
⑯**相対的**に評価する。〔　〕

ア　物事の根本的な性質・要素。
イ　範疇《はんちゅう》。全体を区分けしたそれぞれの部分。
ウ　実情などにうまく適合する度合い。
エ　事物や事象を成り立たせる根本的な法則。
オ　無駄を省いて能率よく物事を行うさま。
カ　何にどういう価値を認めるかという個人の判断。
キ　勝手気ままで論理的な必然性がないさま。
ク　他との関係や比較のうえに成り立つさま。

正解
一　①キ　②イ　③ウ　④カ　⑤オ　⑥エ　⑦ク　⑧ア　⑨オ　⑩ア　⑪イ　⑫キ　⑬カ　⑭ウ　⑮エ　⑯ク

二〈基本語〉太字の語の意味を後から選びなさい。

①**示唆**に富む談話。
②これらの事実から次の結論が**帰納**される。
③彼女の話には**矛盾**点がある。
④**能動的**に行動を起こす。
⑤**演繹**《えんえき》法を用いて考察する。
⑥問題への**認識**を改める。
⑦**受動的**な生き方を反省する。
⑧彼の発言が事態を打開する**契機**となった。

ア　物事への対処のしかたが受け身であるさま。
イ　それとなく物事を示し教えること。
ウ　自分のほうから他へはたらきかけるさま。
エ　きっかけ。物事が起こるときの手掛かり。
オ　ある物事の本質や意義についての知識・理解。
カ　つじつまが合わないこと。
キ　個々の具体的な事例から一般的な法則を導き出すこと。
ク　一般的な理論から個別的な結論を導き出すこと。

⑨**人為**の及ばない世界。
⑩**具体的**な解決策を提示する。
⑪経済**観念**が欠如している。
⑫「ソクラテスは人間である」という**命題**。
⑬物事を**俯瞰**《ふかん》して考える。
⑭本質を**抽象的**に捉える。
⑮両者の意見に**齟齬**《そご》をきたす。
⑯貨幣経済は**虚構**にすぎないと主張する。

ア　個々の事物に即しているさま。
イ　くいちがって合わないこと。
ウ　高い所から見下ろして眺めること。
エ　判断を言語で表したもので、真偽を問いうるもの。
オ　個々の事物を離れて一般的に考えるさま。
カ　人の力で何かを行うこと。人のしわざ。
キ　あるものについて抱く考えや意識。
ク　実際には存在しないつくりごと。

二　①イ　②キ　③カ　④ウ　⑤ク　⑥オ　⑦ア　⑧エ　⑨カ　⑩ア　⑪キ　⑫エ　⑬ウ　⑭オ　⑮イ　⑯ク

現代文重要語彙②　〈科学・情報〉〈社会〉

一　〈科学・情報〉太字の語の意味を後から選びなさい。

①**バイオエシックス**の観点で医療を論じる。［　　］
②**ソーシャル・メディア**を利用する。［　　］
③森林の**サステナビリティ**に配慮する。［　　］
④**循環型社会**への転換を進める。［　　］
⑤地震発生の**メカニズム**を解明する。［　　］
⑥ダーウィンは**進化論**を提唱した。［　　］
⑦**メディア・リテラシー**を高める教育。［　　］
⑧この自動車は**バイオマス**燃料で動く。［　　］

ア　メディアからの情報を読み解き、活用する能力。
イ　持続可能性。生物的なシステムを維持できること。
ウ　生物は単純な原始生命から進化してきたとする説。
エ　双方向性を持つオンライン上の情報交換システム。
オ　天然資源の消費を抑制し、環境負荷低減を図る社会。
カ　生物資源。生物由来の再生可能な資源のこと。
キ　物事のしくみ。組織。機構。
ク　生命に関する倫理的問題を扱う研究分野。

⑨気候変動により動植物の**淘汰**《とうた》が起こる。［　　］
⑩**情報倫理**を学んだうえでITを利用する。［　　］
⑪**ビッグデータ**を防災分野で活用する。［　　］
⑫**デジタル・ディバイド**の拡大を防ぐ。［　　］
⑬生命を**有機的**なものとして理解する。［　　］
⑭**バイオテクノロジー**の課題を考える。［　　］
⑮生命現象は**不可逆的**なものだ。［　　］
⑯このサイトの**コンテンツ**は魅力的だ。［　　］

ア　インターネットなどを通じて収集される膨大なデータ。
イ　環境に適応した生物だけが生き残る現象。
ウ　多くの部分が密接に結びつき全体を構成しているさま。
エ　情報化社会において必要とされる行動の規範。
オ　メディアを介して提供される情報の中身。
カ　生物工学。生物を工学的見地から利用、応用する技術。
キ　変化するともとの状態に戻ることができないさま。
ク　情報技術を使える人と使えない人の間に生じる格差。

正解

一　①ク　②エ　③イ　④オ　⑤キ　⑥ウ　⑦ア　⑧カ　⑨イ　⑩エ　⑪ア　⑫ク　⑬ウ　⑭カ　⑮キ　⑯オ

二 〈社会〉太字の語の意味を後から選びなさい。

① 組織の**ヒエラルキー**の頂点に立つ。
② 地域の**コミュニティ**の活性化を図る。
③ **サイレントマジョリティ**を考慮に入れる。
④ 企業の事業活動が**グローバル化**する。
⑤ **ジェンダー**問題への関心を喚起する。
⑥ **ステレオタイプ**な認識を改める。
⑦ 伝統的な祭礼が**世俗化**する。
⑧ 特定の**イデオロギー**に染まることを嫌う。

ア 経済的活動やものの考え方が地球的規模に広がること。
イ 社会の中で宗教的な価値観が薄れていくこと。
ウ 物言わぬ多数派。公の場で意思表示しない大勢力。
エ 型にはまった考え方や行動。紋切り型。
オ 共同体。互いに深く結びついている人たちの集団。
カ ピラミッド型の階層構造。
キ 社会的、文化的に形成される男女の差異。
ク 政治や社会のあるべき姿についての考え方の体系。

⑨ 市民の**モラル**向上に取り組む。
⑩ 旧来の**パラダイム**に固執する。
⑪ この島はまるで**ユートピア**のようだ。
⑫ 投資に伴う**リスク**を理解する。
⑬ 共同体のルールを**内在化**する。
⑭ **ポスト・モダン**の建築様式を学ぶ。
⑮ 国際政治の**多極化**が進む。
⑯ 学校の**秩序**を乱す。

ア ある時代に支配的なものの見方や考え方の枠組み。
イ 一つの勢力が分散して対立するようになること。
ウ その集団が望ましい状態を保つためのきまり。
エ 脱近代。近代を超えようとするあり方。
オ ある価値観や規範を取り入れて自己のものとすること。
カ 理想郷。現実には存在しない理想的な社会。
キ 道徳。倫理。人として守るべき道。
ク 危険。損害を受ける可能性。

二 ①カ ②オ ③ウ ④ア ⑤キ ⑥エ ⑦イ ⑧ク ⑨キ ⑩ア ⑪カ ⑫ク ⑬オ ⑭エ ⑮イ ⑯ウ

現代文重要語彙③ 〈言語・文化〉〈哲学・思想〉

一 〈言語・文化〉太字の語の意味を後から選びなさい。

①この楽曲は友情を**モチーフ**にしている。
②人物を**デフォルメ**して描く。
③悲しい小説を読んで**カタルシス**を得る。
④「負けるが勝ち」は有名な**パラドックス**だ。
⑤**ロジック**を組み立てて議論する。
⑥世界を言葉によって**分節**する。
⑦鳩《はと》は平和の**象徴**だ。
⑧文化はそれぞれ異なる**記号**の体系を持つ。

ア 造形芸術などで、対象を変形・歪曲《わいきょく》して表現すること。
イ 一定の内容を表す、文字・しるしなどの総称。
ウ 創作の動機となった中心的な題材。
エ 一つのものを区切り、いくつかに分けること。
オ 逆説。真理に反するように見えて実は正しい説。
カ 論理。論法。論理学。
キ 悲劇などを見ることで気持ちが浄化されること。
ク 抽象的な概念を具体的な事物で表したもの。

⑨巧みな**レトリック**に舌を巻く。
⑩この絵画は政治家を**風刺**したものだ。
⑪「善人はよい人だ」は**トートロジー**だ。
⑫**叙情**豊かな作風で知られる小説家。
⑬ゴジラは核戦争の**メタファー**だ。
⑭**詭弁**《きべん》を弄してごまかそうとする。
⑮有名な映画の**パロディ**を作る。
⑯**コンテクスト**によって意味が変化する語。

ア 同語反復。同じ言葉の無意味な繰り返し。
イ 道理に合わないことを強引に正当化する弁論。
ウ ある作品の特徴をまねて滑稽に作り変えた作品。
エ 修辞。適切な表現をするための言葉の使い方。
オ 社会や人の欠点を遠まわしに批判する表現技法。
カ 隠喩。たとえであることが明示されていない比喩。
キ 文脈。前後関係。
ク 感情や情緒を述べ表すこと。

正解
一 ①ウ ②ア ③キ ④オ ⑤カ ⑥エ ⑦ク ⑧イ ⑨エ ⑩オ ⑪ア ⑫ク ⑬カ ⑭イ ⑮ウ ⑯キ

二〈哲学・思想〉太字の語の意味を後から選びなさい。

① **コペルニクス的転回**をもたらす新発見。
② 善悪の**二元論**を超えた価値観を持つ。
③「美しさ」とは**形而上**《けいじじょう》の概念だ。
④ 人間の**実存**を中心的関心とする思想。
⑤ **自我**の確立を目ざす。
⑥ **自己疎外**に苦しむ。
⑦ 彼はそのことを**ア・プリオリ**に知っていた。
⑧ 大衆を**啓蒙**《けいもう》する。

ア　経験に先立って成立している先天的な認識や概念。
イ　人間に本来あるべき自己の本質が失われた状態。
ウ　他者や外界から区別して意識される自分。
エ　自分の存在を問いつつ存在する主体的なあり方。
オ　物事の見方が一八〇度変わってしまうことのたとえ。
カ　世界を相反する二つの原理で説明しようとする考え方。
キ　正しい知識を与えて教え導くこと。
ク　はっきりした形がないもの。抽象的なもの。

---

⑨ **因果律**の存在を疑う。
⑩ 憲法の**理念**を尊重する。
⑪ **二律背反**に陥る。
⑫ 自らの**アイデンティティ**が危機に瀕《ひん》する。
⑬ 真理を**直観**する。
⑭ 感覚の世界を**仮象**と捉える。
⑮ 苦悩を**表象**する悪夢。
⑯ Aの条件を**所与**のものと仮定して考える。

ア　どんな事象も原因があって生起するという考え方。
イ　対応すべき客観的な実在性を欠いた主観的な幻影。
ウ　矛盾する命題が同等の妥当性をもって成り立つこと。
エ　前提などとしてすでに与えられているもの。
オ　イメージ。心の中に描かれる像。
カ　思考を用いずに、物事の本質を直接捉えること。
キ　ある物事についてこうあるべきだという根本の考え。
ク　自己同一性。自分は自分であるという確信。

二　①オ　②カ　③ク　④エ　⑤ウ　⑥イ　⑦ア　⑧キ　⑨ア　⑩キ　⑪ウ　⑫ク　⑬カ　⑭イ　⑮オ　⑯エ

音訓総合索引

＊第Ⅰ章で扱った見出し漢字の音訓を五十音順に並べ、掲載されているページを示した。
＊カタカナは音読み、ひらがなは訓読みを示す。
＊同じ読みの漢字は画数順（漢字の上の数字は画数）に並べた。

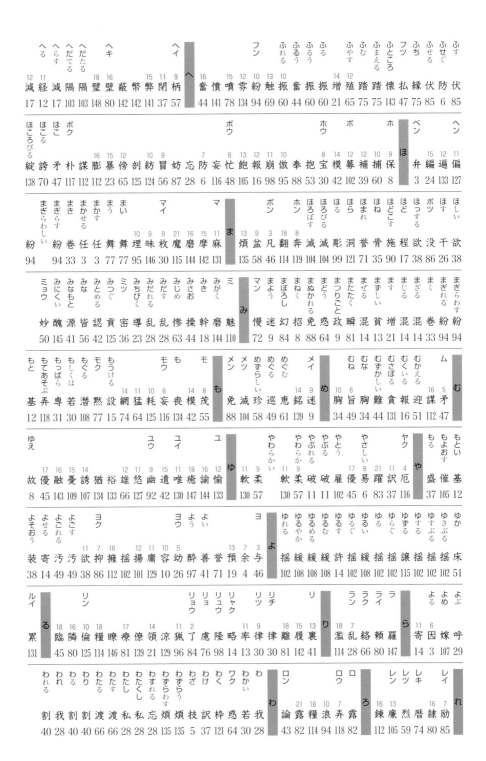

ム	む	（ムの形）	参 去
又	また	手の動作	及 収
口	くち	口の機能	哲 含
土	つち	土の形状・性質	圧 壁
士	さむらい	男性	壮 士
夕	た	夜	夢 多
大	だい	立つ・大きい	契 奉
女	おんな	女性	姿 妄
子	こ	子供	孝 存
寸	すん	手の動作	導 射
小	しょう	小さい	少 小
尢	だいのまげあし	足が曲がる	就
屮	てつ	草・芽生え	屯
山	やま	山の形状	崩 崇
川	かわ	川・水の流れ	州 川
工	え	工作・工具	差 左
己	おのれ	（己の形）	己
巾	はば	布	幣 師
干	かん	（干の形）	幹 干
幺	よう	弱い・かすか	幽 幻
弓	ゆみ	弓の種類・働き	弟 弔
心	こころ	心の作用・状態	恥 懸
戈	ほこ	武器・戦闘	戯 戒
戸	と	扉・家	所 戸
手	て	手の動作	撃 承
支	し	分かれる	支
文	ぶん	装飾	斑 文
斗	とます	ひしゃく・量る	斜 料
斤	きん	刃物で切る	斥 斤
方	ほう	旗の種類・状態	方
日	ひ	時間・明暗	昏 旧
曰	ひらび	言葉	替 更
月	つき	時間	期 朝
木	き	木の種類・状態	架 柔
欠	あくび	口をあける動作	欺 歓
止	とめる	足の動作	歴 歩
毋	なかれ	（毋の形）	毒 毎
比	ならびひ	（比の形）	比
毛	け	毛の性質・状態	毛
氏	うじ	（氏の形）	民 氏
水	みず	水・河川・液体	泉 永
火	ひ	火の性質・作用	災 灰
爪	つめ	つかむ動作	爪
父	ちち	父親	父
片	かた	板の状態	片
牙	きば	牙・歯	牙
牛	うし	牛の種類・状態	牛
犬	いぬ	犬などの獣	献 状
玄	げん	黒色	率 玄
玉	たま	宝石・装飾品	璧 璽
王	おう	宝石・装飾品	琴 王
瓦	かわら	土器・瓦	瓦 瓶
甘	かん	甘い	甚 甘
生	うまれる	出生・生命	産 生
用	もちいる	（用の形）	用
田	た	田畑・耕作	畏 異
疋	ひき	（疋の形）	疑
白	しろ	白色・明らか	皆 的
皮	けがわ	皮膚の状態	皮
皿	さら	皿状の容器	監 盛
目	め	目の機能・状態	督 看
矛	ほこ	矛の種類・形状	矛
矢	や	矢の種類・形状	矢
旡	なし	食べ飽きる	既
石	いし	岩石・鉱物	磨 碁
示	しめす	神・祭礼	禁 示
禾	のぎ	イネ科の植物	秀
穴	あな	穴の形状・種類	穴
立	たつ	人が立つ動作	童 章
竹	たけ	竹の形状・種類	竹
米	こめ	米の種類・状態	米
糸	いと	糸の種類・形状	索 系